能源列国志

全球能源转型和碳减排

马克 主编

人民东方出版传媒
東方出版社
The Oriental Press

前言

2015年秋天，当时还在国家能源局任职的杨雷从德国考察回来，惊叹于德国向可再生能源转型的速度——德国电网上的可再生能源电量的比例已经超过40%，可再生能源单日上网电量的峰值比例突破70%。

听到这两个数字，我立即想起几年前调查"弃风、弃光"现象时，电网的专家介绍说中国可再生能源的上网比例是7%，因为风、光等可再生能源具有不稳定性，所以一旦这个比例超过10%，电网就会崩溃。

杨雷说，20世纪90年代德国电网也这么认为，当时的共识是可再生能源接入电网的比例超过5%，电网就有崩溃的危险；但技术和市场的力量改变了这个共识。

杨雷把德国的考察写成了一篇文章《令人惊叹的德国能源转型》，发表后广受好评。彼时国内关于能源转型的讨论正酣，2015年3月，中共中央、国务院发布了《关于进一步深化电力体制改革的若干意见》（业内称之为"2015年9号文"）。再往前，2014年6月，习近平总书记提出推动能源的"四个革命、一个合作"能源安全新战略，即能源消费革命、能源供给革命、能源技术革命、能源体制革命、全方位加强国际合作。

我跟杨雷讨论，能不能把各国能源转型的情况都写写，给国内的讨论提供一个全方位的立体参照，于是就有了《能源列国志》专栏，杨雷不仅自己撰稿，还积极帮忙组稿。得益于他强大的朋友圈，专栏得以顺利开张并迅速赢得业内口碑。

2016年下半年卜洋（Kitty Bu）女士的加入，让专栏增加了金融视角和微观的技术视角。卜洋是落基山研究所（Rocky Mountain Institute, RMI）中国项目创始成员之一，她不辞辛苦地穿针引线，把充满晦涩术语的英文译成明白晓畅的中文，让RMI的专家输出一篇篇通俗易懂的科普文章，也让RMI成为本专栏撰文最多的机构。

陈卫东、王能全、翟永平等业内顶级专家也是本专栏的常客，感谢他们的辛苦付出！阅读书稿时，当初编辑一篇篇稿件的场景又浮现在眼前，那些当年读来击节赞叹的文章，今天再读依然如故。

《能源列国志》专栏持续更新了八年多，发表了近70篇文章，文迹遍及欧美、亚非拉的20余个国家，以及若干国际组织如欧佩克（OPEC）、国际能源署（IEA）等。这些文章大部分发表于2015年秋至2020年夏，2020年9月中国政府宣布2030年前实现"碳达峰"、2060年前实现"碳中和"的国家目标后，我们的相关文章大都转到了新专栏《碳中和新世界》，因此本书也从这个专栏中挑选了若干篇文章。感谢东方出版社吴晓月编辑的精心编排，让这些时间跨度如此之大的文章，得以分门别类又逻辑一致地呈现在一本书里。

《能源列国志》的作者来自政府、高校、国际组织、非政府组织（NGO）、企业、媒体，年龄跨度从"50后"到"90后"，但个个都是专家，每篇文章都让作为编辑的我受益匪浅。总结起来，这些文章大致聚焦在五个方向：

1. 能源结构从化石能源向清洁能源转型；
2. 能源产业结构从政府管制型向市场导向型转型；
3. 科技对能源转型的推动；

4. 金融对能源转型的推动；

5. 低碳经济和低碳社会的新形态。

这些文章不断让人感叹、引人思考的就是市场的力量和技术的力量。尊重常识是人类理性的重要支撑，但尊重常识不等于墨守传统。20世纪80年代以来，能源行业的传统不断被颠覆，认知不断被刷新，社会也因此不断进步，这背后，市场和技术的力量起了很大的推动作用。

20世纪80年代前，能源行业在世界各国都被认为是具有公用事业性质的特殊行业，需要政府直接经营或特许经营。这种认识来自特定历史时期，有其阶段性的合理性，但这种经营模式越来越跟不上社会发展节奏，生产效率低、产品价格高、人员服务差，且伴随着严重的能源短缺，成为世界各国能源行业的通病。

这个通病在各国政府相信市场的力量之后迅速治愈。本书有多篇文章回顾这一历程，《美国页岩油气的第一次革命："个体户"反转美国天然气》是其中的代表。从20世纪50年代起，美国一直是世界上最大的能源净进口国，能源独立是自尼克松以来历任美国总统的梦想，在特朗普任期，梦想终于成真，2019年美国成为能源净出口国。但这不是特朗普的功劳，而是千百家"个体户"的功劳——美国中小企业发动了页岩气革命，让这种被油气巨头认为是无法开采的天然气得以大量产出，从而让美国一举超越俄罗斯成为世界第一天然气生产国，也让特朗普坐享其成。特朗普在上任第一天就退出《巴黎协定》，但在他任期内美国碳排放大幅下降，这是因为页岩气革命让天然气取代了大部分煤炭。

《热电联产技术对丹麦零弃风的贡献》一文让我们看到，所谓的行规完全可以被打破，当市场力量起作用时，打破行规的恰恰就是曾经的行规捍卫者。丹麦气候寒冷，供热是保障基本民生，丹麦政府规定，电网必须优先收购热电联产机组所发的电。但当风电大发展、风电越来越便宜后，高价热电就成为电网的沉重负担，而这负担又转化为高电价，由最终用户承担。丹麦政府把这一难题交给了市场，热电厂居然自己找到了药方——利用峰谷电价差，用电高峰期卖电，弥补风电出力不足，用电低谷期将电转化为热储存起来。

《美国加利福尼亚州全面转型可再生能源的经验》《既是消费者也是管理者：美国纽约州的分布式能源改革》让我们看到，美国电力公司是如何从怀疑、敌视分布式能源和需求侧响应到拥抱这两个新事物的。2014年，几经犹豫后，纽约市布鲁克林区和皇后区原计划投资12亿美元的变电站项目被投资2亿多美元的需求侧响应项目替代。两年后，电力公司发现，满足用户的电力需求不一定要靠增加发输配送电力资产来实现——在灵活的电价机制下，用户侧响应同样可以达到目的，并且成本不到增加发输配送电力资产的五分之一。在美国的许多州，曾经习惯于依靠大型、集中式发电厂的电力公司老总已经认识到风光电、能效、微电网、需求侧响应和储能电池的价值，集中式电厂供电的比例在持续降低。

市场和技术通常是一对双胞胎，有了市场机制，技术就会蓬勃发展。页岩气革命的关键是水平井和水力压裂技术，这一技术既非国家实验室开发，也非行业巨头开发，而是由一群中小企业不断实践和完善的。如果这些中小企业处于严格管制市场准入的环境中，那这一切都无从谈起。解决热电收购难题的关键是热电转换技术，而这一技术得以开发，前提是热电厂被允许进入早已存在的竞争性电力市场，这个市场已有足够诱人的峰谷电价差。加州和纽约州能源转型，离不开分布式能源、微电网和需求侧响应技术，而区块链技术又在其中发挥着关键作用。

金融的力量也必须提及，在落基山研究所专家们撰写的一系列案例中，金融的力量展现得淋漓尽致。**金融工具和商业模式也是一对双胞胎**，没有商业模式配合，金融工具就是无本之木或庞氏骗局。五花八门的金融工具，本质上都是期权贴现——页岩气实业家和资本家合作发起钻井基金，前期都是投入，回报是未来可能打出来的页岩油气，以及IPO（Initial Public Offering，首次公开发行）后的资本收益。通过钻井基金，资本家给实业家提供了融资，也锁定了自己的回报，或者说风险。对回报和风险的评估结果，决定了实业家和资本家的分成比例。屋顶光伏开发商免费为居民安装光伏发电装置，前提是分享未来的发电收益；能效服务商无偿为犹豫不决的工业用户上能效改造项目，前提是分享未来的节能收益；而金融工具又能帮助分布式光伏开发商和能效服务商把未来收益贴现。

当然，**所有这一切成立的前提，是有一个成熟的市场经济环境**——利益各方都能有基本信任的信用环境、违约即担责的法治环境、发达的资本市场、开放的市场准入、灵活的价格机制、鼓励创新的社会氛围。

《能源列国志》专栏发起两个月后，2015年12月，具有历史意义的应对气候变化的《巴黎协定》在第21届联合国气候变化大会上达成，中国起到了核心作用。当读者看到这本书时，距专栏发起已近九年，和九年前相比，中国能源行业最大的不同，就是新能源超出预期的快速发展，以及中国企业在整个新能源产业链（风光发电设备、动力电池、新能源汽车等）上成为绝对领先的领跑者。

2023年年末，中国的发电装机量，可再生能源历史性地超过了煤电，其中，风电、光电合计10.5亿千瓦，这个数字在2020年年底只有5.3亿千瓦。2023年，中国新增的风光电装机量超过世界其他各国装机量的总和，中国电动汽车销量占全球电动汽车总销量的65%，中国电动汽车保有量占全球电动汽车保有量的一半以上。

截至 2024 年 7 月底，全国累计发电装机容量约 31 亿千瓦，其中太阳能发电装机容量约 7.4 亿千瓦，风电装机容量约 4.7 亿千瓦。风电、光电装机量合计达到 12.1 亿千瓦，提前约六年半实现中国政府到 2030 年风电、光电总发电装机量达到 12 亿千瓦的承诺。

2017 年北京召开的第八届清洁能源部长级会议，提出了"到 2030 年有 30% 的汽车应该是新能源汽车"的"EV30@30 目标倡议"，仅仅六年后中国电动汽车销量就达 945.5 万辆，约占当年中国汽车总销量 3009.4 万辆的 31.4%。当年中国新能源汽车总保有量达到 2041 万辆，其中电动车占比 76%。

中国新能源产业飞速发展，不仅为自己转换经济增长模式奠定了基础，也为全球应对气候变化作出了巨大贡献，物美价廉的中国新能源设备，让许多发展中国家得以跨越化石能源阶段，直接迈入新能源时代。与此同时，中国的能源转型和经济转型任务依然艰巨。中国作为全球应对气候变化的领导者，责任也更加重大。

根据国际能源署《2023 年二氧化碳排放》报告，2023 年全球与能源相关的二氧化碳排放量（占总排放量的九成左右）增加了 4.1 亿吨，增幅约 1.1%，达到 374 亿吨的新高。其中，中国排放 126.65 亿吨，比 2022 年增加 5.65 亿吨，增幅约 4.7%，在全球排放中占比约 34%，人均排放量比发达经济体高出 15%。

报告说，2023 年中国贡献了全球光伏和风能新增发电量的 60% 左右。中国光伏和风能在总发电量中的份额达到 15%，接近发达经济体 17% 的水平。中国电动汽车在汽车总销量中的份额是发达经济体的两倍多。然而，清洁能源的增长不足以跟上激增的能源需求，2023 年中国能源需求增长了 6.1%，比 GDP 增幅高 0.9 个百分点。新冠疫情以来，中国 GDP 增长一直由能源密集型行业拉动，2015 年至

2019年，服务业占GDP增量的三分之二，2019年到2023年，这一比例降至一半左右。

解决问题的关键是经济增长与能源消费"脱钩"。欧盟主要国家在20世纪90年代、美国在2007年、日本在2013年实现"碳达峰"，其能源消费大致也同步达峰，经济增长不再依赖能源增长。例如从1986年到2015年，丹麦的能源消费相对稳定，但GDP却翻了一番。从2007年到2015年，美国的用电量保持稳定，但GDP增长了15%以上。中国从2015年到2023年，用电量从5.55万亿千瓦增长到9.22万亿千瓦，约增长66%，同期GDP从68.9万亿元增长到126.1万亿元，约增长83%。

无论降低排放还是提高能效，中国最大的困难都是产业结构调查，"世界工厂"的定位决定了工业的经济占比很大，而工业又是最主要的能耗和排放主体。鉴于美国制造业只占GDP的10%左右，中美经济不具备可比性，但中日德三国可资比较。根据中国国家统计局和世界银行数据，2019年中日德三大工业强国的工业GDP占比分别为39%、25.8%、30%，三国的制造业GDP占比分别为27%、20%、20%。根据IEA数据，三国与能源相关的单位GDP碳排放量（吨/万美元）分别为7.98、0.50、0.62，中国是日本的16倍、德国的13倍。

这里面当然有工业结构的原因，中国的碳排放中，发电占40%、钢铁占15%、水泥占13%，仅这三个行业就占了全部碳排放量的三分之二。而中国的煤电装机量占全球煤电装机量的一半左右，水泥产能占全球产能的一半以上，钢铁产能占全球钢铁产能的接近六成。但正因为集中，节能减排的效果也会显著。正如本书所展示的，市场机制、技术进步、金融工具相结合，就会迸发出远超预期的、难以想象的力量。事在人为，奇迹是人创造出来的，关键是人有没有创造奇迹的机会。

世界正在从高碳经济时代转型为低碳经济时代，转型节奏会有变化，过程中会出现反复，但大势所趋是毋庸置疑的。此时此刻，中国应当坚定地把低碳经济立国作为国策。欧洲崛起称霸于第一、第二次工业革命；美国崛起于第二次工业革命，称霸于第三次工业革命；如今，新工业革命已拉开序幕，而这次工业革命的主题词就是低碳经济。这是至关重要的转折期。一个国家和一个公司、一个人一样，决定命运的就是几个关键节点，抓住了，就大国崛起，错过了，就一蹶不振。过去四十多年，中国很好地抓住了全球工业经济结构调整的时机，一跃而成为世界第二大经济体。但是，基于化石能源的工业经济，其红利已所剩无多，中国急需新的、原生的、更可持续的增长动力，低碳经济无疑就是这样的增长动力，而能源转型则是新动力的源头。

马　克

（《财经》杂志执行主编）

推荐序

非常高兴《能源列国志》结集出版。这个马克主编带领大家耕耘了八年多的专栏能够结集出版，像是一部宏大交响乐终于完结了一个乐章，但哪怕只是一个乐章，也展现给读者一幅世界能源转型的全景。

过去十年，全球能源转型深入推进。这一历程在中国有一个更加响亮的称呼，叫"能源革命"，今年也恰逢"能源革命"这个概念在中国提出十周年。

十年前，美国还在全球热点地区与中国等新兴国家竞争油气资源；随着页岩油气革命的成功，美国现在已经成为全球最大的油气出口国，甚至还要与中东传统的油气生产国来竞争中国的市场。

十年前，光伏等可再生能源不仅享受着远高于传统能源的上网电价，还需要巨量的补贴才能得以发展；而今天，光伏已经在全球大部分地区成为最便宜的发电方式。

十年前，新能源汽车不仅在数量上微不足道，而且性能之差经常成为媒体的笑谈；而如今，靠着新能源汽车，中国已经成为全球最大的汽车出口国，甚至在很多乡村地区，电动汽车也已经成为首选……

我们正在经历一个革命性的时代，能源是这场革命的重要组成部分，《能源列国志》是在能源领域见证这场革命的一个绝好注脚。八年半前，在马克的鼓励下我写的那篇《令人惊叹的德国能源转型》，开启了《能源列国志》的序曲，如今看来，更让人惊叹的宏大篇章是在后面。全球大部分国家已经承诺在本世纪中叶实现碳中和，为能源转型制定了更加清晰的愿景和目标。

给大家推荐这本书还因为这么一群认真思考的作者，从这些文章中大家可以看到他们忧国忧民的真诚探索，这些经历了时间考验的认识弥足珍贵。时间是最好的试金石，学术观点当然需要与时俱进，但真诚的学术态度应是基本要求。在实现碳达峰、碳中和的过程中，各种各样有意无意的认知误区很多，当下社会对专家的不那么信任，也是因为很多风草般摇曳不定的言论。

如今，《能源列国志》专栏的作者们多年来持续性的思考被整体呈现出来，希望可以帮助读者增强分析评判历史和现实的能力。看准大势，方能把握未来。《能源列国志》一直在努力实现的一个目标，就是在纷繁芜杂的现象中帮助大家梳理出能源转型发展的方向感。

《能源列国志》也像是一个小小的瞭望哨，持续不断地介绍全球能源领域的进展，为我们更好地把握大势，学习国际先进技术、商业模式和政策提供参考。《能源列国志》里有大量"他山之石，可以攻玉"的别国经验，成功的经验会给人带来启发，失败的教训可令人得到警戒。

很多时候，回顾历史是一种更好地把握未来的方法。今天重读《能源列国志》的文章，可以看到多年前描绘的愿景正在一步步成为现实和商业实践。在这个基础上展望未来，能更好地增强我们的方向感。

改革开放四十多年，中国取得举世瞩目的成就，最重要的经验之一就是学习国际先进做法，甚至有人说以"开放促改革"。《能源列国志》的探索也是一个缩影，放眼世界，既可以让我们少一些故步自封和夜郎自大，也可以让我们更好地把握趋势。

毋庸置疑，中国的改革已经进入深水区，这更加需要用国际视野来发展我国的事业。以中国的体量，无论是经济还是能源，都可以说与全球休戚与共。世界正在发生什么、将要发生什么，对我国来说至关重要。当下我国七成以上的石油、四成的天然气仍然依靠进口。在新能源时代，虽然能源本身可以不再进口，但我国对很多关键金属原材料的进口依存度更高。同时，我国的新能源产品在海外市场占据了半壁江山。可以说，中国是最有动力也有能力维护全球能源领域开放与合作的国家。

认知改变是行动改变的开始。在"能源革命"的过程中，我们其实最需要的首先是一场思想革命，这个过程比起外在的变革甚至更加困难。能源转型的主体是人民大众，《能源列国志》从开篇就秉持了把专业问题白话说的风格，以讲故事的方式把宏大主题和专业问题娓娓道来。很多专家往往习惯于把问题往复杂里说，以显得专业，其实能深入浅出，把深刻道理简单说是更专业的能力，我们当下也更加需要这种能力。

这次《能源列国志》的结集出版，东方出版社的吴晓月编辑下了很大功夫来分类整理，从而使读者能更好地把握这些时间跨度八九年的文章的内在逻辑。这些文章本来是各自成篇的，这次放在一起对应着读，让人有了更多会心的感受。

我们期待《能源列国志》栏目在阶段性总结后，能够继续推出高质量的文章，帮助大家更好地把握大势、赢得未来。

杨 雷

（北京大学能源研究院副院长）

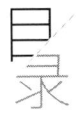

第一章 此消彼长：
世界能源大变局

世界能源版图正在彻底重构 / 003

欧盟应对能源危机成功吗 / 017

厄瓜多尔"退群"与欧佩克的长期困局 / 023

从国际能源署演进看全球能源治理 / 031

第二章 化石能源 or 清洁能源：
各国能源结构现状与能源转型

第一节 欧洲：稳步推进的转型先锋

欧洲激进脱碳：

    放弃煤炭、核能，石油、天然气加速让位 / 039

令人惊叹的德国能源转型 / 047

德国氢能战略的野心 / 052

I

最早的去煤先锋：英国能源转型 / 060

法国重新拥抱核电 / 068

丹麦能源转型：小国家的大志向 / 075

俄罗斯油气政策的理想与理性 / 081

第二节　北美：改变世界的页岩油气发源地

碳达峰：美国的现状与启示 / 087

美国页岩油气的"第一次革命"：
　"个体户"反转美国天然气 / 097

美国页岩油气的"二次革命" / 102

第三节　亚非拉：转型进度两极分化的样本场

在中国，能源革命就是革煤炭的命 / 113

日本能源政策转向：氢能暂缓，氨能登场 / 119

国内弃核，国外高歌猛进：韩国核电如何逆流而上 / 125

我太难了：印度能源转型比中国更艰难 / 130

2050 年前碳中和，越南能兑现承诺吗 / 136

既频繁停电，又电力过剩：柬埔寨为何有此"奇观" / 143

煤电大国的决心：印度尼西亚宣布退煤时间表 / 150

激进的以色列：五年内告别煤炭 / 157

制裁困境中的伊朗难有选择 / 164

非洲明珠摩洛哥：发展中国家的能源转型样本 / 172

陷入内战泥潭的苏丹：有无石油都在挨饿 / 178

第三章 国家垄断 or 自由市场：各国电力市场现状与变革

欧盟能源市场自由化得失 / 189

法国能源转型的核电悖论 / 199

俄罗斯天然气改革的路径依赖 / 205

从巴菲特与马斯克对赌看美国电力转型 / 210

美国放开售电侧后发生了什么 / 217

美国企业是如何爱上可再生能源的 / 223

日本天然气改革：逼出来的市场化 / 229

菲律宾彻底市场化电力改革得失 / 235

委内瑞拉与伊拉克：两个极端样本 / 241

第四章 全球能源转型和碳减排的推动力

第一节 资本的力量

美国的钻井基金：页岩油气的开发助力 / 253

PACE 融资机制：创新金融撬动美国建筑能效市场 / 259

第二节 技术的加持

荷兰阿姆斯特丹的能源地图 / 266

既是消费者也是管理者：
　　美国纽约州的分布式能源改革 / 271

热电联产技术对丹麦零弃风的贡献 / 277

2030年100%电动车：印度靠啥实现宏伟目标 / 283

正在改变世界的储能梦之队 / 289

区块链技术将变革全球电力行业 / 295

第三节　政策与市场的双驱动

市场机制：欧洲可再生能源大发展的关键 / 301

美国加利福尼亚州全面转型可再生能源的经验 / 313

美国得克萨斯州是如何从油气州变成风电光电州的 / 319

美国加利福尼亚州电力监管的特色与启示 / 327

美国煤城柯林斯堡何以成为减排标兵 / 335

美国货运油耗是如何奇迹般降低的 / 341

英国与美国加利福尼亚州的储能产业何以领先全球 / 346

日本的绿证发展经验 / 356

第一章
此消彼长：世界能源大变局

世界能源版图正在彻底重构①

最近两年世界风云变幻，战争和能源转型正在重构世界能源版图并重塑整个世界。苏联解体30多年来，俄罗斯与乌克兰的矛盾不断深化，最终演变成战争。除了历史文化和政治因素外，围绕苏联时代天然气利益分配的持续斗争也是重要原因。俄罗斯控制着天然气上游资源和生产，而乌克兰控制着过境运输，俄罗斯一直致力于改变这一格局。

近年来，东欧和苏联里的独联体国家正在逐步融入欧盟和世界大市场，原先的易货贸易开始消解，东欧的"天然气孤岛"现象开始消亡，而乌克兰作为天然气过境陆桥的作用正在塌陷。俄罗斯与乌克兰在天然气上的矛盾冲突也由能源危机演变成一场地缘政治危机。

2023年3月初，WTO（World Trade Organization，世界贸易组织）发表了《乌克兰战争一周年：对全球贸易和发展的评估》报告，报告指出：尽管价格上涨，但贸易量保持稳定。这凸显了开放的贸易体系对经济弹性的重要性，因为它有助于在不同供应来源之间切换，多边贸易体

---

① 本文2023年11月19日首发于"财经十一人"公众号平台，作者为陈卫东，民德研究院院长、中国海油能源经济研究院原首席能源研究员。

系迄今为止经受住了这些冲击。

2001年中国加入WTO，多边贸易体系不仅推动了中国经济高速发展，也推动了世界经济发展，造福了整个世界。但我们也要清醒地看到，当下出现了以价值观为中轴重构区域集团，进而割裂多边化的苗头。

俄乌战争历时已近两年，仍然僵持着，如何及何时结束仍然难以预测。哈马斯以色列冲突激烈爆发如何影响中东格局，对全球油气供给和价格的冲击仍有待观察。2024年的世界能源大格局，不确定性将进一步增加。

一、俄欧能源版图重构

俄罗斯的资源禀赋让它有了全球性的影响力，对此普京说："我从来没说过俄罗斯是一个能源超级大国。然而我们成为能源超级大国的可能性比世界任何其他国家都要大。这是一个明显的事实。"俄罗斯是三个"千万桶俱乐部"（日产千万桶石油）成员之一，和沙特阿拉伯一道是OPEC+[①]中最具影响力的两个国家。俄罗斯还是仅次于美国的第二大天然气生产国，而且是第一大天然气出口国。油气收入在俄罗斯的政府预算和出口收入中的比例都在50%左右，有些年份曾达到60%。

从一个整体的角度来说，欧洲，尤其是德国，在关于俄罗斯天然气的议题上存在观点不一致的两大阵营。

第一个阵营把经济和效率作为他们看待事件和制定政策的出发点，他们认为真正的问题是：如何在天然气的商业和监管政策上，将俄罗斯政府和欧盟、俄罗斯天然气股份公司和欧洲客户区分开来。

第二个阵营认为，俄罗斯与德国及欧洲其他国家的天然气贸易从根本

---

① OPEC+是指非欧佩克产油国和原有欧佩克组织成员国通过合作共同管理国际石油市场。

上讲是关乎地缘政治和安全的。俄罗斯在东欧的天然气定价方法是给予或拒绝政治恩惠的系统性政策的一部分，出口价格是实现其国家外交战略的政治影响力的手段。把天然气作为能源武器，供给中断已经发生过多次。德国及其他西欧国家的外交和安全界广泛认为，忽视这种可能性是幼稚的。

研究数据表明，俄罗斯的石油、天然气出口曾在 2023 年 4 月和 5 月一度超过开战之前的高峰，但 7 月份后出口持续下滑，9 月份同比下降了 40% 左右。加上石油价格近期滑落至 80 美元 / 桶上下，较开战初 120 美元 / 桶的水平跌掉了 30% 多。战争持续，扩大征兵，打仗打的是钱。收入减少，支出增加，给俄罗斯的财政收入造成了越来越大的困难。这就不难理解，俄罗斯出台了"先交货后支付"的赊售政策以促进出口，还恢复了给意大利的天然气供应。

能源公司和经济研究学者倾向于捍卫效率，而政策智囊则强调安全。政府部门根据其职责的不同，所持立场亦不同。曾经的社会制度和发展历程的不同，西欧和东欧对俄罗斯能源的态度差异明显。在西欧，长期的自由市场经济环境和冷战胜利结束了敌对意识，经济和效率优先占主导地位。在东欧，自由市场经济还在建立中，历史造成的安全考虑占据主导地位。同时，何种观点能在一个国家占据主导，也取决于它与俄罗斯的地理距离。距离越近，对俄罗斯安全防范的意识就越强，波兰就完全属于"安全阵营"。

"德国处于一个特殊的位置"，著名的美国俄罗斯石油天然气问题专家塞恩·古斯塔夫森在他的新著《天然气桥——重塑欧洲能源新格局》（石油工业出版社 2021 年版）中写道："处于两个阵营的中心。因此，毫不奇怪，它的立场是矛盾和复杂的。正如我们已经看到的，市场自由化已经在德国如日中天，它倾向于加强效率。冷战结束直到最近（俄乌战争之前），德国整体上对俄罗斯的政策一直是经济主导。"

美国德国问题专家蒂芬·萨博写道:"经济是德俄关系的驱动力,几乎所有德国的俄罗斯观察家都把这一因素视为不变的因素,并且倾向于采用地缘经济方法,而不是以(安全)为导向的方法。无论在更广泛的关系中出现何种起起落落,从德国的角度看,经济关系仍是一个成功的故事,仍是它的锚。"

两德统一之后,德国一直主导着德俄关系。在赫尔穆特·科尔担任总理的整个任期内,两国关系保持友好,且在他的继任者格哈德·施罗德任期(1998—2005年)达到顶点。施罗德和普京之间有着亲密友谊,施罗德成为德国在俄投资和能源政策对话的主要倡导者。

2005年9月,德国大选前十天,普京来到柏林,在施罗德和普京两位国家领导人的见证下,俄罗斯天然气工业股份公司和德国巴斯夫集团签署了后来被称为"北溪1号"的天然气管道合同。

施罗德在这次大选中落败,不久他就接受了北溪管道股东委员会主席的职务,这让德国公众震惊。建设北溪1号管道让东欧国家愤怒不已,当时的波兰总统谴责这份合同是"普京–施罗德条约"。波兰国防部部长更为直接,谴责该管道堪比1939年纳粹德国和苏联瓜分波兰和波罗的海国家的"莫洛托夫–里宾特洛甫条约"。西欧当时的反应基本上是积极的,但今天的欧洲安全界认为施罗德走得太远了,他强调经济超越政治的政策是以牺牲安全为代价的。

施罗德的继任者默克尔和普京之间艰难的个人关系象征着日益紧张的国家关系。所有的回述者都认为他们第一次见面时关系就很糟糕,之后15年的会面和电话交谈,他们之间的关系已经变成了一种例行公事,可以完成重要的事务,但没有任何温暖和信任。

默克尔的传记作者斯蒂芬·柯内留斯写道:"他们在生活中走过相似的道路,几乎就像镜像一样……每当普京和默克尔会面,两种世界观就会发生碰撞。对默克尔来说，柏林墙倒塌是一次解放，而对普京来说这令他痛苦，他认为苏联解体是一个历史失败。"这两种截然不同的世界观，让我们可以理解两位领导人在处理欧洲与俄罗斯、德国与俄罗斯、乌克兰与俄罗斯、制裁俄罗斯和支持乌克兰等诸多重大事务的不同方式和心理感受。

备受争议的北溪2号天然气管道是在默克尔任期内投资建设的。对于该项目的激烈争论，几乎涉及了经济、政治、法律等各个方面。支持者认为该管道是从西伯利亚到欧洲最直接、成本最低的路线，存在很强的经济理由，反对者谴责北溪2号是纯粹的地缘政治项目。美国和欧盟议会强烈反对该项目，认为该项目将增加欧洲对俄罗斯天然气的依赖。

北溪2号和俄乌争议、俄乌冲突有着千丝万缕的联系。一旦两条新管道开始运营，通过乌克兰向欧洲运输俄罗斯天然气赚取的收入就会减少，甚至最终会被消除。作为一个实用主义者，默克尔明白德国公众在对俄政策上存在严重分歧。2014年俄罗斯吞并克里米亚之后，在处理俄罗斯天然气政治问题时，默克尔采取了坚持制裁的同时保持务实的中间立场——尽可能把天然气相关事宜作为私营部门的事，国家通过监管机构参与其中。

2022年12月之前，欧盟都没有采取重要举措限制从俄罗斯进口化石燃料，因此，2022年欧盟对俄罗斯的进口额保持在高位是很自然的事情，但这一局面在2023年戛然而止。自战争开始以来，欧盟推出了十轮对俄罗斯的制裁，目的就是减少俄罗斯能源出口的收入，减少其支持战争的财政来源。欧盟对俄罗斯能源出口的制裁和限制已经陆续生效，现在欧盟已经禁止从俄罗斯进口原油、成品油和煤炭。以德国为例，战前德国能源进口中的俄罗斯占比分别为天然气55%、煤炭50%、石油30%，到2023年1月1日，这些数字全部归零。

面对西方制裁，俄罗斯转向亚洲寻找替代市场。在那里，以折扣价格出售的俄罗斯石油并不愁销路。中国、印度、土耳其等国纷纷从俄罗斯增加石油进口，处于经济危机或饱受通胀之苦的国家，比如斯里兰卡、巴基斯坦、孟加拉国等也趁机购买俄罗斯低价石油。

中国一直都是俄罗斯石油的大买家。海关数据显示，2021年从俄罗斯进口的石油占中国进口总量的16%；2022年中国从俄罗斯进口原油8625万吨，比2021年增加8%。

2022年，印度以惊人的速度从俄罗斯购买原油。战前印度从俄罗斯进口的石油非常少，仅占印度石油需求的约1%。如今俄罗斯已是印度最大的原油进口来源地，占比25%。2022年12月，印度从俄罗斯进口的原油是2021年12月的33倍。

2022年6月至11月，土耳其每天平均从俄罗斯进口39.9万桶原油。到2022年11月，来自俄罗斯的原油已经占据土耳其进口份额的80%。专业咨询公司路孚特的数据显示，2022年12月，土耳其从俄罗斯购买柴油超过75万吨，2022年全年进口数量达到505万吨，这一数字在2021年为399万吨。

二、俄乌天然气争斗

苏联时期的天然气出口战略由两部分组成：第一是对东欧的出口，低价供应这些国家以换取政治忠诚；第二是向西欧出口，以换取硬通货，在严格的商业基础上进行。

苏联对东欧天然气的出口战略导致了东欧"天然气孤岛"现象。苏联解体25年之后，曾经的苏联卫星国不仅与欧洲天然气系统的其他部分隔绝，彼此之间也相互隔绝。其结果是，他们不仅严重依赖俄罗斯的天然气供给，也依赖其价格和合同条款。乌克兰成了俄罗斯天然气出口的过境国，1994年俄罗斯天然气出口总量的91%过境乌克兰，2018年这一比例下降到了41%，而俄乌战争发生一年后的今天，过境乌克兰的天然气降到了10%以下。

过去30年，俄罗斯与乌克兰的天然气关系一直是冲突与合作并存。这是一个硬币的两个侧面，是一场在俄罗斯和乌克兰之间围绕苏联时代天然气利益分配的持续斗争。俄罗斯控制着天然气生产，乌克兰控制着过境运输。在过去这些年里，随着普京的日益强大，俄罗斯的政治明显实现了集中化；但在乌克兰这一边，政治权力在政治家和寡头的敌对联盟之间不可预测地左右摇摆，乌克兰经济衰退，社会分裂。2014年，克里米亚全民公投，宣布独立并申请入俄，随后顿巴斯地区的顿涅茨克州和卢甘斯克州亲俄民众也占领了政府建筑物并升起俄罗斯国旗，局势持续动荡。2022年2月俄罗斯对乌克兰发动"特别军事行动"，随后乌克兰东部四州举行"公投"，宣誓加入俄罗斯联邦。

自2000年以来，俄罗斯的战略就是天然气过境管道绕开乌克兰。俄罗斯先后建了土耳其流、蓝流、北溪1号和北溪2号等条天然气管道，均绕开乌克兰。北溪2号管道建成后，普京完全绕开乌克兰出口天然气的设想大功告成，俄乌战争同时爆发，欧盟实施了十轮制裁，北溪1号、北溪2号管道被炸，俄罗斯出口欧洲的油气基本归零。俄乌战争只一年，俄罗斯（苏联）和欧洲用50年建立的石油天然气贸易体系就不复存在，巨量的油气贸易清零。

2000—2012年，俄罗斯石油出口额从每年260亿美元增至1284亿美元，天然气出口额从每年170亿美元增至670亿美元（丹尼尔·耶金《能源新版图》，石油工业出版社2022年版）。与戈尔巴乔夫和叶利钦两位前总统相比，普京的运气非常好，从他担任总统的2000年开始，石油价格持续上扬，俄罗斯的石油产量也恢复增长，俄罗斯经济由弱到强。居民收入增加了，养老金增加了，国际债务还清了，国防开支增加了，还建立了规模不断扩大的"稳定基金"，普京的声望和自信心随之显著提高。为"恢复俄罗斯世界大国地位"，普京开始系统筹划，重新发挥俄罗斯对周边地区的影响力，构建新的联盟，加强在世界上的话语权。

能源是俄罗斯的经济命脉。根据俄罗斯海关数据，2020年俄罗斯对外贸易额为5719亿美元，其中出口额3382亿美元，燃料和能源产品出口占总出口的49.7%；2021年对外贸易额7894亿美元，其中出口额4933亿美元，燃料和能源产品出口占总出口的54.3%。制裁俄罗斯，能源领域自然是重中之重。G7[①]已经发布共同声明，承诺逐步减少或禁止进口俄石油。

2022年5月18日，欧盟委员会提出名为"REPowerEU"的计划，旨在让欧洲在2030年之前摆脱对俄罗斯的化石能源依赖。德国也暂停了前总理默克尔扛住巨大压力才促成的北溪2号项目。北溪2号是德俄之间的核心议题之一，投资了100多亿美元，尚未输送一立方米天然气，就在2022年9月连同附近的北溪1号管道一起被炸，1100亿立方米的管输能力（与过境乌克兰的最高通气量相当）基本清零。

北溪管道被炸，除了切断俄罗斯与欧洲之间天然气流通量最大、运行效率最高的物理连通之外，另一个严重后果是开启了故意破坏重大跨国民用能源基础设施的恶劣先例，欧盟主席称之为"欧洲现代历史上的第一次"。这是人类文明的重大倒退。

1991年，伊拉克从科威特败退时，萨达姆下令点燃数百口油井，为扑灭大火，人们付出了几个月的艰苦努力。1999年科索沃战争期间，北约也致使南联盟的电网等基础设施瘫痪。但这是交战双方之间的战争

---

① G7（Group of Seven），七国集团成员国包括美国、英国、法国、德国、日本、意大利、加拿大。

行为，发生在交战国的领土上，是参战方的资产。而这次北溪管道被炸发生在非交战国的专属经济海域（非主权国家领土）；资产权益分属几个国家；破坏者匿名并秘密行动，不一定是参战的一方。

北溪 1 号和 2 号天然气管道被炸，相当于两次 2.0 级左右的地震，并引发严重的天然气泄漏。俄罗斯天然气公司公告说，大约有 8 亿立方米天然气被释放到大气层中，相当于 58 万吨甲烷一次性地排放到大气层。甲烷是最有害的温室气体，对气候变化造成的影响相当于 500 万吨二氧化碳，有专家认为这是有史以来最严重的温室气体环境污染事件。

30 年间，俄罗斯与乌克兰的天然气关系发生了根本变化。古斯塔夫森在其《天然气桥——重塑欧洲能源新格局》一书中对此做了五点总结：

• 第一，天然气租金缩水，随着俄罗斯从苏联时期继承的天然气遗产的日益缩水，俄罗斯从天然气盈余变成天然气短缺；

• 第二，随着天然气贸易转向货币化，易货贸易已经消失，中间商已经消退，政治上受青睐的交易商的作用逐渐减弱；

• 第三，自 2008 年以来，土库曼斯坦天然气作为乌克兰的替代天然气，来源已经消失，许多中间商的三角关系变成了乌克兰和俄罗斯的直接关系；

• 第四，俄罗斯对获取乌克兰出口管道控制权的兴趣已经消失；

• 第五，乌克兰天然气改革可能最终改变俄乌天然气关系的基础，而俄乌战争将导致俄乌关系的根本性改变。

三、美沙石油博弈

丹尼尔·耶金在其新著《能源新版图》前言中开门见山地说："能源背后有不同的力量在发挥作用，国家力量便是其中之一：它的大小不仅受到国家经济实力、军事能力及地理条件的影响，还跟各国的宏大战略和精心谋划的雄心壮志有关。""当今世界的另外一种力量则来自石油、天然气、煤炭、风能、太阳能及核能,这种力量来源于以气候变化为由的政策,寻求重构世界能源体系和走向净零碳中和。"

第二次世界大战之后,美国一直是世界上经济实力、军事实力最强和最雄心勃勃地要领导世界的国家。20世纪80年代发生在美国的那场页岩油气革命,颠覆了世界能源市场,重塑了全球能源大格局,进而重塑了全球地缘政治。激增的油气产量不仅让美国超过俄罗斯和沙特阿拉伯,重新成为世界头号油气生产国,还让它实现了能源独立,并成为全球最主要的油气出口国之一。

美国原油产量的增加,加上战略石油储备的大规模释放,以及市场对俄罗斯原油替代品需求的增加,各种因素推动着美国原油出口大幅增加。2022年,美国平均每天出口原油360万桶,比2021年增长了22%(增长64万桶/日)。

自2017年以来,亚洲和大洋洲一直是美国原油出口量最大的地区,2022年约占美国原油出口的43%(155万桶/日)。自2018年以来,欧洲一直是美国原油的第二大目的地,2022年约占美国原油出口的42%(151万桶/日)。

乌克兰战争及其引发的能源价格上涨加深了欧盟与美国的能源关系。在俄乌战争开始后不久,美国和欧盟就成立了欧盟-美国能源委员会,旨在减少欧盟对俄罗斯能源的依赖。2023年4月初,该委员会在布鲁塞尔开会,欧盟和美国重申了确保能源安全的承诺,特别讨论了欧洲2024年冬天的前景,以及在经历了漫长而艰难的一年之后如何加速绿色转型的议题。美国国务卿布林肯说:"2022年,美国向欧洲出口了560亿立方米的液化天然气。这占欧洲进口总额的40%,相比我们前一年对欧洲出口的液化天然气,增加了140%。"

在地质储量、石油产量、石油收入和富余石油生产能力方面领先，再加上年富力强、大权在握且雄心勃勃的萨勒曼王储的领导，沙特阿拉伯不仅是中东地区的核心，而且是在全球石油产业最有话语权的石油卡特尔欧佩克组织（包括OPEC+组织）中的实际领导者。

沙特阿拉伯国家石油公司（沙特阿美）是世界上最大的石油公司之一，业务遍及全球，主要从事石油勘探、开发、生产、炼制、运输和销售等，在利雅得上市。2022年，沙特阿美盈利1611亿美元，创上市以来之最，是美国最大石油公司埃克森美孚同年560亿美元利润的近3倍，这主要受益于西方对俄制裁导致国际油价高企。

沙特阿美主席兼行政总裁纳瑟尔预期，石油及天然气在可见的将来依然不可或缺，目前的风险是投资不足，这亦是推高能源价格的因素之一，公司会将原油产量由2022年的每日1150万桶，提高至2027年的每日1300万桶。为了增产，2023年的资本支出将达550亿美元。

2023年4月4日，以沙特阿拉伯为首的欧佩克组织，突然宣布将再次削减原油供应100万桶/日。俄罗斯随即跟进，将已经宣布减产50万桶/日的时间延长到2023年年底。加上2022年10月份宣布的每天200万桶的减产，欧佩克总共减产350万桶/日，约占世界石油供应的3%。原油减产意味着汽油、柴油价格上涨，并可能加剧美国和欧洲的通货膨胀，削弱西方对俄制裁的效果。

对此，沙特阿拉伯石油部部长表示，此举是"预防性的"，是在石油需求可能下滑之前积极调整供应。2022年10月，欧佩克减产200万桶/日未能阻止油价从每桶120美元以上的高点跌至2023年3月每桶73美元，从此来看，欧佩克的立场似乎是正确的。

50年前，美国把沙特和欧佩克产油国纳入"石油换安全"的石油美元体系，通过石油全球贸易打造了全新的"石油时代"，推进了人类文明的进步。如今，美国从最大的石油进口国变成了石油出口国，成为欧佩克的竞争者，同时以沙特为首的欧佩克国家由原来的石油美元输出者变成了需要巨大资金投入推动国家经济转型的资金需求方。国家角色的巨大转换，必然导致美国与沙特阿拉伯等欧佩克国家关系的根本性改变。

四、世界格局在动荡中重塑

2023年3月31日，普京总统签署了新版《俄罗斯联邦对外政策构想》（以下简称《构想》）。这是俄罗斯在2016年和2013年之后第三次发布对外政策构想。

尽管2016年的《构想》是在克里米亚公投入俄后通过的，当时俄罗斯和西方之间的关系也已不再乐观，但2022年以来的地缘政治发展根本性地改变了国际关系中的力量平衡及俄罗斯在全球政治中的地位。因此，2016年的构想显然需要更新。

新版《构想》使用了两个新术语："近邻国家""盎格鲁-撒克逊国家"。"近邻国家"在20世纪90年代曾在俄罗斯被积极使用过，后来基本上被废弃了，因为这个词有时会引起俄罗斯在独联体的伙伴们的不快。"盎格鲁-撒克逊国家"在2022年2月之后使用得越来越多，而且不再只被非正式的民间爱国团体使用，而是在俄罗斯官方代表的声明中使用。

对比前后十年两个不同版本，保持不变的一点就是"捍卫俄罗斯利益，不断加强自己在世界上的威望和影响力"，但在捍卫自身利益的观念和实现手段上出现了巨大的差别，2013年版《构想》强调的是"软实力"、"融入"和"不对抗"，十年后的版本则突出"主权性"、"多极多样性"和"武力击退"。这说明普京恢复俄罗斯大国地位的核心追求

第一章　此消彼长：世界能源大变局

没有改变，但由于世界经济环境和国际地缘政治大格局发生了巨大变化，俄罗斯受国内经济社会发展停滞、俄乌战争不利等因素的影响，因此不再担心激怒原来同在苏联屋檐下的邻国（近邻国家），因为已经笼络不住了。同时直接点名了敌人——盎格鲁－撒克逊国家。我们感觉到普京的自信心发生了微妙的变化。

2023年10月20日，欧盟"三巨头"——欧洲理事会主席夏尔·米歇尔、欧盟委员会主席冯德莱恩及欧盟外交与安全政策高级代表何塞普·博雷利赶赴美国华盛顿，与刚从以色列返回的美国总统拜登会面。此次峰会距离2021年6月15日上一次在比利时布鲁塞尔举行的欧盟－美国峰会已经过去了两年余四个月，这也是拜登总统上任之后的第二次双边峰会。峰会结束之时发布了一份联合声明，美欧提出在未来几年进一步巩固和加强跨大西洋伙伴关系的路线图，包含中东局势、俄乌冲突、印太、中国、西巴尔干、亚美尼亚和阿塞拜疆及非洲等全球议题。

针对联合实施"G7+"对俄罗斯海运原油和石油产品的价格上限制裁效果和下一步措施，此次美国欧盟峰会声明认为："有助于能源市场稳定，同时削弱俄罗斯为其非法战争提供资金的能力。如果我们有证据表明与价格上限政策有关的违规或欺骗性行为，我们打算根据各自的法律采取行动。"

在全球贸易体系和俄罗斯经济较强韧性支撑之下，美国西方集团对俄罗斯实施的前所未有的全方位制裁并未实现其预期的效果，此次美国欧盟峰会声明的措辞表明美欧暂时不会出台"一致行动"的进一步制裁措施。

欧洲对外关系委员会（ECFR）高级政策研究员阿加特·德马莱斯在其新书《事与愿违：制裁如何损害美国利益并重塑世界》中指出："过去二十年来，制裁变得越来越流行，这一点也不奇怪：制裁有着许多卖

015

点。首先，制裁是美国展示决心与惩戒行为不端的快捷方式。2022年俄乌冲突爆发后，华盛顿只用了不到两天的时间就对莫斯科实施了制裁。此外，制裁的成本很低。只需要少数公务员就能起草制裁措施。而执行制裁的重担则落在了跨国公司与银行身上，这些主体需要承担机会的丧失及相应的合规成本。"

俄乌战争和能源转型正在重塑世界，WTO规则下的开放的全球贸易体系很大程度上减缓了战争、地缘政治冲突和单方面制裁造成的冲击。但愈演愈烈的以价值观为中轴重构贸易集团的趋势正在割裂已经形成的全球性贸易体系。俄罗斯的第三版外交政策构想、美国欧盟2023年峰会的声明和突然爆发的哈马斯以色列冲突都是世界进入"百年巨变新时代"的不确定因素。在不确定性中寻找确定性，也许是我们能做的最有意义的事情。

欧盟应对能源危机成功吗[①]

2023年3月20日，欧盟能源监管机构合作署（ACER）发布了欧盟27国及挪威自2021年6月以来应对能源危机的措施清单。

欧洲能源危机起源于2021年，在俄乌战争后进一步升级。为尽量缓解和消除能源危机带来的负面影响，欧洲各国纷纷出台紧急措施稳定经济和民生，缓解能源供应安全风险。

一、欧洲能源危机的两个阶段

ACER以2021年6月欧洲电力市场月平均日前批发电价上涨，以及2022年2月俄乌战争爆发，将能源危机划分为两个阶段，第一阶段主要受全球能源危机波及，第二阶段是地缘政治动荡导致能源危机升级。

欧洲的第一轮能源危机始于2021年5月，主要由经济复苏、天气原因、投资下降等因素造成的全球能源供应危机引发，里程碑事件为

[①] 本文2023年4月15日首发于"财经十一人"公众号平台，作者为郑颖，清华四川能源互联网研究院研究员、世界资源研究所（WRI）气候与能源项目咨询专家。

2021年6月以后，欧洲电力市场月平均日前批发电价开始持续上涨。

为了缓解当年的能源供需紧张和价格高涨问题，欧盟于2021年10月发布了《应对不断上涨的能源价格：行动和支持的工具箱》(*Tackling Rising Energy Prices: A Toolbox for Action and Support*)，通过采取适当的短期、中期和长期措施减轻临时能源价格上涨的影响。

短期措施以针对性、临时性举措为主；中期靠采取促进储能、市场整合和能源社区的额外措施；长期则是采取提高能源效率，推动能源系统现代化及加快摆脱化石能源依赖等根本性措施。

在这一阶段，欧盟的态度是相对乐观的。欧盟委员会认为，随着2022年春季的到来，能源危机下面临的供给紧张和价格高涨的问题将得到缓解。但最终，危机并没有随着2022年春季的到来而缓解。

2022年2月24日俄乌战争爆发，将欧洲能源危机带入了第二阶段，俄罗斯的能源出口严重受阻及OPEC的石油增产意愿不足等因素导致全球能源价格飙涨。

虽然不是能源危机的起点，但作为欧盟进一步加速能源转型和摆脱化石能源依赖的催化剂，俄乌战争已经成为欧盟能源发展史上重要的里程碑。

2022年后，欧盟一改之前的谨慎与乐观态度，转而进入长期应对危机的紧急状态。这一转变从欧盟2022年宣布的更加紧急和力度更强的应对举措中得以窥见：2022年，欧盟连发REpowerEU计划等多个政策，明确建立可负担、安全及可持续的能源体系的目标，提出提高天然气存储要求、削减天然气消费量、降低用电需求、实施临时收入上限、增加天然气采购来源、加快部分可再生能源项目审批效率等多个措施，全面发力，降低能源危机对欧盟经济和社会发展造成的负面影响。

二、欧盟的应对措施

2021年能源危机发生后，欧盟27国及挪威均采取了应对措施，ACER根据时效特征、实施目标、实施方式等，对各国采取的措施做了分析。

1. 时效特征

在制定应对措施时，具有临时性和针对性的短期举措占比最高，约为77%。其中，对消费者进行直接支持的短期政策占据绝大多数，约为59%；长期措施占比约为23%，其中主要是推动节能和天然气替代的政策，占比分别约为41%及26%。

2. 实施目标

各国政策的实施目标大体分为两类：一类是巩固更广泛的能源供应安全，约占1/3，其中，超过一半的措施旨在提高能源效率和促进可再生能源发展；另一类是提高消费者的能源负担能力，约占2/3，其中，约40%的措施针对家庭。但对弱势消费者的帮扶力度还远远不足，在支持家庭的措施中，仅有约25%的举措是对弱势消费者进行帮扶。

3. 实施方式

从措施的实施方式来看，直接支持消费者是最广泛采用的方式，约占46%，其次是节能鼓励，约占总措施的13%。在直接支持消费者的措施中，超过60%的措施是通过收入补贴的形式发放的（例如一次性现金支付），而其余的则多以能源账单折扣的形式实施（价格支持）。

欧盟及挪威目前采取的措施具有以下特点。长期政策凸显了欧洲对应对能源危机根本性措施的共识：只有通过抑制消费侧需求，促进可再生能源发展，才能加速摆脱对化石燃料的依赖，从根本上抵御能源危机。

短期措施在迅速降低能源危机影响方面具有较大贡献，通过采取具有针对性的短期、临时措施，如国家援助、税收补贴、收入支持、能源账单折扣、设置价格上限等，消费侧的能源账单压力得到了一定程度的减缓，对经济发展和民生保障起到了稳定作用。

虽然政策发挥了较强的对抗风险作用，但仍存在不完善之处。

首先，直接补贴、限价等短期措施不具备可持续性，不仅不能从实质上缓解能源供需问题，还会削弱价格引导化石能源消费减少的信号作用；其次，由于跨境溢出效应，补贴能源消费虽然可能有利于一国消费者，但也会增加该国的能源消费，导致整个欧盟的能源价格上涨，并损害其他国家的利益；最后，补贴也会加重政府的财政负担。

此外，部分取代天然气供暖或发电的措施可能会阻碍"碳中和"目标的实现，如启动煤电机组以填补因为天然气供给紧张带来的发电缺口，可能引起碳排放上升。因此，可能增加碳排放的天然气替代措施，应限于在不易获得稳定、安全的可再生能源的地区实施。图 1-1 为各项措施类别及实施的国家数量。

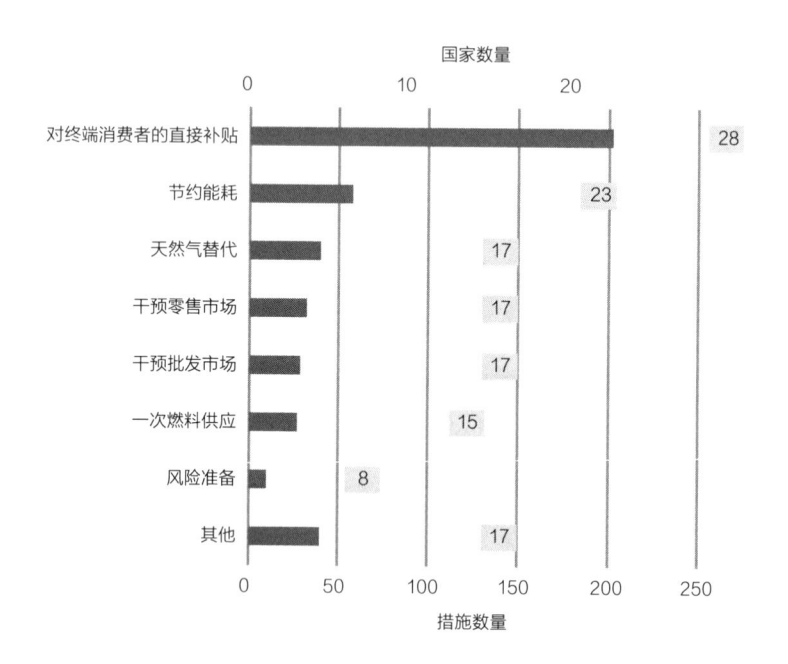

资料来源：ACER

图 1-1 各项措施类别及实施的国家数量

三、危机未散，挑战依旧

得益于多项强有力政策的实施，以及欧洲气候变暖降低了能源利用需求，欧洲安全平稳度过了2022年的冬季。

但2023年欧洲面临的能源供给情况仍不太乐观。政府承诺让市场发挥作用，以较高的价格从全球市场买入LNG（液化天然气）去填满天然气储罐，是欧洲2022年能稳定天然气供给的重要举措之一。但过度依赖现货市场具有较高的风险，任何短期的供应和价格波动都有可能对天然气采购造成干扰，特别是欧盟2022年采购的LNG主要来自亚洲市场和美国的高价买入，若2023年亚洲市场的需求因中国经济加快增长而提高，或美国的LNG供给出现变化，都可能给欧洲2023年填满天然气储存带来障碍。

根据国际能源署（IEA）的预测，俄罗斯对欧洲输送的管道天然气可能在2023年前彻底断供，如果俄罗斯的天然气供应量降至零，而中国的LNG进口量反弹至2021年的水平，那么2023年欧盟潜在的天然气供需缺口可能达到270亿立方米。

由于供给侧存在风险，因此欧洲2022年面临的能源高价可能会卷土重来。虽然2023年年初欧洲市场的LNG价格出现大幅回落，已经与亚洲市场价格持平，但考虑到欧洲市场通常从第三季度开始大量购入天然气进行储备，届时天然气价格可能还将因供需变化而出现波动。

因此，欧洲还未完全从能源危机中走出来，而ACER也提出，政策制定者需要考虑采取下一步措施，以应对持续存在的短期能源挑战，包括在能源价格下跌的背景下重新评估其能源应对措施，并量身定制更具针对性的临时性财政措施，加大对弱势消费者的保护。

另外，为了更加优化和发挥电力市场的作用，欧盟于2023年3月提出了欧洲电力市场改革提案，旨在建设可再生能源电力占比逐步提高

的电力市场，实现促进可再生能源发展、加速摆脱化石燃料依赖、减缓化石燃料价格波动对现货市场价格的影响、保护消费侧免受价格波动风险影响等多重目标。

战事绵延，欧盟面临的能源危机还远未到结束之时。过去两年欧洲社会为能源危机付出的代价，也给中国的能源转型之路提供了鲜活案例。与欧洲大部分国家相比，中国尚处在工业化后期的阶段，经济还有快速增长空间，在这个过程中需要充足的能源供应。面对当前错综复杂的国际局势，立足基本国情，将能源安全的命脉牢牢地握在自己手中，是中国平稳实现"双碳"目标和科学推动能源转型的核心。

厄瓜多尔"退群"与欧佩克的长期困局[①]

2019年10月1日,厄瓜多尔宣布将于2020年1月1日退出石油输出国组织(下称"欧佩克"),这是继印度尼西亚、卡塔尔之后,第三个宣布退出欧佩克的国家。

除印度尼西亚因变成石油净进口国外,卡塔尔和厄瓜多尔的相继退出,虽然都有自身公布的若干理由,但其背后反映的是近年来全球能源市场正在发生的深刻结构性变化,这些变化将为欧佩克带来长期困局。

一、欧佩克成员国的变迁

自1960年9月成立以来,欧佩克最多的时候拥有15个成员国,最少的时候有11个,大部分时间有13个。

1960年9月10日,为应对埃克森等国际大石油公司削减石油标价,在伊拉克政府的邀请下,沙特阿拉伯、委内瑞拉、科威特、伊朗和伊拉克五国代表在巴格达聚会。9月14日,与会者决定成立一个永久性的

[①] 本文原载2019年10月14日《财经》杂志,作者为贺双荣、王能全,贺双荣为中国社科院拉美所研究员,王能全为中化集团经济技术研究中心首席研究员。

组织，并将其命名为石油输出国组织，因其英文缩写，所以中文简称为欧佩克（OPEC）。就这样，近几十年来对世界经济政治产生重大影响的国际性组织，正式宣布成立。

伊朗、伊拉克、科威特、沙特阿拉伯、委内瑞拉是欧佩克的创始成员国。随后，1961年卡塔尔、1962年利比亚和印度尼西亚、1967年阿布扎比（现为阿拉伯联合酋长国）、1969年阿尔及利亚、1971年尼日利亚、1973年厄瓜多尔、1975年加蓬相继加入。到1975年，欧佩克共有13个成员国，并维持了较长的时间。正因为如此，20世纪70—90年代，尤其是两次石油危机期间，一般称欧佩克有13个成员国。

1973年11月19—20日的欧佩克第36届会议上，厄瓜多尔被接纳为第12个成员国。1992年12月，厄瓜多尔宣布暂停自己的成员国资格，成为欧佩克第一个暂停成员国资格的国家。2007年12月5日，欧佩克第146届特别会议通过决议，恢复厄瓜多尔成员国的资格。随着2020年1月1日的正式退出，厄瓜多尔成为两进两出欧佩克的国家。

厄瓜多尔虽然是第一个退出欧佩克的国家，但并不是第一个两进两出的国家，第一个这样做的国家是印度尼西亚。

1962年4月5日，印度尼西亚与利比亚同时加入欧佩克。20世纪60年代至90年代初，印度尼西亚在国际石油市场和欧佩克都拥有较大的影响力，欧佩克很多会议在巴厘岛举行，印度尼西亚的苏布罗托博士除自1984年10月至1985年12月担任欧佩克会议主席外，还从1988年7月1日至1994年6月30日长达6年担任欧佩克秘书长，曾一度是欧佩克的代言人。

2009年1月1日，由于国内消费石油的三分之一以上需要进口，已成为欧佩克唯一石油净进口国，加之会费高达每年200万欧元，印度尼西亚正式退出欧佩克。2016年1月，在欧佩克第168届会议上，印度尼西亚恢复了成员国的资格。但是，仅仅10个月之后，印度尼西亚又暂停了成员国资格，成为欧佩克历史上第一个两进两出的国家。

除厄瓜多尔、印度尼西亚外，1975年加入欧佩克成为第13个成员国的加蓬，1995年1月中止了成员国资格，但2016年7月重新加入。2007年1月安哥拉、2017年5月赤道几内亚、2018年6月刚果加入，这样，到2018年年底，欧佩克共有15个成员国，达到最高峰。

2019年1月1日，除5个创始成员国外，加入时间最早的卡塔尔中止了成员国资格，厄瓜多尔退出后，欧佩克成员国又回到13个。看来，虽然13这个数字不讨一些人的喜欢，但作为世界上最大的原油输出国组织，欧佩克过去和未来都得与13打交道，对于欧佩克来说，13似乎是个吉利的数字。

二、厄瓜多尔为何"退群"

厄瓜多尔两出欧佩克，原因都是经济困难。薄弱的工业基础，农业发展缓慢，石油业是第一大支柱，决定了厄瓜多尔不能受欧佩克过多的约束。图1-2为厄瓜多尔与欧佩克成员国及非欧佩克国家石油产量对比。

1. 经济陷入困境，社会稳定面临考验

厄瓜多尔位于南美洲西北部，赤道横贯国土，国名就是西班牙语"赤道"的意思，人口1700多万，人均国内生产总值6000多美元（截至2018年）。

石油行业是厄瓜多尔的支柱行业。石油价格大跌前的2013年，厄瓜多尔石油出口额为141.07亿美元，占当年国家全部出口额的56.77%。2014年以来，厄瓜多尔经济一直比较困难。2015年，厄瓜多尔经济增长只有0.1%，2016年更是下降到-1.2%，虽然2017年和2018年有所恢复，但2019年预计又将下降到-0.5%。2018年，厄瓜多尔的经常账户赤字为7.25亿美元。

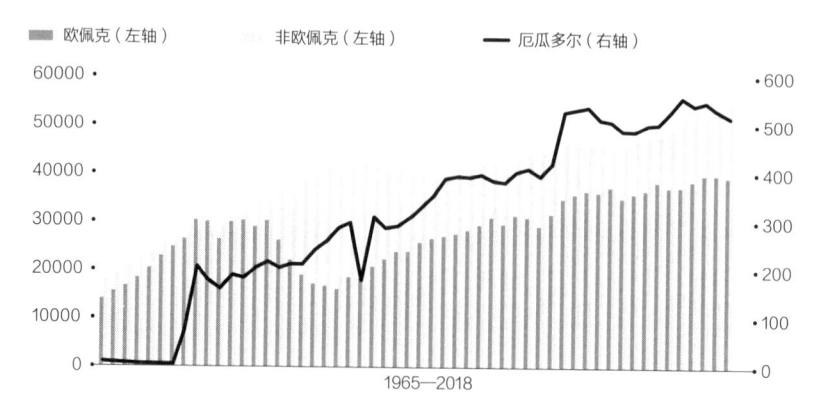

■ 欧佩克（左轴）　　非欧佩克（左轴）　—— 厄瓜多尔（右轴）

单位：千桶
资料来源：英国石油公司，《世界能源统计评论》，2019年6月　　制图：颜斌

图1-2　1965—2018年厄瓜多尔、欧佩克成员国和非欧佩克国家石油产量

2016年4月，厄瓜多尔西北部沿海地区发生里氏7.8级强烈地震，造成重大人员伤亡和财产损失，使本已困难重重的经济雪上加霜。

为了解决经济困难，厄瓜多尔政府正在大力进行市场化的改革。2019年2月，厄瓜多尔与国际货币基金组织达成一项42亿美元的贷款协议，计划在2020年将财政赤字从2019年的36亿美元减少到10亿美元以下。在政府提出的20亿美元财政改革方案中，最重要的一项是终结近40年的燃油补贴。柴油价格将从每加仑1.03美元升至2.30美元，汽油价格将从1.85美元升至2.39美元，希望通过取消燃料补贴每年节省约15亿美元，提振陷入困境的经济和制止走私。

但是，改革措施引发严重的全国性骚乱，10月3日，厄瓜多尔宣布全国进入为期60天的紧急状态，暂停部分宪法权利并授权军队维持秩序；10月7日，政府机关从首都基多临时迁往第一大城市瓜亚基尔。

2. 高度依赖国际石油市场，大炼油项目久拖不决

2019年1月1日，厄瓜多尔剩余探明石油储量为28亿桶。2014年石油产量在达到 55.7 万桶 / 日的历史纪录后，逐年下降，2018 年下降到了 51.7 万桶 / 日。

厄瓜多尔生产的原油主要用于出口，目的地国有美国、智利、秘鲁、巴拿马和印度等。美国曾经是厄瓜多尔原油的最大出口国，60% 以上出口到美国，是美国西海岸地区第三大原油进口来源地。从 2012 年开始，厄瓜多尔也向中国出口少量原油。

虽出口原油，但厄瓜多尔进口成品油，主要进口汽油、柴油和液化气。2015 年，厄瓜多尔进口成品油的 75% 以上来源于美国。由于长期实行低油价政策，2011 年至 2014 年，政府每年对进口油品的补贴就高达 30 亿美元左右。

为解决因国内炼油能力不足和设施老化问题，多年来，厄瓜多尔政府就在规划建设一座年加工能力为 1500 万吨的大型现代化炼厂，总投资约 150 亿美元。但是，由于国内石油政策等因素的影响，无论是厄瓜多尔国家石油公司，还是众多的国际公司，对这个炼油项目进行初步评估研究后，都退避三舍。化炼厂仍在图纸上，现场已是一片荒芜。

3. 不愿受欧佩克的约束，扩大石油产量改善经济

无论从剩余探明石油储量还是产量看，厄瓜多尔都是欧佩克最小的成员国，其石油产量对于是否处于减产状态的欧佩克来说都微不足道。但是，对于厄瓜多尔自身来说，这微不足道的产量却是决定经济发展的大事，决定了它对欧佩克的政策。

1992 年 12 月，厄瓜多尔第一个暂停了成员国的资格，其理由是，无力支付会费且对其当时厄瓜多尔的产量配额持有异议。厄瓜多尔的会费约为每年 100 万美元，当时厄瓜多尔大约欠付了 5 年的会费，且当年其石油产量仅为 32.8 万桶 / 日。2007 年 12 月，在与欧佩克达成 3 年内偿还 500 万美元欠费的前提下，厄瓜多尔恢复了成员国资格。

厄瓜多尔第二次宣布退出欧佩克,其理由还是以上两点:一是不愿支付100万美元的会费;更为重要的是第二点,不愿受2017年以来欧佩克减产限额的限制,要大力开发新油田,增加石油产量以振兴经济。

从2017年一开始,厄瓜多尔就成为第一个不遵守减产协议的国家。2017年7月17日,厄瓜多尔石油部部长佩雷斯表示,由于厄瓜多尔面临"困难的经济形势",无法遵守每日减产2.6万桶的承诺。当年1月—5月,厄瓜多尔只减产了1.6万桶/日。同年10月26日,佩雷斯再次表示,将在11月份召开的欧佩克会议上申请减产豁免,如果欧佩克不予批准,最坏的结果将是退出欧佩克。

当时,由于油价过低及2016年发生的地震灾害,厄瓜多尔政府正面临严重的财政赤字,急需大笔资金,公共债务已占国内生产总值的50%。因此,厄瓜多尔再次宣布退出欧佩克,其主要理由就是自己所宣称的"财政可持续性"问题。

2019年,厄瓜多尔石油产量只有约51万桶/日。为了解决经济困难,厄瓜多尔必须提高石油产量,位于奥雷亚纳省的义思平哥-坦伯可加-提普帝尼(ITT)油田成为开发的重点。该油田拥有17亿桶储量,自2007年以来,由于环境保护和土著居民的反对,油田一直处于停停开开的状态。厄瓜多尔政府希望,借助国际大石油公司的先进技术和资金优势,进一步提升ITT油田的产量,2020年将全国石油产量提高到52.5万桶/日,2023年提高到55.5万桶/日,基本恢复到2014年的水平。

作为市场化改革的一部分,厄瓜多尔正参照哥伦比亚和巴西的模式,对国有的国家石油公司体制进行改革,引入更多的私人资本,这些也都要求自己的石油产量不能受到欧佩克的限制。

2019年4月,厄瓜多尔不再庇护阿桑奇,英国警察将阿桑奇从使馆带走并有可能将其引渡到美国。有分析认为,厄瓜多尔再次退出欧佩克,有与自己传统的盟友委内瑞拉脱钩，向美国靠拢的意味，希望与美改善关系。

三、能源市场的两大结构性变化

当前，全球能源市场正在发生深刻的结构性变化，卡塔尔和厄瓜多尔的退出正是这种结构性变化的直接后果，当前和未来相当长时间，欧佩克都将处于十分困难的境地。

变化之一，世界能源消费结构正在日益向低碳、清洁的方向转变。 2018 年，世界一次能源消费增长 2.9%，其中，增长最快的是以太阳能、风能等为主体的可再生能源，增速高达 14.5%；天然气位居第二，增速为 5.3%，且当年能源消费增量中的 40% 来源于天然气。正是在这种情况下，虽然与 2017 年相比，石油消费增长了 1.5%，但其在世界一次能源消费中的比重由 2017 年的 34.19%，下降到 2018 年的 33.63%，一年之中就下降了 0.56 个百分点。如果将时间拉长，2000 年石油在世界一次能源消费结构中占比 38.69%，2018 年与 2000 年相比就下降了 5.06 个百分点，幅度更大。

2019 年，全球液化天然气（LNG）的投资高达 5000 亿美元，创下了历史纪录。卡塔尔、澳大利亚、美国和俄罗斯等国，都在积极开发 LNG，希望争下世界第一大 LNG 生产国的地位。2040 年，天然气消费将增长 50%，超过煤炭接近石油，成为第二大能源来源。正是在这一背景下，为了保住自己作为世界第一大 LNG 生产国的地位，卡塔尔于 2019 年 1 月 1 日退出了欧佩克，以便专注于天然气业务。

变化之二，国际石油市场不再依赖欧佩克，石油产量的增长主要来自美国等非欧佩克国家。 2018 年，世界石油产量为 9471.8 万桶 / 日，比 2017 年增加 140 万桶 / 日，其中，欧佩克石油产量不仅没有增加，反而比 2017 年减少了 33.5 万桶 / 日，非欧佩克产油国不但提供了 2018 年世界石油的全部增量，而且还抢占了欧佩克的份额。其中，美国石油产量由 2000 年的 773.3 万桶 / 日大幅增长到 2018 年的 1531.1 万桶 / 日，成为世界第一大石油生产国，占同期世界石油产量增量的 37.52%。

1973 年，欧佩克在世界石油产量中占比 51.61%，是国际石油市场的主导者，沙特阿拉伯等国发动了对美国等西方国家的石油禁运，大幅度提高石油价格，引发了第一次石油危机。结构性变化之二的结果是，45 年后的 2018 年，欧佩克在世界石油产量中的份额已下降到只有 41.53%，非欧佩克产油国占比高达 58.47%，欧佩克已变成边际供应者，必须控制自己的产量来平衡国际石油市场的供需，维持价格的稳定。

由于市场供应持续过剩，在减少自身产量的同时，欧佩克还需联合诸如俄罗斯、哈萨克斯坦等国共同减产，以稳定国际石油市场。在这一过程中，随着越来越大的减产压力，一些小的石油生产国，会以退出欧佩克或不愿再减产等方式，退出联合减产行动。我们看到的厄瓜多尔退出欧佩克、哈萨克斯坦等不愿再减产，都源于越来越大的市场过剩压力。

全球能源市场两大结构性变化还在加速，国际石油市场将长期面临供大于求的压力。

未来，欧佩克也许还会有成员国退出，欧佩克解体的传闻也会时常出现。但是，石油工业的特点决定了国际石油市场需要一个市场稳定器，历史上的美国标准石油公司、石油七姊妹和 20 世纪 80 年代以来的欧佩克都曾担任过这个角色。因此，欧佩克解体的可能性不大，未来还有可能会有新的国家加入，欧佩克还必须承担通过控制产量稳定国际石油市场的重任，不过其过程和前景都将是十分艰难的！

第一章　此消彼长：世界能源大变局

从国际能源署演进看全球能源治理[①]

2016年3月底，国际能源署署长法提赫·比罗尔将再次来到中国，出席中国与国际能源署合作二十年纪念研讨活动。二十年前，国际能源署与当时的国家计划委员会签订了一份备忘录，约定要加强交流与合作。那是1996年，中国刚刚结束出口石油换取外汇的时代，今天中国已经成为世界上最大的石油进口国。中国正前所未有地参与到全球能源治理进程中。透过国际能源署的演进历程，也可以窥见全球能源治理的脉络。

一、能源安全

国际能源署诞生于一个对抗的时代。20世纪70年代，冷战的铁幕还没有落下，两个阵营对垒剑拔弩张，能源安全仍然是关系国家安危的关键。基辛格甚至说，"如果你控制住了石油，你就控制了所有的国家"。基辛格说这句话的时候，可能感叹的是石油禁运带来的痛苦。

1973年10月，埃及、叙利亚等趁赎罪日突袭以色列，在美国为首

[①] 本文原载2016年3月29日《财经》杂志，作者为杨雷，能源业资深人士，国际能源署署长高级顾问。

的西方国家支持下，以色列再次完胜阿拉伯国家。失败的阿拉伯国家咬牙切齿，决定以石油为武器，对参与战争的西方国家实施石油禁运。这次禁运长达 5 个月，使油价飙升了 4 倍，对美国经济造成重大冲击，导致美国 GDP 大幅下滑。这次石油禁运成为现代国际能源治理发端的一个典型情景——能源供应中断。

1974 年，国际能源署应运而生，它的首要任务就是团结石油进口国，建立并联合开展石油储备，以应对能源供应中断的危机。20 世纪 70 年代末，伊朗的伊斯兰革命再次亮起能源安全的警灯，这次石油储备的协同应用崭露头角，大大缓解了能源供应中断的压力，经济合作组织的大部分成员国都加入了国际能源署，从而缔造了能源领域最大的政府间国际组织。

在全球能源治理的早期阶段，能源安全是压倒一切的最强音，这一音符即使在冷战结束后的今天仍然余音绕梁，也是中国领导人案头最重要的议题之一。时不时被热议的马六甲海峡困局就是典型的例证，这一假设提出了马六甲海峡被封锁后中国的原油贸易渠道中断的情景。尽管也有专家阐释这种情景发生的可能性并不存在，而且如果真的发生，以中国外向型经济对进出口的依赖，经济会大幅下滑，届时中国将不再需要进口那么多石油，但这一阴影似乎总也挥之不去。

2015 年 1 月，中国和国际能源署在宁波再次联合开展了石油应急演练，这一活动就是假设发生了石油供应中断的事件。通过在成员国和相关国家不断开展这样的模拟演练，国际能源署旨在增强相关国家的协同应急能力，实时开展应对措施。近年来，在美国页岩油气革命的旋风之下，石油供大于求，在资源国争相竞争市场的情况下，供应中断的威胁日渐退居次要地位，2015 年叙利亚、也门等中东国家的危机事件对油价几乎没有影响就是例证。

二、能源市场

促进全球能源市场的稳定正变得更加重要，换个说法，对市场原则的维护，成为国际能源署重要的任务。降低贸易壁垒，促进投资保护，构建更加公平开放的市场，成为全球能源治理的重要主题。

维护市场化原则听起来有些空泛，其实它的内核非常具体。首要的是能源数据透明化，通过促进各国政府和企业提供更加公开透明的能源供应需求数据，可以让投资的确定性提高。

国际能源署年度出版物《世界能源展望》，担当了全球能源风向标和投资指南的重任。作为曾经的首席经济学家，法提赫把《世界能源展望》打造成了国际能源署的金字招牌。国际能源署通过缜密的能源统计渠道，详细分析全球能源生产消费的趋势变化，以及每一个重要区域的具体情况，包括政策的影响；给出年度和中长期的预测，从而不仅可以指导相关国家的政策制定，而且可以指导企业的投资贸易活动，使其更能遵循市场规律，调剂余缺，着眼未来。

如果这样说还是不够务实，那就举一个更具体的例子。2009年左右中国发生的"气荒"令人记忆犹新。当全球都在为天然气紧缺而担忧，疯狂采购液化天然气的时候，中国的企业也在积极开展全球采购。就在那一年的《世界能源展望》中，国际能源署提出了美国页岩气的快速发展可能导致供需形势的变化，预言了中期天然气供应可能过剩的情景。也正是基于这样的判断，中国政府遏制了液化天然气的采购狂热，督促企业通过重新谈判而获得上百亿元的实际折扣。

市场化原则的重要支撑是政策，在国际能源署推动市场化政策时，比较典型的一个倡议是减少化石能源的低效补贴。能源补贴很多时候通过扭曲价格来实现，委内瑞拉的油比水还便宜，中东很多国家的油价也远低于国际水平，这就导致了本可以出口的能源被国内过度浪费掉，妨碍了国际能源市场的一体化进程。在中国，政府定价的体系也体现了很多能源补贴的成分，在中央关于价格改革的指导意见中，这也是下一步改革的重要内容，可以说在能源市场化的推动过程中，中国与国际能源署的立场是高度一致的。在海外投资保护方面，随着中国海外能源投资的日益增加，关注资源国政策也逐渐成为我们外交中的重要议题。

三、能源转型

进入 21 世纪以来，全球气候变化日渐成为重大关切，而能源对排放和气候的影响至关重要。不断推进能源的低碳化和高效利用，成为国际能源署的新使命。在欧美尤其是德国等国的推动和率先垂范下，能源转型的大旗在国际能源署的上空开始猎猎飘扬。

实现能源转型是一项更加艰巨而复杂的任务，2015 年年底召开的巴黎气候大会（即第 21 届联合国气候变化大会）给人类展现了新希望，但如何落实这些共识任重而道远。因此，协调能源政策在国际能源署的任务中日益凸显，因为离开政府的政策支持，新能源的发展将举步维艰。同样，帮助推广先进能源技术及节能措施的应用、提高能源利用效率，也成为国际能源署的重要任务。同时，通过新能源技术减少无电人口也是国际能源署的重要倡议。在中国，雾霾治理已是最优先议题，这和碳减排有高度的契合，过去的两年里，中国的煤炭消费几十年来首次开始下降，可以说中国的能源转型已经开始发动，未来合作的潜力空间巨大。

时代在变化，国际能源署也面临新的挑战，这样的挑战至少还有两个维度。当初国际能源署成立的时候，成员国的能源消费占了全球的大部分，而今天这一比例缩小到了只有四成左右。作为世界上最大的能源消费国，中国至今仍然不是国际能源署的正式成员。这也是 2015 年法提赫就任新署长后首访中国的愿景所在。访问期间，法提赫多次阐述国际能源署雄心勃勃的现代化改革进程，中国、印度等新兴能源消费大国的进一步参与是其首要议题，也是国际能源署继续代表"国际"的必然选择。2015年11月，时任国家能源局局长努尔·白克力率团参加了国际能源署能源部长会议，其间宣布中国正式成为国际能源署的联盟国（非成员国），迈出了重要的一步。

国际能源署的另外一个改革方向与全球能源转型息息相关。众所周知，国际能源署有着浓厚的油气背景，因为油气一度也是国际能源贸易和投资的几乎全部内容。但随着全球能源转型的轰轰烈烈开展，可再生能源技术、新能源发展等日益受到关注，巴黎峰会也把技术转让和投资作为发达国家对发展中国家所应履行的重要义务之一。新能源技术的推广、经验政策的分享在一定程度上也会像能源贸易投资一样发挥重大作用，如何做好技术中心、信息中心也是摆在国际能源署面前的重大课题。国际能源署的能源研究和技术委员会正在发挥越来越重要的作用。中国科技部与国际能源署成立了合作联络办公室，旗下的"能源技术信息网"正在成为国内能源技术业界的重要参考。

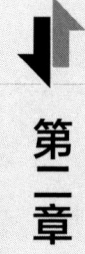

第二章
化石能源 or 清洁能源：各国能源结构现状与能源转型

第二章　化石能源or清洁能源：各国能源结构现状与能源转型

第一节　欧洲：稳步推进的转型先锋

欧洲激进脱碳：
放弃煤炭、核能，石油、天然气加速让位[①]

2020年6月初，瑞典国有能源公司Vattenfall确认将在北海靠荷兰海岸海域建造一座1500兆瓦（MW）无补贴海上风电场——Hollandse Kust Zuid项目。新冠疫情导致的突然经济下滑也没有改变Vattenfall的这一决定。

2015年，海上风电被认为是当时成本最高的发电来源。北海靠英国海域某项目的拍卖价格曾高达每兆瓦时117英镑，远高于曾获热议的英国欣克利角（Hinkley Point）核电厂的每兆瓦时92英镑。仅仅两年之后，英国的海上风电拍卖价格就跳水到了每兆瓦时57.50英镑。

Vattenfall率先开始尝试完全依赖市场的海上风电经营模式。与此同时，光伏项目已经在欧洲各地确立了其作为无补贴发电技术的地位。2020年5月，位于英格兰东南部的Cleve Hill光伏发电项目获得了最终的建设许可，占地360公顷。足以为9.1万户家庭供应电力

[①] 本文原载2020年7月6日《财经》杂志，作者为Julian Popov（朱利安·波普夫）和Kitty Bu（卜洋），能源行业资深从业者。

的该项目,将成为英国最大规模的光伏发电厂。要知道就在几年前,在阴郁多雨的英格兰开发光伏发电项目,还曾是能源大会上最常见的笑话。

2019年,葡萄牙的一家光伏电厂招标收到了每兆瓦时14.8欧元的历史最低价。2020年5月,在被认为投资风险颇高的欧盟之外的国家阿尔巴尼亚,光伏发电价格也曾低至每兆瓦时24.89欧元。在严格的国家补助规则环境下,无补贴商业可再生能源项目正在欧洲各国落地。

一、零碳能源大发展

欧洲正在迅速推进零碳能源发展,同时抛弃煤炭,挤压天然气市场,逐渐减少石油用量并放弃核能。在短期趋势上,我们可能会看到一些误导性的数据。例如,天然气的用量在过去五年中还在上升。这很大程度上是因为2018年和2019年每吨25欧元左右的较高碳价及储量丰富且价格较低的天然气(如图2-1和图2-2所示)——通过利用现有燃气电厂设施,欧洲加快了从煤炭向天然气的转变。

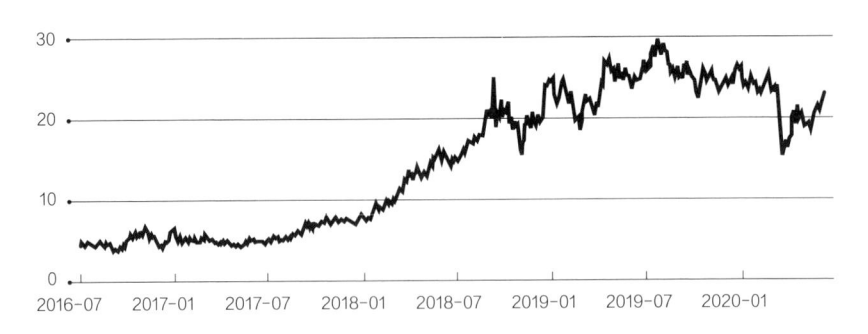

单位:欧元
资料来源:Sandbag 制图:颜斌

图2-1　2016—2020年欧洲碳价走势

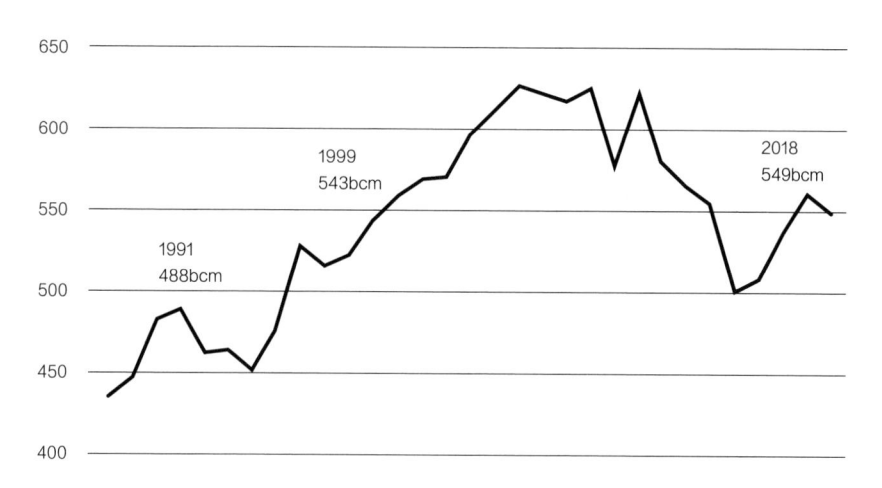

第二章 化石能源or清洁能源：各国能源结构现状与能源转型

```
1991
488bcm

1999
543bcm

2018
549bcm
```

单位：十亿立方米（bcm）
资料来源：英国石油公司

图2-2 1988—2018年欧洲天然气用量

即便将这一增量计算在内，欧洲当前的天然气用量也只和20年前的水平相当（同时期经济总量已增长一倍），几乎没有新建燃气发电装机（如图2-3所示）。大部分的新投资都流向了可再生能源、能效，以及越来越火热的电池领域，能源数字化的投资也在快速增长，对生物气领域和更重要的氢能领域的发展计划同样充满雄心。

因此，天然气的发展可能将很快遇到阻碍，暂时性的增长也将停止。部分由于可再生能源增长造成的批发电力价格走低，也使传统能源装机领域的投资不再具有可持续性。

欧盟委员会预计，欧盟2030年的天然气用量将在已经水平相对较低的2015年用量基础上再下降29%。如果这一预测准确的话，欧洲的天然气用量在未来十年中将会减少38%。

问题是这种脱碳趋势将会持续多长时间。**欧盟目前的立场是坚定的，也得到了所有成员国的支持（除波兰暂时性和战术性保留意见）。**

■ 固体化石燃料　　■ 热力　　■ 可再生能源和生物燃料
■ 天然气　　■ 电力　　■ 石油和石油产品（不包括生物燃料部分）

1990—2017 年

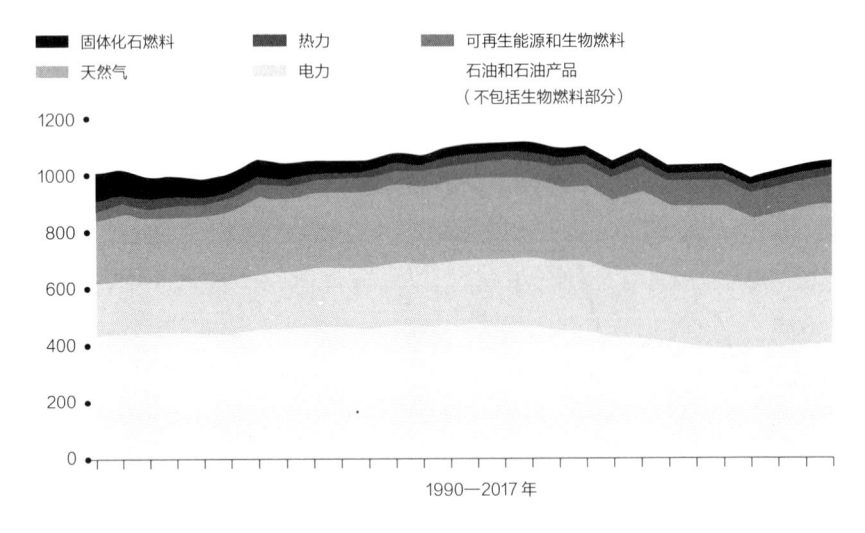

单位：百万吨油当量
资料来源：欧盟统计局（Eurostat）

图 2-3　欧盟的能源消费总量保持不变（1990—2017 年）

到 2050 年，整个欧洲经济必须实现碳中和，当年新增的碳排放要和减少的碳排放持平。辩论的焦点在于中期目标制订。欧盟委员会已提议将 2030 年的温室气体减排目标从当前已通过的 1990 年水平的 40% 提高到 55%。一些东欧国家在反对这一提议，而活动组织则坚持应将目标进一步提高至 65%。

一些游说团体正在反击。虽然煤炭行业几乎已经放弃挣扎，接受了煤炭在欧洲已经不可逆转地走向衰落的事实。但天然气游说团体仍坚持认为天然气是实现碳中和过程中的一种过渡性燃料，并且燃气基础设施在未来还能被氢气所利用。但这两个论据都不够充分。

目前为止的实践证明，除了个别研究和测试案例外，氢气在供暖或发电领域的使用方式很可能将与天然气不同。欧盟还在新建建筑领域强制性引入了所谓的"近零能耗建筑"（nearly Zero Energy Buildings， nZEB）标准。这些都是不需要天然气供暖的高能效建筑。nZEB 标准将逐步推广至老旧建筑改造领域，进一步减少天然气的用量。**能效、热泵、集中式和分布式太阳能供暖和地热都将作为更优先的供暖燃料选项替代天然气**。我们可以清楚地看到这些趋势的出现，并且数个国家都已经制定了相关规范来限制天然气在建筑供暖方面的应用。

核能会成为能源低碳转型的一个意外受害者。核能一般被认为可以生产零碳电力，尤其当我们忽略了建造核电厂的碳足迹时，但它在欧洲的未来似乎并不乐观。其原因是复杂的。基于对环境和安全风险的考虑，以及主要公众舆论的意见，德国和奥地利等一些国家制定了强硬的反核政策。

更重要的原因是，相对于可再生能源和电力现货市场价格，欧洲的核电生产成本过于高昂。新建核电厂的发电成本至少在每兆瓦时 90 到 100 欧元。这样的价格水平需要高额的补贴，而纳税人并不愿意支持此类项目。考虑到欧洲人口和经济增长缓慢，并且由于能效的提高，欧洲的整体能源用量正在下降。在这种环境下，当可再生能源配合储能、开放式电力市场及需求侧管理技术，能够以仅相当于新建核电厂三分之一的价格提供安全能源供给的时候，要证明核电价格的公平性是非常困难的。

核能的发展要面对两大问题。第一，修建核电厂是个非常漫长的过程。我们已经看到能源格局在 5 年中就可能发生不可预知的巨大变化，而修建一座核电厂可能需要 10—15 年，甚至更长的时间。保加利亚的第二座核电厂至今已经修建了 35 年，除了混凝土地基外仍未有更多的进展，几乎没人相信这座电厂还会被建成。第二，核能似乎并不适合欧洲愈发自由化和一体化的电力市场。相比于基载负荷，该市场更重视平衡与弹性的作用。将重要的资金押注于成本如此高昂的东西上，似乎并不是一个非常明智的决定。

二、目标：建成脱碳欧洲

如果煤炭、天然气、石油和核能都被驱逐或衰退，那么谁会替代它们呢？投资者们又应该关注哪个领域？**欧盟委员会提出的复苏计划将重点放在了建筑改造和氢能上。**这是两种截然不同的技术和商业案例。一方面，建筑改造正在欧洲大范围推广，尤其是东部地区，急需数十亿欧元的投资来升级他们的建筑标准。不过，建筑改造需要在材料、供暖技术、项目组织和金融工具上都进行大规模的创新。另一方面，许多人将绿色零碳氢能视为未来的燃料，认为它是欧洲要想保持能源领域领先地位而必须投资的一种技术。能源创新资金的很大一部分比例都将流向这一领域。

显然，得益于目前具有竞争力的低成本优势，光伏和风电还将进一步增长。一方面为了在全球储能技术竞争中保持领先，另一方面为了拯救其汽车产业，欧洲正大力投资电池技术。

此外，新冠疫情复苏计划所支持的"欧洲绿色协议"还在推广分散化能源解决方案，包括能源合作社、屋顶光伏、微电网和所有该领域的相关数字化技术支持。需求侧管理将会得到发展，并将得到政策的支持，以关联能源转型与数字化转型。

但要实现目标，欧洲还需要做得更多。水泥、钢铁和化学行业必须脱碳。新建筑材料必须得到发展和商业化应用。应扩大创新木质基础材料替代水泥与钢材的范围。可持续农业、林业和生物经济必须成为工作的重要组成部分。

奇妙的是，一项有希望的创意来自煤炭地区。欧盟委员会旗下研究机构——联合研究中心在一份研究中指出，正处于转型中的欧洲煤炭地

第二章 化石能源or清洁能源：各国能源结构现状与能源转型

区，拥有与它们当前燃煤发电相同的光伏发电潜力。煤炭，尤其是褐煤地区，拥有大片不适合发展农业的土地、完善的电网（大多是国有性质）及丰富的劳动力。总部位于布鲁塞尔的智库欧洲政策研究中心（Centery for European Policy Studies，CEPS）提出，可以将煤炭地区转变成低碳和零碳发电产业集群，实现可再生能源、储能和绿色氢能产业与零碳转型新产业的有机结合。这一课题也得到了欧盟煤炭地区转型平台的认真讨论。这一手段可以将一些处于困难中的煤炭地区转变为产业发展的动力和最新技术的试验场。

此外，欧盟还必须将目光投向边界之外，他们也确实正有这样的计划。在谈到脱碳欧洲时，欧盟委员会主席冯德莱恩指的是整个欧洲，而不仅仅是欧盟。这是欧盟委员会国际化雄心的众多迹象之一，也显示了欧盟对其他国家支持的需要。

欧盟不仅要管理北海海域的海上风电资源，也已将波罗的海和地中海包括在内，对黑海风力资源的兴趣也在提升。漂浮技术的发展还将打开更多深水地区资源利用的机会。此外，乌克兰和土耳其的陆上风能，可以用来发电的北非太阳能资源，以及巴尔干半岛西部的水力储存潜力也都将在转型过程中发挥各自的作用。

欧盟可能重新审视其电力高速公路（或超级电网）计划，并评估连接北非、海湾地区、黑海地区和冰岛的潜在可能。在其共同利益项目列表中，欧盟已初步批准了连接以上部分地区的长距离高压直流输电电网项目，并可能在未来批准更多此类项目。

与此同时，欧盟委员会正在研究所谓的边界碳调整机制，一些人也称之为碳税。这一机制究竟将如何发展并落到实处目前还很难讲，但清楚的是，欧盟将花费极大努力创造一个与全球其他地区公平竞争的碳环境。考虑到欧盟是全球最大的贸易主体，这样的努力显然将影响到许多行业的全球价值链。与欧盟合作开发一个全球性的碳市场，这个市场可能成为一个不但有利于气候协议的签订，而且有益于互利贸易谈判的良好平台，进而打造更具可持续性、长效性和公平性的全球合作与竞争框架。

在低成本可再生能源和数字技术不断进步的大环境下，加上"欧洲绿色协议"和新冠疫情复苏计划的支持，欧洲的气候雄心终于越过了经济临界点，成为一个具有吸引力的商业主张。欧洲及其合作伙伴与竞争者们如何利用这一机会，将决定其在整个世界的经济地位，以及全球贸易与工业发展的进程。

第二章　化石能源or清洁能源：各国能源结构现状与能源转型

令人惊叹的德国能源转型[①]

2011年3月11日，日本宫城县外海发生了里氏9.0级地震并引起海啸，造成福岛核电站一系列堆芯熔毁、放射性物质泄漏等灾害事件，成为1986年切尔诺贝利核电站事故以来最严重的核事故。这次事件造成的最大的后果之一是，德国在两个月后宣布2022年前关闭德国境内所有核电站。连日本人都没有敢下决心做的事情，德国人做了。

如果德国的核电只是一点点，那么这样做可能并不会有多大困难，可现实是，经过半个世纪的发展，核电已经是德国的能源支柱之一。截至2011年5月，德国一共建造了36座核反应堆（含实验堆），其中，正在运行的有17座，核能发电比例占全国总发电量的22.4%。

德国宣布弃核之初，就有巨大的争议，很多人认为德国不可能做到完全弃核，因为这样巨大的能源缺口难以短时间内弥补。

但弃核并不是德国的权宜之计，而是德国更宏大的能源战略计划的一部分，当各国还在讨论可再生能源的竞争力时，德国就开始思考四十

[①] 本文原载2015年10月12日《财经》杂志，作者为杨雷，能源业资深人士，国际能源署署长高级顾问。

年后的事——怎样才能让德国的能源系统更加清洁、安全和经济。

德国政府随后系统提出了"能源转型"战略，根据这一战略，不仅2022年前德国将关闭所有核电站，而且设立了**硬性指标**：到2050年可再生能源占到德国能源比例的80%，到2020年实现二氧化碳减排40%的目标。

不要认为这是一个模糊的远景概念，德国根据这一远景目标分解制订了每一个阶段的具体目标和任务，并且具有法律约束力。这也就意味着，随着这一目标的逐步实现，不仅是核电，煤炭、石油等化石能源都将逐步退出德国的历史舞台，除去少量的天然气，化石能源的时代届时将在德国宣布结束。

这谈何容易呢？可再生能源的主力军是风电和太阳能，还有少量的生物质能和地热，在我们的概念里，这些能源的规模与大型煤电站和核电站根本不可比拟。一个大型电站的规模动辄上百万千瓦，意味着1500千瓦的风机，需要大约700个，加上发电小时数的不足，要实现一个常规百万千瓦电站的发电量，差不多需要2000台这样的风机。

不过话又说回来，如果说大型电站是极少数大公司的精英领地，那么小型的可再生能源就是人民群众的汪洋大海。**在德国，一架风机立在后院里，你的能源公司就可以宣告成立了**。德国用事实证明，聚沙成塔，**可再生能源一样可以实现规模化**。到2015年，约3万架风机和150多万个太阳能系统在德国运行，即使扣除水电，可再生能源装机也已经超过了8500万千瓦。这样的规模，早已远超核电顶峰时的全部装机。可再生能源发电比例在2000年仅占约6%，2015年在柏林地区的供电网，可再生能源的比例已经达到了40%以上。2015年7月25日，德国可再生能源的上网电量单日突破了70%。

大家看到这里可能会瞪大眼睛，70%？这怎么可能，电力专家不是

第二章　化石能源or清洁能源：各国能源结构现状与能源转型

说10%以上不稳定的可再生能源并入电网后就会导致电网的崩溃吗？可再生能源的不稳定性不是很可怕吗？

德国最大输电公司之一50赫兹（50Hertz）的首席执行官鲍里斯·舒赫特（Boris Schucht）回答了这一疑问。

鲍里斯从一个故事讲起。2015年3月的日全食在天文爱好者们眼里是个激动人心的事件，可以在欧洲观测这次百年不遇的天象。不过，德国的电力系统却非常紧张，因为太阳被月亮全部挡住后，太阳能光伏发电将会受到很大的影响，这部分减少的电力如何补充将是一个挑战——当日全食来临的时候，整个德国的电力损失最多能达到600万千瓦，一下子相当于停掉十来个常规的大规模电厂，电网供电安全能保证吗？

鲍里斯和他的同事经过这些年的历练，对此早有预测，对日全食的电力波动提前就有充分的预测及情况发布。由于德国已经建立了十分发达的电力交易市场，用电方和供电方也提前在交易系统中达成了临时的供电方案，在日全食来临时，电力供应完全正常，并没有发生大家担心的电网崩溃等问题。而且让鲍里斯这些电网企业家感到长舒一口气的是，这次他们仍然是无为而治，并没有采取任何强制调度的措施，通过市场化的行为，供电方和购电方自己就解决了问题。

这里的电网是输配分开的，购电方都是在公开市场上直接购电，输电企业实际上就是运输公司，与中国的电网比起来，德国的电网企业是实实在在的打工仔。既然是打工仔，提高专业技术和服务水平就非常重要。

鲍里斯说，二十年前当他作为年轻的毕业生刚到电网公司上班的时候，行业内的老专家告诉他，如果波动性较强的可再生能源接入电网达到5%以上的比例，电网就有崩溃的危险。2015年夏天，在50Hertz的供电区平均可再生能源的上网电量已经达到了44%，比

2014年又提高了2个百分点，当初担心的问题并没有发生。50Hertz的情况具有代表性，因为它为整个德国差不多三分之一的面积供电。图2-4为50Hertz公司的调度中心画面。

图2-4 50Hertz公司的调度中心

鲍里斯强调，供电曲线的变化幅度与可再生能源所占比例关系并不大，尤其是在40%比例以内的时候，供电负荷仍然是最主要的决定因素。与我们想象的不同，新能源这样大规模的使用也并没有带来多大调峰调度的压力，德国的自由电力交易市场解决了绝大部分的调峰问题，德国政府也专门制定了政策，有10%容量的电厂专门作为备用应急电站运行。鲍里斯认为，中国热议的储能技术对可再生能源的用处有限，在他看来，即使可再生能源比例达到70%，也并不需要储能。

当然，挑战还是有的，居于首位的就是预测技术，不仅包括对天气的预测，也包括对用户用电变化的预测，在这方面大数据技术会大有用武之地。西门子公司年轻的能源管理公司总裁罗伯特（Robert）就系统展示了将能源系统数字化的构想。在这样一个系统里，能源将具备智慧，它会不断学习客户的需要及可以利用的资源，最优化地匹配供需的关系。

不过，谈到亟须增加的输电线路建设，鲍里斯表达了对中国的无比羡慕。为了满足德国北电南送的需要，大概要新建一千多公里高压输电线路，可是德国的老百姓实在太不喜欢输电架塔矗立在自己后院，征地是最大的难题。德国政府不得不苦口婆心劝导民众，希望大家作出些牺牲来支持国家的能源发展。新建一条输电线路，从论证到建成，差不多要十年时间。这样的事情在中国就不至于这么困难。现在德国已经在论证采取地下电缆的方式输电，尽管这样会大大提高成本。

天气晴朗的时候，德国总是蓝天白云，沿途总是让人感受到宁静祥和的气氛。这些应该感谢德国的能源转型实践，他们正在以先驱的精神为其他国家开创一个范例。凭借体制创新和技术进步的力量，年轻的鲍里斯和罗伯特们正在创造一个新的时代。

德国氢能战略的野心[1]

2020 年上半年,德国和欧盟前后脚推出了氢能战略,并且后者有着清晰的前者烙印。

2020 年 6 月 10 日,德国政府正式推出国家氢能战略,明确了利用可再生能源制造氢气(业内称为绿氢)是未来发展重点,德国的目标是 2030 年前将电解绿氢产能提高至 5GW(吉瓦),2040 年达到 10GW。

在差不多同时公布的经济复苏计划中,德国政府决定至少投入 90 亿欧元发展氢能。

在德国的积极推动下,欧盟委员会在 2020 年 7 月 8 日推出了欧盟层面的氢能战略。欧盟战略同样把绿氢作为未来发展的重点,并设定目标要在 2030 年前让欧盟境内的电解绿氢产能达到 40GW。

受到技术和成本的限制,目前的氢能市场规模有限,但氢气燃烧只产生水,没有任何污染物。随着各国对减少污染、优化能源结构的日益

---

[1] 本文 2020 年 7 月 29 日首发于"财经十一人"公众号,作者为费利克斯·海尔曼(Felix Heilmann),环境智库 E3G 研究员,驻柏林。

重视，氢能的未来被寄予厚望。国际能源署在2019年发布的一份报告里指出："氢能正迎来前所未有的政治和商业发展机遇。"

截至2020年，德国生产的氢能约占全球总量的20%，跟日本、韩国一样，是带动氢能市场发展的主要国家。

在德国之前，日本和韩国已经公布了各自的氢能发展战略。德国战略独树一帜，明确将绿氢作为发展重点，清晰地展现了德国想成为全球绿色氢能技术领导者的决心。不过，德国战略对氢能的未来是一种谨慎乐观的态度，认为氢能是稀有资源的属性不会改变，氢能并不能成为所有产业的能源解决方案，而应主要用于船运、航空、重型货物运输和部分工业领域。

德国氢能战略的推出，将对全球氢能市场产生巨大影响，也将推动全球绿色氢能技术的发展。德国氢能战略制定过程中的争议及最终决定背后的战略思考，对其他国家也有一定的参考意义。

一、绿氢与蓝氢之争

在德国氢能战略的制定过程中，一大争论是围绕绿氢和蓝氢展开的。蓝氢是通过天然气等化石能源制取，并通过碳捕捉与贮存技术来中和制氢过程中产生的二氧化碳。绿氢是通过光伏、风电等可再生能源电解水来制氢（如图2-5所示）。

德国氢能战略的起草部门是德国经济事务与能源部。由于来自天然气企业和部分行业的压力，该部门起初试图给予蓝氢和绿氢同等关注，但绿氢与蓝氢之间的博弈最终以绿氢胜出告终，德国政府推出的氢能战略明确指出：只有绿氢是符合可持续发展要求的，要优先发展。

环境价值是绿氢最终获得政策制定者青睐的一个主要原因。蓝氢的制取过程和天然气原料运送过程中会有甲烷逃逸，所以生产过程并非零

什么是灰氢、蓝氢和绿氢？

氢气燃烧只产生水，被认为是最清洁、能够实现零排放的能源。但是，由于氢气的制取存在多种方式，并非所有的氢能都是低碳的。

根据制取过程中产生碳排放的不同，氢能被分为灰氢、蓝氢和绿氢三种。

灰氢

以化石能源为原料制取的氢气，成本较低，制取过程碳强度较高，会产生大量碳排放。

蓝氢

以化石能源为原料制取，并对其碳排放进行捕获、封存或再利用的氢气，无法消除所有碳排放。

绿氢

由可再生能源制取的氢气，并能够从源头上杜绝碳排放。

只有绿氢才能够实现真正的零碳排放

来源：国际能源署：《清洁氢能的未来已经开始》《氢能的未来》

图2-5 灰氢、蓝氢和绿氢

碳排放，而绿氢的制取过程可以做到真正的零碳排放。德国政府已经承诺：到 2030 年，碳排放要较 1990 年减少 55% 以上；2050 年，要实现碳中和，即当年新增的碳排放和减少的碳排放持平。

从减碳角度看，绿氢的优势显而易见，德国环境部也一直强调绿氢的减排效应，一直推动确定优先发展绿氢这一政治共识。

不过，在绿氢和蓝氢之间做选择，环境价值只是一个考虑因素。**对德国来说，能源安全也是重点发展绿氢的关键考虑因素。**发展蓝氢，更适合天然气生产和出口国，而德国 90% 的天然气依赖进口，并且进口天然气的一半以上来自俄罗斯，加大在蓝氢上的投入很可能进一步加深对俄罗斯天然气的依赖。而绿氢可以直接在国内生产，或从可再生电力资源丰富的地区进口。

除了能源安全的考虑，发展绿氢也能为德国国内创造出更高的附加价值。优先发展绿氢的决定能推动德国在电解技术上的研发和贸易，推动电解设施和可再生电力设施的建设。此外，绿氢的技术创新和成本下降空间也更加可观，大规模电解是一个充满潜力的新兴研究领域，而蓝氢制造的技术相对成熟，提升空间相对较小。

为了促使政治共识的达成，这份战略并未完全排除蓝氢。虽然蓝氢产业不会直接获得政府支持，但在向绿氢转型的过程中，蓝氢仍有一定的发展空间。德国的战略也为氢能在热力和汽车行业的应用保留了可能性，虽然这两个行业可以通过电气化实现碳中和。

二、氢能是稀有资源

战略达成过程中的另一个争论重点是电解能力的发展目标。德国的教育研究部希望在 2030 年前，德国的电解制氢能力达到 10GW；而经济事务与能源部担心德国的可再生能源发电能力无法满足这样的高目标，因此希望将 2030 年电解能力的发展目标设为 5GW。最终，后者的意见占了上风。

虽然氢能战略最终选择了相对保守的目标，但德国两大政党在这一议题上的共识也意味着这个目标是可靠的，能够产生扎实有效的长期影响。电解能力的目标也将为德国可再生电力的扩张带来新动力。

德国氢能战略的确定，对最大化氢能的经济和政治效益非常关键。 一方面，德国期待以此撬动国内经济多元化，创造更高经济附加值，并在创新零排放技术上获得潜在的市场领导力；另一方面，德国发展绿氢的前景依然存在待解决难题。最重要的问题是，氢能的产能远远不能满足德国的能源需求——2030 年的绿氢产能目标是 5GW/ 年，但需求可能高达 110GW/ 年。

德国氢能战略已经认识到未来的供需差距，特别强调氢能是一种稀有资源，它并不能成为所有产业的能源解决方案，氢能需要得到价值最大化的利用，只应用于那些无法通过其他技术实现碳中和的产业或生产过程（如图 2-6 所示）。

这份氢能战略还提出，政府应通过政策制定推动提高整体的能源利用效率，从而控制对氢能的总需求。经济社会的电气化程度应继续提高，比如推动电动汽车发展、推广利用电力为家庭供暖，从而减少低碳绿色转型的总体成本。

管理咨询公司波士顿咨询（BCG）的分析也认为，政府"必须避免在低碳氢能技术很难形成成本优势的领域应用氢能"。2020 年 6 月，包括德国在内的欧洲 11 个国家发表了联合声明，强调应将能源效率摆在第一位，并在所有行业直接提升电气化程度。这些观点已经开始影响商业决策，德国汽车制造企业梅赛德斯停止了对氢能汽车的研发就是一个例子。

第二章 化石能源or清洁能源：各国能源结构现状与能源转型

氢能可以帮助哪些行业实现低碳转型？

在工业、交通等领域，可通过提高终端用能的电气化水平，用可再生能源电力替代传统化石能源来提供能量，以减少碳排放。但因为技术限制，有一些领域较难通过电气化实现去碳，氢能便有了用武之地。

电气化
- 客运交通
- 私家轿车
- 动力设备
- 工艺过程

氢能
- 航空
- 船舶
- 重型货车
- 轨道交通
- 炼化
- 钢铁
- 冶金

来源：《中国氢能源及燃料电池产业白皮书（2019）》

图 2-6 氢能的用武之地

德国对氢能主要利用领域的战略思考，对中国也有参考价值。中国的氢能产业正在起步中，目前有大量的资金和研发人员投入氢燃料电池汽车领域。但是，氢燃料电池汽车和电动汽车及传统汽车的成本差异仍然十分明显，并且中国目前加氢站数量很少，氢能汽车在可预见的未来或许都不具备经济竞争力。在发展氢能的路径选择上，中国大可不必追随重视氢能汽车的日本，而是可以参考德国的思路，加强氢能在船运、航空、重型货物运输等领域的应用。

三、德国能否引领全球绿氢市场

由于德国很大程度上将依赖进口绿氢，供需差距将促使德国将目光投向全球绿氢市场，而建立全球市场的第一步是发展欧盟市场。

欧盟的氢能战略同样把"绿氢"作为发展的重点，但提出在中短期内，仍需要"蓝氢"来推动形成氢能市场。欧盟委员会在2020年7月8日发布的欧盟氢能战略划定了三大阶段并设定了阶段性目标：

• 2020—2024年，支持欧盟范围内建成6GW的电解绿氢产能，将绿氢的年度生产量提高到一百万吨。

• 2025—2030年，氢能需要成为欧盟能源系统的一个重要组成部分，届时将在欧盟范围内建成近40GW的电解绿氢产能，并将年度绿氢产量提高至一千万吨。

• 2030—2050年，绿氢技术将完全成熟，并将大规模用于难以通过电气化实现零碳排放的领域。

欧盟委员会还宣布成立"清洁氢能联盟"（Clean Hydrogen Alliance），旨在让欧盟成为全球氢能市场的领导者。

对德国和欧盟来说，制定氢能战略有双重考虑：一方面为了推动产业发展，另一方面是为减少经济活动的碳排放寻求新方案。德国发布氢能战略时，其经济事务与能源部部长阿尔特·迈尔特别提到这一战略对全球的意义："只有建立起全球绿氢市场，我们才能实现巴黎气候协定目标。"

若想借绿氢推动全球气候行动，德国、欧盟及其他成员国就应当从当下这个促进化石能源贸易的外交体系中走出来，一边支持化石能源出口国向非化石能源体系转型，一边与出口绿氢等清洁能源的国家建立新联系。

可以想见，欧盟的能源外交将经历转型，变得更加积极主动。毫无疑问，国际范围内仍有许多重要的能源政策需要完善，比如，需要更全面的规则来管理油气生产和利用过程中的甲烷泄漏；全球绿氢市场的发展也要求各国在产品质量和可持续标准上达成一定共识。中国是天然气进口大国，也正在致力于成为氢能大国，在未来几年里，中国和欧盟之间将有大量的合作机会，一起完善与绿氢发展相关的国际规则和标准。

从2020年7月起，德国接任了为期半年的欧盟理事会轮值主席国，德国建立全球绿氢市场的理想能否实现，也取决于其能否借用主席国的身份进一步推动欧盟层面的能源外交。

最早的去煤先锋：英国能源转型[1]

1952年12月，英国伦敦出现了可怕的"致命污染周"。由于煤炭的过度使用，那一周伦敦每立方米的污染微粒高达1000毫克，直接导致了4000人死亡，此后还有超过8000人死于与此相关的严重空气污染。此事件迫使英国政府真正启动了"以气代煤"为主进程的能源转型。

20世纪50年代以来，英国以"减煤"为主进程的能源转型道路艰难曲折，甚至经历过"激烈的流血的阶级斗争"。北海石油天然气等替代能源大规模开发利用、撒切尔主义坚定不移的"去国有化"进程、人类对煤炭与环境污染气候变化因果关系的不断认知、英国社会能源转型自觉性的不断提高，这四大因素在英国能源转型的不同阶段发挥了关键性的作用。

今天的伦敦又是个非常宜居的国际大都市，有八百多年历史的伦敦是当下世界房地产价格最贵的城市之一，而且其核心区域的房价还在上涨中。吸引全球富豪们聚居伦敦的理由很多，洁净的空气、优良的环境

---

[1] 本文原载2016年1月11日《财经》杂志，作者为陈卫东，能源业资深人士。

第二章　化石能源or清洁能源：各国能源结构现状与能源转型

是重要因素之一。

英国对人类的贡献不仅是煤炭、蒸汽机、工业化和资本主义，自20世纪50年代以来，"以气代煤"的能源转型也是英国对人类社会的伟大贡献之一。

一、辉煌煤炭业

英国煤炭资源丰富，开采历史悠久，兴盛时期曾雇用超过一百万名工人在3000个井下工作。1913年，煤炭生产达到顶峰，年产量高达2.87亿吨，其中的三分之一供出口。第一次世界大战以后，英国实力衰落，煤炭工业也开始走下坡路。第二次世界大战后，工党政府上台，对煤炭工业实行国有化，以3.88亿英镑从矿主手中将陈旧不堪的640个煤矿全部买了过来，接管70多万矿工和庞大的交通运输设施，以及大批附属品工厂、焦煤厂、砖厂、房产和地产。

煤炭工业国有化的头十年（1947—1956年），西欧国家处于经济恢复时期，能源需求大，英国煤炭工业曾再度处于黄金时期。短短十年，煤炭年消耗量从1.86亿吨上升到2.18亿吨。煤炭的黄金十年，也是伦敦污染最严重的十年，1952年那个"黑色雾霾周"就发生在这一时期。

第二次世界大战后一段时期内，英国政府制定煤炭工业发展政策时，并没有考虑环境因素，对燃煤未加限制，煤炭消费量逐年增加。明知英国煤炭含硫量较高，但由于英国强大的工会力量，政府未能对二氧化硫排放问题及时作出正面回应。英国煤矿工人工会在1984—1985年发动了长达一年的罢工运动，使英国政府无法进行二氧化硫排放量的缩减规划。罢工结束后，政府并没有直接对发电站的煤炭使用量加以限制。仅1987年英国发电站就释放了2.02亿吨二氧化碳，是整个国家排放量的36%。其中，大约32%的排放量来自中央电力发电站，工业部门的排放量占 25%，运输业占 17%，家庭占 15%。当年，英国二氧化碳的排放量占全球的 3%，电力供应工业的二氧化碳排放大约占全球总量的 1%，这引起欧共体在内的国际力量的特别关注。

1988 年，在加拿大多伦多召开了关于大气变化的世界大会，会议的主要议题有：关注由人类活动所致的污染问题、无效和过度浪费的化石燃料的使用及在许多地区快速增长的人口导致全球气候变暖和海平面上升的问题，二氧化碳的排放量和其他温室效应气体在大气层的密度问题，臭氧层损耗与紫外线辐射等问题，并规定需要在全球削减 50% 的二氧化碳排放量，才能使大气层达到稳定的状态，还要求到 2005 年首先减少 20% 的排放量。

国际组织和国际力量要求控制燃煤的压力，迫使英国政府由起初的不合作，转变为基本赞同多伦多会议的内容。

二、60 年去煤路

在伦敦毒雾事件后，1956 年，英国即通过了"清洁空气法"，但其去煤过程非常缓慢。以英国首相玛特·撒切尔于 1988 年 9 月在英国皇家协会大会上发表演讲为标志，英国政府正式认同工业二氧化碳排放与温室效应之间存在联系。正是这一明确表态，才为接下来一系列减煤减排的立法和行动奠定了坚实基础。

1989—1990 年，英国出台了一系列控制污染的法案。《1989 年控制煤烟污染法案》取消了家庭排放污染性烟尘的合法性，进一步加大了对工商业建筑释放黑烟行为的打击力度；《1989 年污染控制（补充）法案》严格控制交通运输工具对环境的污染；《1989 年天然气法案》《1990 年环境保护法案》，严格控制特定工业和其他场所的废物对大气、土壤、河流、湖泊及海洋的污染。根据上述法案，英国政府积极采取措施，解决燃煤导致的温室效应和酸雨问题。

英国政府对能源消费结构进行了调整，增加了石油天然气的使用量，降低了煤炭的使用量，其科学依据为，煤炭、石油和天然气生产一度电所产生的二氧化碳的比率为 1∶0.82∶0.56。减少煤炭使用，对于煤炭行业而言，就是减产裁员。英国煤炭工业经历了第二次世界大战之后短暂的再度辉煌后，接着是二十多年的下滑。到1979年，煤炭年产量降到1.2亿吨，在整个能源消耗的比重中只占36.4%，已不足顶峰时期的一半。1980年，矿工总数已降至25万人，仅为辉煌时期百万大军的四分之一。

煤炭行业裁员的趋势仍在继续，1983年裁员1.6万人，关闭矿井16个，矿工总数减到18万，矿井只剩175个。1984年3月，英国煤炭局宣布再关闭20个矿井，裁减矿工2万人，削减产量400万吨。这个决定触发了一场震撼英国的煤矿工人大罢工。

大罢工的激烈程度超出人们预料，最终成为英国历史上最为激烈的劳资纠纷之一。这场斗争之所以激烈，有以下主要原因：英国煤矿工人是英国产业工人中历史最久、战斗力最强的队伍；他们从事最辛苦的劳动，居住集中，组织性最好，富有战斗传统。战后煤炭工业国有化，数百个小矿区合成了一个大企业，这使得煤矿工人团结战斗能力大大加强，他们利用自己的有利地位进行斗争，使矿工成为工资待遇最高的工人。在战后工人运动中，他们一直是英国职工大会的中坚力量，在英国十大工会中，矿工工会虽然人数不是最多的，但作用很大。

1984—1985年冬季，矿工工会和保守党政府不可避免地走到了摊牌地步。撒切尔夫人称，这是一场针对滥用工会权力的管理权之战。她对罢工早有充足准备，提前扩大了国家储存的煤炭数量，使罢工未对发电厂供应构成影响。政府还动用了12万警察，组建了大量的"别动队"，不惜与罢工工人纠察队开展"武斗",最终过半数矿工重回岗位,迫使工会无条件投降。

撒切尔夫人在这场战争中不仅最终战胜了矿工,而且从此彻底解决了工会问题。从英国的角度来看,这场胜利是她一生中所完成的最重要的事情。英国从受罢工影响最严重的国家变成了罢工相当少见的国家。这对提振英国经济产生了近乎奇迹般的效果,并且一直持续至今。对英国的能源转型而言,这更是一个里程碑式的事件。

2015年11月,英国煤炭公司宣布年底前关闭旗下最后一个深层煤矿,这意味着伴随工业革命而生的英国煤炭工业将彻底消失。煤炭造就了工业革命的辉煌,极盛时期的英国人均煤炭年产量近6吨,超过今天中国的人均煤炭年产量。

英国停止煤炭生产,用了整整60年。

三、坚决调整能源结构

在煤炭退出英国能源行业期间,石油、天然气、核电等替代能源发挥了重要作用。

英国石油生产始于20世纪初,但在1968年以前,石油产量一直维持在10万吨/年。20世纪70年代中期以后,随着北海油田的大规模开发,英国石油产量逐年增长,1976年石油产量达1241万吨,1982年突破1亿吨大关,1999年最高达1.37亿吨。尽管英国本土的石油产量到达顶峰就快速下降了:2004年石油产量首次跌破1亿吨,2005年石油产量为8470万吨,预计2015年石油产量下降至5000万吨以下,仅为高峰产量的三分之一。

在石油快速增长的时期,石油产量的增加很好地配合了英国政府和社会"减煤减排"能源转型的历史进程。这与过去10年发生在美国的页岩气革命很像，正是页岩气革命，使得美国天然气发电比例迅速增加，煤炭发电比例降低，从而大大减少了二氧化碳的排放。

1991年，英国在北海海岸探测到了足够用15年的大型天然气田，英国进一步加大了天然气在电力发电中的比例。此外，英国政府还加大了能源消费中石油的消费量。1986年，英国石油消费量为6620万吨，1989年上升到6950万吨，1990年达到7130万吨。

截至2008年年底，英国石油探明可采储量为4.67亿吨，天然气探明可采储量为3429.19亿立方米（美国 *oil & gas Journal* 数据）。

英国政府也加强了核能、风能、水能及其他能源的应用。撒切尔夫人执政之初，便开始了修建核电站的计划，到20世纪80年代末，英国两座较大的核电站——希舍姆2号核电站（HEYSHAMⅡ）和托尼斯核电站（TORNESS）建成投入使用。1991年，英国的核电站提供的能量相当于1520万吨石油，相比1981年增加了将近一倍。此时，英国14座核电站提供了总电力的21%，其中，在1991—1992年，苏格兰40%的电力供应由核电站承担。

20世纪80年代中期，英国煤炭主要用于电力供应工业，大约占电力燃料需求总量的75%。到2014年，煤电的比例仅为29%，气电比例为30.2%，可再生新能源的比例第一次超过核电，为19.2%，核电为19%。

英国国家能源与气候变化部秘书长埃德·戴维（Ed Davey）声称："2014年是创纪录的一年。当年英国的碳排放量减少了8%，可再生能源发电量持续增长，而经济也在蒸蒸日上。"

四、政治家的责任与担当

1979年撒切尔夫人担任首相时，著名的"英国病"（即过大的工会权力，通过罢工不断膨胀工资）已经让英国经济气喘吁吁。1979年，英国因罢工损失了2950万个工作日。

撒切尔夫人对此进行了根本性改革。通过彻底私有化及关闭无利可图的国有企业，包括钢铁厂和煤矿，来缩小政府的规模。这导致撒切尔在1984—1985年同罢工的煤矿工人对峙时，与公众意见产生了严重分歧，有学者毫不犹豫地称之为"激烈的阶级斗争"。

2013年4月，撒切尔夫人去世。对某些人来说，时光的流逝未能改变他们对撒切尔夫人的评价。

《卫报》的一篇文章报道，煤矿工人对撒切尔夫人的去世很少同情，现年70岁的达勒姆矿工协会秘书长戴维·霍珀说："对工会来说，这（撒切尔夫人辞世）来得不够早，我很高兴自己活得比她长。"

英国能源转型60年的经验告诉我们，能源转型也是社会的转型，资源禀赋、科技创新、政府治理理念、社会价值转变和法律制度演变都与之密切相关。20世纪70年代至90年代是英国社会艰难且激烈转型的年代，铁腕首相撒切尔夫人的出现正当其时。

人们对改变社会进程的政治家的评价经常是多元的，甚至是黑白分明、两极对立的。撒切尔夫人离开政坛很久了，不论你是否喜欢她认同她，她的确改变了整个世界。敢于担当，是她最为鲜明的风格，故而有了"铁娘子"之称。

当今中国正处于又一次重大转型的历史阶段。与撒切尔同年代的邓小平领导中国人民改革开放，实现了上一次成功转型。2008年北京奥运会，就是这次转型成果的集中体现。

但2015年年末创纪录的雾霾告诉我们，经济发展财富积累也有沉重的负面效应。"作用力等于反作用力"，几十年中国超常规发展的背后是超常规的环境破坏。包括中国人民在内，全世界都在等待中国在修复环境方面再造一个人类奇迹。

中国是当今世界最大的能源消费国、第一大煤炭消费国,煤电比例高达78%(截至2015年),这一比例与20世纪80年代初的英国相似。在能源转型方面,中国作为第一大温室气体排放国,作为环境污染最为严重的国家之一,我们必须有所作为、有所担当。能源转型也是社会转型,社会转型需要有担当的政治家来引领,这就是150个国家的元首出席巴黎气候峰会的原因,这就是全世界都在关注中美两国做何承诺的原因。

法国重新拥抱核电[1]

在欧洲持续的能源供应紧张和价格居高不下的背景下，法国总统马克龙改变了法国的核能发展战略。

当地时间 2022 年 2 月 10 日，马克龙在法国东部贝尔福的演讲中提出，法国将从 2028 年开始新建 6 个核电机组，首台机组在 2035 年前投运，并在此基础上再新建 8 台机组，到 2050 年新增 2500 万千瓦核电装机；不仅如此，现有核电机组将在符合安全条件的前提下继续延寿运行，寿期从 40 年延期到 50 年以上。

这是目前欧洲国家里最明确的核能发展计划，也是法国核电政策的大转向。马克龙在这场名为"掌控我们的能源命运"的 54 分钟演讲里，系统阐述了其能源政策。除明确核电发展之外，马克龙也强调了减少能耗和发展新能源。

一、法国高调重振核能

法国是全世界核电在电力结构中占比最高的国家，2020 年电量占

---

[1] 本文 2022 年 2 月 16 日首发于"财经十一人"公众号平台，作者为韩舒淋，《财经》记者。

比约为 70%，远高于其他国家，如图 2-7 所示。其核电装机容量达到 6137 万千瓦，仅次于美国。

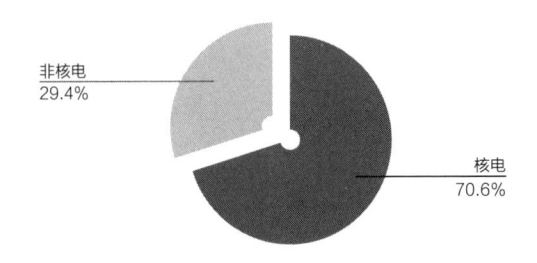

注：总发电量为 379500 吉瓦时
来源：IAEA

图 2-7　2020 年法国核电在电力生产中占比超过七成

法国此前曾计划逐步降低核电的占比，拥抱新能源。2015 年 8 月，法国通过《能源转型绿色发展法案》（*Energy Transition for Green Growth Act*，ETGGA），该法案拟定了法国能源转型的路线图。根据该方案和之后的调整，法国计划到 2035 年核电占比从 2015 年的 75% 降低到 50%，最高装机控制在 6320 万千瓦以内。

按照这一目标，法国除在建核电项目之外，将几乎不会再建设新的核电机组，而原有核电机组在达到预定的 40 年寿期之后就将面临退役。2020 年，法国费桑海姆（Fessenheim）核电站退役，该电站的两台机组投产于 1977 年。当年法国政府还列出了下一步计划退役的 7 个核电站，计划从 2025 年至 2026 年开始启动新一轮的机组退役计划。

目前法国在运的 56 台核电机组中，有 46 台投运于 1990 年以前，这意味着如果不延寿，2030 年前大部分核电机组将面临退役。

马克龙新宣布的能源战略，在新建核电机组和旧核电机组延寿两方面，都是巨大转向。

马克龙首先要求法国电力公司（EDF，简称法电）研究如何使核电机组延寿运行到 50 年以上，同时提出新建核电站的计划。他表示计划先建设 6 台 EPR2 型机组，再增加 8 台机组。首台新机组计划 2028 年开工，2035 年投运。到 2050 年，新建核电机组总容量达到 2500 万千瓦。

EPR 是原阿海珐、现法电下属的法马通设计的三代反应堆技术。该技术也出口至中国台山，有两台机组已投运。此外，在芬兰、法国和英国各有一台机组在建，其中，芬兰和法国的两台 EPR 建设进度都严重拖期。

马克龙表示，法电已经在 EPR2 上开发了超过 100 万工程小时，相比在法国弗拉芒维尔在建的 EPR 有了显著进步，并将吸收此前在法国、芬兰的建设经验。

除了大型反应堆技术，马克龙也在发言中重申了他 2021 年 11 月提出的对新型反应堆技术的支持政策。具体而言，法国政府将投资 10 亿欧元支持小型反应堆（SMR）技术、新型反应堆技术和减少核废料的核燃料循环技术的研发。

这笔投资是"法国 2030"中的一部分，该计划是马克龙政府拟定的新兴技术投资计划，涵盖 10 个领域，小型反应堆等核反应堆技术位列第一。

复兴核能的同时，重振核电产业链也是马克龙的重点。

马克龙此次发言所在的工厂，是原阿尔斯通旗下的蒸汽轮机生产工厂。2015 年，通用电气（GE）完成了对阿尔斯通电力和电网业务的收购，其中就包括这座工厂。但收购之后 GE 逐步陷入困境，近年来不断出售资产，公司自身也在 2021 年年底宣布了拆分计划，而原阿尔斯通的许多业务都出现了裁员。

就在马克龙发表演讲的同一日，法国电力公司和通用电气宣布达成协议，法电将收购通用电气的部分核电蒸汽轮机业务，主要包括通用电气的核电常规岛蒸汽轮机设备制造业务，而通用电气将专注于相关服务业务和重水堆、小型反应堆等核电技术开发。换言之，通过此次收购，贝尔福的蒸汽轮机工厂也将隶属于法电旗下，重回法国核工业体系。

历史上的法国核工业体系里，法电是运营、投资方，阿海珐是核反应堆设计、核蒸汽系统（NSSS）及核燃料循环供应商，阿尔斯通是主要的常规岛设备供应商。

福岛事故之后，全球核电发展受阻，阿海珐在出现严重亏损之后重组，反应堆设计部门被法电收购，成为法马通；阿海珐更名为欧安诺，专注于核燃料循环后处理业务；阿尔斯通包括蒸汽轮机在内的能源业务则被出售给通用电气。

如今历史轮回，峰回路转，法电正在成为未来法国核能发展的中坚力量，并集中了法国核工业体系中除后处理之外的主要环节。

马克龙表示，重新掌控能源命运，不仅意味着不再依赖进口化石能源，也意味着法国要掌握生产核能所必备的知识和关键设备，能源主权要建立在工业主权之上。

二、多重挑战下的战略抉择

可再生能源带来的供应新挑战和2021年欧洲持续不断的能源供应危机，是法国复兴核能的两大原因。

马克龙在发言中强调了能源安全和清洁的重要性。他表示，如果没有稳定、廉价的能源，就没有稳定的工业；如果没有电力的低碳，就没有能源和气候转型；如果国家在能源问题上没有选择权，需要依赖其他国家来保障能源供应，就没有真正的主权，也就无法维持对居民稳定的能源供应，无法保障工业的竞争力。

如图 2-8、图 2-9 所示，2021 年，在经济复苏、传统能源投资不足、新能源波动性问题日渐突出及地缘政治等多重因素影响下，欧洲能源价格剧烈上涨，气价、电价都处在高位，且面临供应危机。在当前俄乌冲突的背景下，形势更加严峻。此外，最近法国有部分核电机组出现运行事故临时检修，也都立刻推高了欧洲的现货电价。

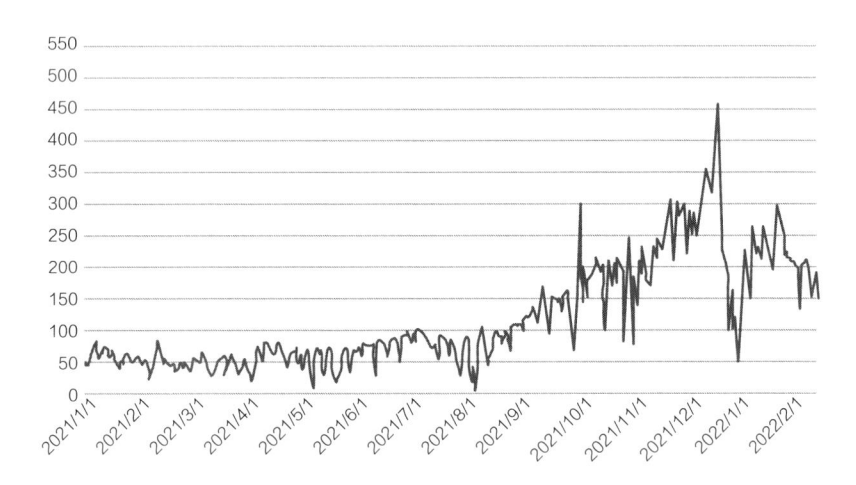

单位：欧元 / 兆瓦时
来源：epex spot

图 2-8　2021 年法国电力现货日前均价走势

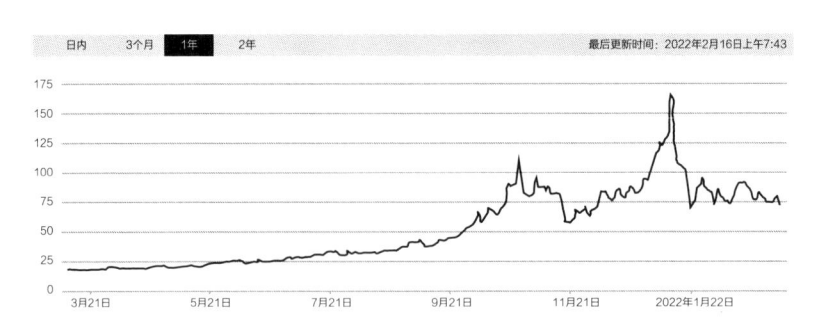

来源：ICE

图 2-9　2021 年欧洲 TTF 天然气近月期货价格走势

如何兼顾能源供应和减少碳排放？马克龙开出的药方，一是降低能耗，在未来 30 年内将能耗降低 40%。其中包括工业、建筑的节能创新，促进工业生产减碳，投资电动汽车、储能、氢能等。二是投资零碳电力，包括新能源和核电。在减少化石能源的过程中，更多能源需求将从化石能源转变为电能，电力需求将增加 60%。

在新能源方面，到 2050 年，光伏装机需要新增十倍达到 100GW，海上风电将达到 40GW，陆上风电将在现有的 18.5GW 的基础上翻倍，并继续投资水电、生物质等可再生能源。为此，法国也将投资光伏、风电、储能，以加强能源领域的全产业链工业主权。

核能的未来角色，是欧洲主要国家能源战略最大的分歧。 马克龙为其雄心勃勃的核能复兴战略做了辩护，新能源的波动性和电量需求的增长，无法保障法国能源供应的安全，因此，核能必不可少。

马克龙表示，如果法国不继续投资核能，未来 30 年就需要 90 座海上风电厂，而此前法国 10 年才建成一座；如果完全依赖间歇性的可再生能源，将不得不高价进口化石能源。对于福岛事故之后的全球核电衰退，他表示法国没有选择激进弃核，核工业经历了怀疑和危机，如今正是复兴的时机。

事实上，欧洲能源危机下，核能和天然气正在欧洲重新引起重视。

2022 年 2 月 2 日，欧盟委员会通过了一项关于应对气候变化的补充授权法案，将满足特定条件的核能和天然气归为可持续投资的"过渡"能源（EU Taxonomy for Sustainable Activities）。这一法案为可持续的投资活动设立分类标准，供各国参考，制定相应的财务、税收、管理政策，引导可持续投资。该法案提交欧洲议会审议，如果通过，将从 2023 年 1 月 1 日起生效。

法国是这一法案的重要推手，而其邻国德国则是坚定的反对者。德国在福岛核事故后选择弃核。该法案在欧委会通过后，德国气候和经济部部长哈贝克（Robert Habeck）和环境部部长莱姆克（Steffi Lemke）发布了联合声明，反对将核能纳入分类，但未对天然气做出评论。

哈贝克表示，将核能纳入可持续分类是错误的决定，核能高风险且昂贵，即便是小型反应堆技术等核电新技术也有类似问题，不能视作可持续。莱姆克表示，德国政府明确反对将核能纳入可持续投资分类，把核能视作可持续与德国和部分其他欧盟成员国的可持续理念不一致。

马克龙则表示，将核能纳入可持续投资分类极为重要，这将促进核能项目的投资，尤其是法电当前正处在经营困难之中。马克龙还强调了对法电的长期支持，他表示，将在6年内动员100亿欧元来加强法电的资产负债表，确保法电在短中期内的财务状况和融资能力。

第二章　化石能源or清洁能源：各国能源结构现状与能源转型

丹麦能源转型：小国家的大志向[①]

人口仅560万的北欧小国丹麦在可再生能源发展方面正在践行重大承诺。在20世纪70年代初期，丹麦国内92%的能源依赖进口石油。2016年，丹麦电网中超过40%的电力由可再生能源供应。丹麦承诺：2035年实现电力100%来自可再生能源，2050年实现所有行业使用可再生能源。此外，丹麦还计划在不使用碳排放配额的情况下，将2020年国内的温室气体排放与1990年水平相比降低40%，这比欧盟设定的目标提前了10年。

一、风力发电先驱

丹麦拥有丰富的风力发电资源：平均风速7.6米/秒（加州Altamont Pass风电场的风速为5.3—7.1米/秒，且电力输出与风速的平方成正比）。丹麦的目标是到2020年风力发电占全国用电总量的50%，

---

① 本文原载2016年5月16日《财经》杂志，作者为落基山研究所。落基山研究所创立于1982年，是一家专业、独立的非营利机构，致力于通过市场化解决方案推动全球能源系统转型。

现在正朝着这一目标顺利推进。2015 年，丹麦风力发电已经供应全国用电总量的 42%。

1991 年，丹麦在距离海岸线 2 公里的海面上建起了 5MW 装机总量的风电场，成为全球第一个修建大型海上风电场的国家。自此以后，丹麦又先后建起了另外四个海上风电场，海上风电装机总量达 1271MW。同时，丹麦还拥有 300 台陆地风力发电机。截至 2016 年 1 月 1 日，整个国家的风电总装机量达到了 5070MW。

为了实现 2020 年风力发电达用电量 50% 的目标，丹麦还计划新增 1000MW 海上风电装机和 500MW 近岸风电装机，并用更大单机功率的风力发电机组替代陆上老旧机组。

为了避免地方居民反对修建陆上风电场，丹麦政府出台了一系列法规来确保公众的支持。比如，如果因修建风电场而造成当地居民的物业贬值，他们可以得到相应的补偿，当地社区还可以分享部分风力发电售电收入，此外，允许当地居民参股至少 20% 的风电场股权。

二、能源效率领先

在展示经济增长与能源消耗脱钩方面，丹麦同样树立了非常好的榜样。过去 30 年来，该国的能源消费保持相对稳定，但 GDP 却翻了一番。丹麦电力和天然气输送系统运营商 Energinet 首席经济学家亨宁·帕博（Henning Parbo）表示："我们在节能方面的不断努力极大降低了电力需求，而且丹麦的发展并不依赖于能源密集型产业。"

事实上，丹麦是欧盟和经合组织（OECD）能效最高的国家之一。这在一定程度上得益于丹麦企业优化了它们的工业生产过程、生产设施与装备。

丹麦的目标是在 2020 年将全国能耗与 2010 年水平相比降低 7%。

包括石油、电力、天然气和地区供热在内的丹麦的每一个能源部门,都根据该行业市场份额分配相应的节能目标。这些部门的行业协会再根据每一家企业的市场份额,将节能责任细分到每一家会员企业。

从 1977 年至 2016 年,丹麦新建建筑热效率已提高了 4 倍,并且自 2013 年起,就开始禁止在新建建筑中安装燃油或燃气供热系统。

三、分布式发电比例最高

在热电联产领域(CHP)[①],丹麦同样全球领先。丹麦全国发电量的 12% 都来自生物质和有机垃圾热电联产设施,且该国 80% 的区域集中供暖来自热电联产。截至 2016 年,丹麦有 670 家分散在全国各地的热电联产设施。

丹麦当前使用的大部分生物质燃料都来自秸秆和可生物降解垃圾,其中,30% 是进口自东欧国家和加拿大的木质颗粒和木屑。生物质发电的支持者认为,燃烧木质颗粒是一种碳中和的能源形式,因为植物在生长过程中所吸收的二氧化碳量和燃烧时释放的二氧化碳量是相等的。但也有很多人认为收集木材作为生物质燃料根本不是碳中和行为,而且会损害到全球各地生物的多样性。

丹麦气候、能源与建筑部于 2014 年 12 月宣布,今后只允许购买以可持续发展方式生产的生物质。该协议对整个生物质供应链都有严格要求,规定为供应生物质能源而被砍伐的树木必须重新种植。但这仍未能完全平息争议,一些人认为,重新种植的树木未必能够健康成长,他们还主张地下生物质资源也必须得到保护,包括其总量与生物多样性。而且,虽然生物质可以持续生产,但其数量可能持续减少。

[①] 热电联产(Cogeneration, combined heat and power, CHP),又称汽电共生,利用热机或发电站同时产生电力和有用的热量。

丹麦大力发展的热电联产设施和风力发电装机，使其成为全球分布式发电比例最高的国家之一。丹麦在1990年时拥有15座集中式发电厂，到2016年，有20座集中式电厂（装机量4200MW）、45台电热锅炉（装机量550MW）、5300台风力发电机（装机量5070MW），以及9.4万块太阳能光伏发电板（装机量785MW）和670座热电联产电厂（装机量2300MW）。

四、稳定的可再生能源电网

尽管市场质疑风力发电不够稳定，但丹麦的一个优势是，它有很多邻国可以出口过剩风电。当丹麦的风电过剩时，如2015年7月，当时该国风力发电量达到了电力需求量的1.4倍，它便将多余的电力出口到了瑞典、挪威和德国。

瑞典和挪威进口电力是为了节约其水力资源，并在风力不足时转用水电。德国使用本国的风电来节约煤炭。由于其法律（及经济调度）要求优先使用本地可再生能源，加之德国自身的可再生能源开发规模非常大，因此吸纳丹麦风电的能力变得有限。除此之外，丹麦也在计划与相隔更远的国家建立电网连接，如荷兰和英格兰。

丹麦计划建立智能电网系统，并在2005年着手实践一个完整规模的智能电网试点项目，以单元式结构重构其电网。这种单元控制试点项目（CCPP）持续了七年的时间，在一个1000平方公里的区域内，使用先进的计算机系统协同控制其中的风力发电机、热电联产电厂和其他分布式发电资源，将所有这些资源整合成一个整体的虚拟电厂，根据风力状况和电力消耗智能地调节各资源装机的发电量。

这不仅能够提高电网的稳定性，而且能提供辅助服务，如电力平衡、电力的输出和输入、电压控制等。Energinet的一项研究表明，运用智能电网能够提供的社会经济总体效益高达12亿美元。

最重要的是，15年前丹麦电网运营商认为可再生能源电力供应60%的电网不可思议，而今天这已经成为现实。在整合多样化、分布式且常常不稳定的可再生能源发电资源方面，丹麦已经成为世界上技术最强的国家之一。因此，丹麦的电力供应是欧洲最稳定的，甚至稍超德国，其稳定系数比美国高10倍。

五、告别化石燃料

想要在2050年完全摆脱化石燃料，交通运输业是一个巨大的挑战，然而，丹麦已经在这方面取得了巨大的进步。

为了阻止汽油消费，丹麦对新购置汽车征收180%的税，而对电动汽车则免征税；对重达2吨以上的汽车征收95%的附加税；每年对能效不合格的车辆征收年税。丹麦所有的城市都设有电动汽车的免费停车位。在整个丹麦，估计有超过400万辆自行车和1万公里以上的自行车专用车道。全国各地三分之一的上班族和学生选择骑自行车上班或上学。

丹麦能源局在其2014年的报告中讨论了如何在2050年实现零化石燃料的四种情景：

• 风电情景：主要以风电、太阳能光伏发电和热电联产发电为主，包括供热和交通部门的高度电气化；

• 生物质情景：以热电联产的形式满足供电和区域供热；

• "生物质+"情景：用生物能替代煤炭、石油和天然气，风电维持2020年的水平（总电量的50%）；

• 氢燃料情景：在任何情境下最大量开发风力资源，并同时发展氢燃料制造业。

丹麦同样面临着挑战。Parbo表示："欧洲对可再生能源零边际成本发展的持续政策支持，将传统发电企业逐出了市场，但这会给电力定价带来难度。同时，如何在风力资源和太阳能资源不可用时保证电力的供应，将成为我们未来的主要挑战。"

不过，丹麦能源局报告的主要结论显示，丹麦能源系统 100% 摆脱化石燃料在技术上是可行的，丹麦正在朝着这个目标前进。

俄罗斯油气政策的理想与理性[①]

俄罗斯是世界第三大石油生产国和第二大出口国。2007年，俄罗斯石油产量首次超过沙特阿拉伯（简称"沙特"），成为世界第一。此后，美国、俄罗斯和沙特作为三大石油生产国，不时轮替世界第一的位置。2018年，美国成为世界第一大石油生产国，俄罗斯排名第三，石油产量为5.56亿吨。

目前，美国虽是世界最大的石油生产国，但还是石油净进口国。与美国不同的是，由于国内石油消费量有限，俄罗斯是石油净出口国，2018年石油净出口量为4.17亿吨，排在沙特之后，世界第二。

2018年，俄罗斯天然气产量为7250亿立方米，排在美国之后，世界第二，但天然气出口量为2250亿立方米，世界第一。

能源在俄罗斯国民经济中拥有无可替代的作用。2018年，俄罗斯能源体系创造了国内生产总值的约25%，贡献了俄财政收入的约45%。相应地，能源也是俄罗斯内政外交的核心，能源强国则是俄罗

[①] 本文原载2019年6月24日《财经》杂志，作者为王能全，能源业资深人士，中化集团经济技术研究中心首席研究员。

斯的国家战略。

对内，俄罗斯 2019 年起实施石油新税制，五年间逐步将原油出口税降为零，同时提高相同数额的石油开采税，对远离大型港口的炼油厂（包括西伯利亚地区等在内）提供税收减免，向高辛烷值汽油占总产量 10% 以上的炼油厂提供救济，2016—2024 年间向相关基础设施投资至少 600 亿卢布（约 9.5 亿美元）。俄罗斯希望通过税制改革保证石油开采方、出口方的收支平衡，为振兴俄罗斯经济注入更多的资金。

对外，近年来通过支持沙特"减产保价"，联合伊朗等国成立天然气出口国论坛，俄罗斯不断在国际油气市场展示实力和话语权，但又保持了政策的灵活性。

比如，俄罗斯既支持沙特减产，又在油价问题上与美国保持一致；既推动新的天然气管线建设，又寻求与乌克兰改善关系。这些都有助于俄罗斯实现其能源强国战略，也有利于国际油气市场稳定。

一、维稳国际油价，推动"天然气欧佩克"

2014 年下半年，国际油价暴跌。为稳定国际石油市场，从 2016 年年初开始，石油输出国组织（欧佩克）就在积极努力冻结自身的石油产量，并同以俄罗斯为首的世界主要石油生产国讨论减产。

2017 年 1 月 1 日的联合减产，是 15 年来世界主要石油生产国首次联合减产，24 个石油生产国合计减产 175.8 万桶 / 日，约占石油总产量的 2%。其中，俄罗斯承担的非欧佩克减产量最大，为 30 万桶 / 日。

2017 年 10 月 5 日，沙特国王首次访问俄罗斯，萨勒曼国王表示，在油气问题上，沙特寻求同俄罗斯继续开展合作，以实现国际原油市场的稳定。

2017年11月底,以俄罗斯为首的10个非欧佩克石油生产国,与欧佩克发表"合作宣言",承诺于2016年12月10日达成的减产合作继续有效,同意2018年全年继续减产,以支持欧佩克维持国际石油市场稳定的努力。

2018年12月7日,欧佩克-非欧佩克部长级会议决定,以2018年10月产量为基础,2019年共同减少石油产量120万桶/日。

其中,非欧佩克减产40万桶/日,俄罗斯承诺的减产数量为22.8万桶/日,占非欧佩克减产数量的57%。

进入21世纪以来,作为世界第一大天然气出口国,俄罗斯联合伊朗等国,积极推动成立类似于欧佩克那样的天然气生产国组织,谋求控制国际天然气市场和天然气价格。

2001年5月,天然气出口国论坛在德黑兰举行第一届部长级会议,11个天然气出口国派员参加,论坛正式成立。2007年1月,伊朗精神领袖哈梅内伊提出要把天然气出口国论坛变成天然气卡特尔。普京则表示成立"天然气欧佩克"是个"挺有意思的想法"。

2008年12月23日,天然气出口国论坛第七届部长级会议在莫斯科举行,普京出席会议并指出,廉价天然气时代即将终结,由于现有的气田资源逐渐枯竭,而未来具有利用前景的气田又远离消费中心,天然气勘探、开采和运输的费用无疑将上涨。在这次会议上,论坛制定了《章程》和《功能协议》两个重要文件,正式变成国际组织。

2013年7月,论坛在莫斯科举行第二届首脑会议,发表联合宣言,提出坚持天然气价格与石油价格联动机制,以长期合约稳定市场,同时加强全球范围内协作,以确保天然气生产商和供应商的利益。

峰会上,俄罗斯坚持天然气市场的传统游戏规则,即按照"照付不议"原则与不同国家签订长期合同、与油品一揽子挂钩的天然气定价机制及垄断干线管道输气能力。

二、灵活多样的对外油气政策

页岩油气革命的成功让美国即将由能源净进口国变成净出口国,这是国际油气市场根本性的结构变化。为此,俄罗斯不断调整自己的油气政策,以适应急剧变化的内外环境,更好地实现能源强国战略。

2017年年初以来,俄罗斯支持并参与沙特"减产保价"行动,且两年间多赚了1200亿美元,但在具体行动中却与沙特保持了一定的距离。

对抗是俄美两国的常态,但近年来两者在油价问题上意见惊人一致。2018年7月,与特朗普在赫尔辛基举行首脑会谈后,普京表示,俄罗斯将与美国共同监管世界油气市场,不希望看到油价过高。

此前,他还公开声称,油价一旦超过60美元,不仅给消费者带来一些问题,甚至对生产者也非常不利。

2019年6月6日下午,在圣彼得堡国际经济论坛上,面对自2019年5月初以来"跌跌不休"的油价,普京表示,俄罗斯与欧佩克对于合适的油价有不同的看法,对于俄罗斯来说,60—65美元/桶的油价就是舒适的油价,因为俄罗斯的预算是基于40美元/桶的油价编制的。

2019年6月10日,沙特与俄罗斯在莫斯科举行了第六次贸易、经济、科学和技术合作政府间委员会会议。

法利赫表示,现阶段俄罗斯没有决定是否延长减产协议,俄方内部就2019年下半年应生产的原油数量有分歧,俄石油公司总裁谢钦反对延长减产协议,理由是美国可能借机挤占俄在国际原油市场的份额。

俄罗斯是欧盟重要的天然气供应国。2017年,欧盟天然气消费的

35%来源于俄罗斯。2018年上半年,欧盟从俄罗斯进口的天然气,与上年同期相比增长了8%,达到创纪录的171亿立方英尺/日。

出于历史的原因,俄罗斯过去输往欧洲天然气的80%须通过乌克兰,乌克兰消费的天然气中约250亿立方须从俄罗斯进口。

近年来,俄罗斯和乌克兰两国的关系每况愈下,从持续的有关天然气价格、过境问题,发展到克里米亚归属争议,最终演变为乌克兰东部的局部战争。为此,俄罗斯一直在努力建设绕开乌克兰的天然气管线,其中,最有代表性的就是给自己招致一系列麻烦的北溪2号天然气管道项目。

北溪2号是俄罗斯天然气工业股份公司与五家欧洲公司合作建设的跨地区天然气管道输送项目,通过波罗的海,绕开乌克兰,直接将俄罗斯的天然气输往德国和其他欧盟国家,年输气量为550亿立方米,总投资95亿欧元。俄方宣称,北溪2号投入使用后,欧盟进口的俄气成本将下降13%,每年可能为欧盟节省约80亿欧元。

北溪2号项目的实施,首先招致了美国的激烈反对。美国总统特朗普多次公开表示,德国甚至整个欧盟,都将因这个管道项目成为俄罗斯天然气的"俘虏",它为欧盟带来天然气供应安全问题。美国多次表示要制裁参与北溪2号项目的欧洲公司。

欧盟内部对于北溪2号项目也有不同的看法,包括德国在内的一派认为,北溪2号可以增加欧盟天然气供应的多样性;但更多的欧盟东欧成员国、波罗的海国家和乌克兰等则猛烈抨击这个项目。欧盟为此通过了"天然气法令",试图将管道置于欧盟的监管框架之下。

面对北溪2号建设面临的困境,俄罗斯采取了多种灵活的政策,其中,软化对乌克兰的态度最有代表性。2019年6月13日,俄罗斯能源部部长诺瓦克在与欧洲委员会能源联盟副主席谢夫乔维奇举行会谈后表示，俄准备在现行条件下延长经由乌克兰向欧盟输送天然气的运输合同，并恢复向乌克兰供应天然气，价格下调25%。

"给我20年，还你一个强大的俄罗斯！"2000年，普京当选总统，当年俄罗斯的GDP为2597.1亿美元，人均GDP为1771.59美元。2018年，俄罗斯的GDP约为1.64万亿美元，人均1.12万美元。今天看来，丰富的油气资源是普京兑现这一承诺主要的、似乎也是唯一的手段和工具。

第二节　北美：改变世界的页岩油气发源地

碳达峰：美国的现状与启示[①]

2017年6月1日，特朗普宣布美国退出《巴黎协定》，引起轩然大波，给世人留下美国政府不关心温室气体减排的印象，但事实并非如此。作为世界最大经济体，2007年美国能源消耗产生的二氧化碳排放已经达峰，为美国政府开展国际能源气候外交打下了非常好的基础。

1949—2007年，美国能源消耗产生的二氧化碳排放量稳定增长，2007年以后稳定下降，2007年为美国能源消耗的碳排放达峰年。

1949年，美国能源消耗产生的二氧化碳为22.07亿吨，直至1961年的13年间，保持在30亿吨以下的水平。从1962年后，美国能源消耗二氧化碳排放数量快速增长，1969年突破40亿吨，1988年增长到49.81亿吨，2006年增长到59.14亿吨。

2007年，美国能源消耗排放的二氧化碳为60.03亿吨，此后逐渐走低。2019年为51.46亿吨，低于1993年水平。2020年，受新冠疫情的冲击，美国能源消耗产生的二氧化碳排放量减少到只有45.74亿吨，比

[①] 本文原载2021年3月8日《财经》杂志，作者为王能全，能源业资深人士，中化集团经济技术研究中心首席研究员。

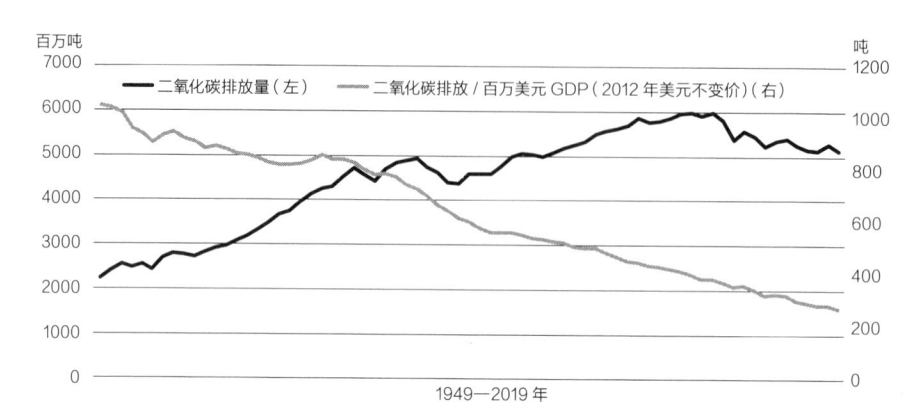

2019 年下降了 11%，如图 2-10 所示。

资料来源：美国能源信息署，《月度能源评论》，2021 年 1 月 26 日　　制图：张玲

图 2-10　1949—2019 年美国二氧化碳排放总量和单位 GDP 二氧化碳排放

美国能源信息署预测，从目前至 2035 年，虽然会有所波动，但美国能源消耗产生的二氧化碳排放数量都将处于持续下降之中。

一、能源消费稳步下降，经济稳定增长

美国一次能源消费的达峰比碳排放达峰晚 11 年，2018 年才达峰。

2009 年之后，美国被中国超越，退居世界第二能源消费大国，但消费总量仍在增长，2018 年达到峰值，为 101.162 千万亿英热单位。2019 年，美国一次能源消费降到 100.274 千万亿英热单位，占全球的比重略超过 16%。2020 年大降至 92.47 千万亿英热单位。

美国能源信息署预测，2020—2037 年，美国一次能源消费总量不仅将低于 2018 年的水平，而且也将低于 2007 年的水平。

2020 年，新冠疫情严重冲击了世界经济，美国经济也创下 1946 年以来最差纪录，GDP 总值下降 3.5%。即便如此，2020 年的美国 GDP

仍高达20.93万亿美元，稳居世界第一，人均GDP为6.34万美元。

1949—2020年的72年间，除少数年份外，美国名义GDP一直稳定增长。1949年，美国GDP为2725亿美元，人均1826.4美元；1969年，美国GDP为10176亿美元，2000年迈过10万亿美元，2018年迈过20万亿美元。2019年为214332亿美元，人均6.53万美元，总量和人均分别约是1949年的78.65倍和35.75倍。图2-11为美国1949—2020年美国二氧化碳排放、一次能源消费和GDP走势。

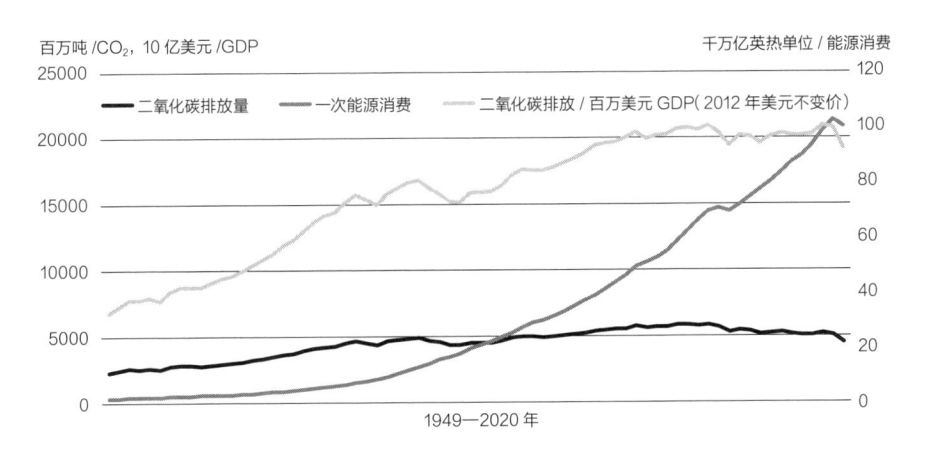

资料来源：美国能源信息署，《月度能源评论》，2021年1月26日

图2-11　1949—2020年美国二氧化碳排放、一次能源消费和GDP

二、美国减排三要素

能源消耗产生的二氧化碳排放，短期主要受天气、能源价格和发电能源来源变化的影响，长期影响因素主要包括：鼓励低排放或无排放技术的政策，降低成本和提高效率的新技术，需求侧效率提高，制造业、GDP和人口结构的变化等。近年来，美国减排之所以成效较好，可以简单归纳为以下三个方面。

1. 单位 GDP 能耗持续下降

能源消费下降的同时经济能保持稳定的增长，源自能源效率的持续提升。

按 2012 年美元计算，1949 年美国每美元实际 GDP 的能源消耗为 15180 英热单位。20 世纪 50 年代至 70 年代中期，美国单位 GDP 能耗徘徊在 13000 至 14000 英热单位之间。1985 年，下降至 9600 英热单位，此后下降速度加快。2019 年，美国单位 GDP 能耗仅为 5250 英热单位，仅约为 1949 年的 34.58%，如图 2-12 所示。

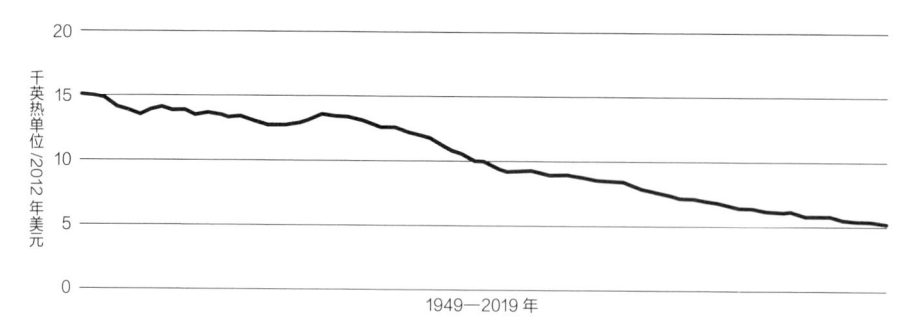

资料来源：美国能源信息署，《月度能源评论》，2021 年 1 月 26 日

图 2-12 1949—2019 年美国单位国内生产总值的能源消耗

一个国家的工业化进程，决定了这个国家的能源强度。从 20 世纪 90 年代至 21 世纪初，美国由工业化进入信息化的时代，因此能源强度不断下降。

2. 能源结构持续优化

要实现碳达峰和碳中和，就必须相应地调整能源结构，1949 年以来，美国能源消费结构持续优化。

直到 1949 年，美国一次能源消费结构中，煤炭都是第一大来源，当年占比 37.48%。从 1950 年开始，石油成为美国第一大能源并保持至

第二章 化石能源or清洁能源：各国能源结构现状与能源转型

今。美国进入石油时代，比1965年全世界迈入石油时代早了整整15年。1958年，天然气超过煤炭，成为美国第二大能源品类，并一直保持至今。

美国能源消费结构最有标志性的变化发生在2019年，当年由水力发电、风能、太阳能、地热能、生物质能等构成的可再生能源，130多年来首次超过煤炭，成为第三大能源，加上核能，非化石能源已占美国一次能源消费总量的20%。图2-13和图2-14展示了美国的一次能源消费变化。

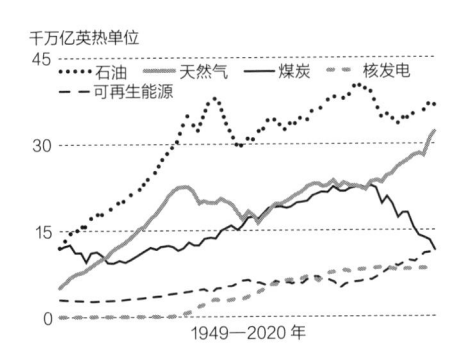

资料来源：美国能源信息署，《月度能源评论》，2021年1月26日

图2-13 1949—2020年美国一次能源消费构成

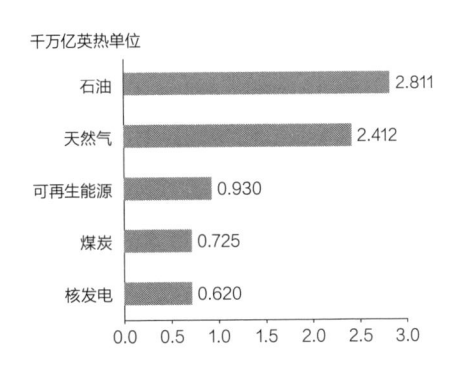

资料来源：美国能源信息署，《月度能源评论》，2021年1月26日

图2-14 2020年10月美国一次能源消费构成

除消费总量的结构优化外，为二氧化碳排放达峰做出重要贡献的还有发电行业。美国能源消费的第一大户是发电部门，2019年占能源消费总量的37.03%。从1949年美国能源信息署有统计数据开始直到2015年，煤炭一直是美国发电用能的第一大来源，但从2016年起天然气成为第一大发电用能源，所占的比重不断提高，2020年高达40%，可再生能源为21%，核电为19%，煤炭只占19%，如图2-15所示。

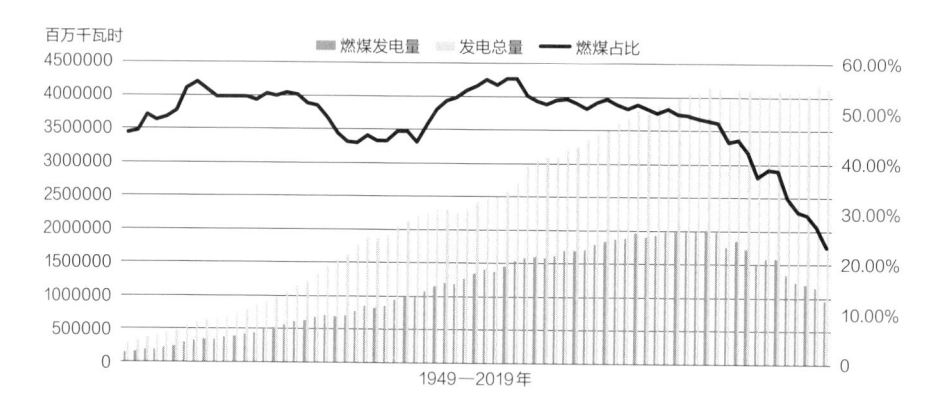

资料来源：美国能源信息署，《月度能源评论》，2021年1月26日

图2-15 1949—2019年美国燃煤发电占总发电量的比重变化

发电用煤迅速下降，极大地推动了美国的碳达峰。2007年至2019年，来自煤炭的碳排放减少50%以上，总量超过10亿吨，其中，2019年比2018年下降15%，减排1.84亿吨；2005年至2019年，发电行业累计减排54.74亿吨，其中，33.51亿吨来源于天然气对煤炭的替代。

3. 强制要求 + 优惠政策

20世纪70年代的石油危机严重冲击了美国，促使时任美国总统尼克松提出能源独立计划，此后，历届美国政府均将实现能源独立作为能源政策的核心内容。

从 20 世纪 80 年代初的里根政府开始，美国联邦政府大力推行能源市场自由化政策，解除了对天然气的价格管制，努力营造一个充分竞争的、鼓励私人投资和技术进步的政策环境。

正是在能源独立和市场自由化、鼓励创新等政策的刺激下，无数中小企业前赴后继，使得页岩油气革命成为现实，改变了美国和世界油气工业的格局。美国在实现能源独立的同时，可以持续调整并优化能源消费结构。

与此同时，联邦政府和地方政府的强制要求、优惠及刺激政策，使得新能源、可再生能源得以大规模推广使用。

2005 年和 2007 年，美国分别颁布《能源政策法案》与《能源独立和安全法案》，要求销售的车用燃料中添加生物燃料，设定到 2022 年消费 360 亿加仑可再生燃料的目标，明确每一个以石油为基础的汽油或柴油的炼油厂或进口商，必须履行可再生燃料义务数量。

生物质柴油由于具有良好的温室气体减排得分，消费得到了鼓励。在 2004 年的《美国就业法案》中，设立了"生物质柴油税收抵免"条款，规定生物质柴油或可再生柴油每加仑享受 1 美元的税收抵免。2016 年，美国联邦政府为此项政策提供的补贴为 27 亿美元。

正是在法律的强制要求和优惠政策的刺激下，美国可再生燃料获得了长足的发展。 2020 年 1 月 1 日，美国燃料乙醇的生产能力高达 113.4 万桶 / 日，生物质柴油的生产能力为 16.7 万桶 / 日。

州政府对环境的高要求，也在刺激能源行业升级技术，进而推动全美的持续减排。作为联邦制国家，美国州政府在环境治理方面有很大的自主性，并对推动全美的环境治理发挥了积极的推动作用，其中，最有代表性的就是加利福尼亚州（简称"加州"），可以说，加州引领了美国的环保减排潮流。

早在1953年，加州就推广空气污染控制技术；20世纪60年代，加州在全美率先推行减少汽车尾气排放量的措施；1970年，加州率先检测PM10，1975年要求所有汽车配备催化转换器，1984年开测PM2.5。1988年，加州通过了较联邦政府更加严格的《加州清洁空气法案》。

特朗普政府宣布美国退出《巴黎协定》后，2018年9月10日，加州州长布朗签署一项法案，宣布到2045年加州将实现电力100%由清洁能源供应，完全放弃煤电等传统化石能源供电。

加州还早早推动立法，计划2022年禁止全州新建房屋使用天然气，转用电能，从而成为全美第一个告别天然气的州。

三、可负担的减排

当今世界上的绝大多数国家，要想实现碳达峰和碳中和目标，都必须直面三大难题：一是解决好"经济增长—能源消费—温室减排"的三角关系，二是调整能源消费结构的同时保障能源供应，三是环境治理和减排不能给社会大众带来难以承受的经济负担。

根据世界银行的统计，以全球人均GDP 1.1万美元为标准，当今世界80%以上的人口低于这个人均GDP，50%左右人口还处于中下收入和低收入状态。因此，大力发展经济和消除贫困，是当下和未来相当长时间世界各国政府都必须承担的责任。

联合国在设定人类发展指数时，将人均能源消费100吉焦列为参考参数之一。2019年，全球人均一次能源消费为75.7吉焦，其中，亚太地区为61.1吉焦，中南美洲为55吉焦，非洲仅为15.2吉焦。当前全球约80%的人口，生活在人均能源消费大大低于100吉焦的国家和地区，其中，超过12亿人口的非洲处于能源消费的赤贫状态。

从全球来看，当前以煤炭、石油和天然气构成的传统化石能源，占

第二章　化石能源or清洁能源：各国能源结构现状与能源转型

一次能源消费总量的84%以上，是当今人类社会消费的绝对主体能源，也是二氧化碳等温室气体排放的主要来源。

正是以上这三个80%，使得世界上没有任何一个组织在对2030年和2050年的长周期预测中，会做出经济增长和能源消费将下降的结论，对二氧化碳排放的预测也持非常谨慎的观点。大力呼吁开展减排的国际能源署，在其2020年版《世界能源展望》中给出的最保守预测是，到2030年，世界经济增长应保持在3%左右，一次能源消费增长至少应保持在1%以上，2025—2030年二氧化碳排放增长也将超过1%。

能源效率提升和能源消费结构优化，是美国减排的两大关键因素，但对世界很多国家来说，没有美国那样的产业基础和资源基础来实现优化和提升。即使某个国家有经济实力通过进口石油、天然气和可再生能源来优化能源结构，但能源安全保障和经济安全又会立即成为难题。

美国的能源价格低廉，能源消费在百姓生活支出中所占的比重较低。美国的电价平均为11美分/千瓦时，汽油的零售价普遍保持在2.5美元/加仑上下，居民天然气的价格为11美元/千立方英尺。2021年1月的寒冷冬季里，东北亚液化天然气价格大涨了约20倍，超过36美元/百万英热单位，但美国亨利中心的天然气现货价格仍保持在3美元/百万英热单位以下。

其他国家在兑现二氧化碳减排承诺时，就没有美国那样幸运，其中，欧洲最有代表性。由于大力推进清洁能源，欧洲的能源支出近年来呈爆炸式增长，从2005年到2012年，欧盟的电价上涨了38%，天然气价格上涨了35%。自2000年以来，德国的税收减免和可再生能源补贴总支出超过2430亿欧元，绿色政策使德国家庭支出翻了一番。2018年年底，法国发生席卷全国的黄衫军运动，就是因为车用燃料和电费上涨。2021年2月2日，道达尔首席执行官普亚恩表示，政府不仅要制定政策，还要说明碳中和项目的成本，要向公民和消费者解释，每个人都需要付出努力。

即使作为世界第五大经济体的美国加州，激进的减排和环保政策也带来了能源成本高涨和社会大众的承受问题。2021年，加州汽油价格为每加仑3.438美元，大大高于全美平均价格，电价比全美平均电价高出47%，引发了很多抗议活动和法律诉讼。

能源消费结构的调整和优化，尤其是可再生能源的大规模使用，必然带来成本问题，在实现碳达峰和碳中和进程中，社会大众的能源成本承受能力是必须考虑的因素。减排的同时把能源价格上升控制在可承受的范围内，社会大众才能接受并拥护减排。

对于世界上绝大多数国家来说，在宣布碳达峰和碳中和的时间表之后，最该做的事情，也许是趁春天到来之际，抓紧植树造林，这是实现碳达峰和碳中和最简单、最有效的手段。

第二章　化石能源or清洁能源：各国能源结构现状与能源转型

美国页岩油气的"第一次革命"：
"个体户"反转美国天然气[①]

2016年春天，按照计划，美国这个曾经最大的天然气进口国将首次实现液化天然气（LNG）的出口，也许要不了两三年时间，美国将成为天然气的净出口国，从而成为俄罗斯、卡塔尔这些传统天然气出口国的真正竞争者。正如时任美国总统奥巴马所言，美国多年来梦想的"能源独立"从来没有像今天这样接近于实现。

时光倒流。1954年，美国发生了一起著名的诉讼，菲利普斯石油公司和威斯康星州政府因为天然气价格的问题打了一场官司，直接结果是美国政府出台新法令，开始全面管制跨州的天然气销售价格。换个说法，差不多就是政府来制定天然气价格。这种管制很自然地要照顾消费者的利益，因为他们代表着大部分的民意。有专家分析过这一时期的天然气价格，不少时候，政府管制下的价格对供应商而言是入不敷出的，结果是供应日趋紧张。

---

① 本文原载2015年11月9日《财经》杂志，作者为杨雷，能源业资深人士，国际能源署署长高级顾问。

到卡特政府的时候，情况已经比较严重，然而，大型石油公司给出的解释却是：美国天然气资源不足，是个"缺气"的国家。当时，埃克森石油公司组织了上百名地质学家进行研究，得出的结果是：美国只有大概十万亿立方米的经济可采天然气资源（和目前中国的天然气资源量评估基本是一个数量级），由此得出缺气的结论。

1977年3月，华盛顿还处于春寒料峭的季节，林荫道上只有零星的晨跑者，众议院大厦三层的听证会大厅却座无虚席，新的天然气法案正在被热烈讨论，放开天然气价格管制和明确资源保障能力是大家的核心关切，新政策呼之欲出。

美国著名的天然气实业家和学者罗伯特·海夫纳三世参加了1977年那场著名的辩论，多年后，他回忆起那场听证会的辩论场景，觉得仍然历历在目。

美国联邦能源委员会的首席天然气地质学家扎雷斯基认为，政策的制定应以天然气资源不足为依据，即使放开天然气价格，天然气的生产也不能有效增加，而且天然气应该限制在一定的范围使用。

美国能源署署长奥利里也认为，天然气供应将会下降，因此要对天然气审慎利用，做好备用方案。

与这些大名鼎鼎的人物相比，坐在末席的罗伯特算是寂寂无名，作为一个小型天然气公司的老板，他正在为开发深层天然气而殚精竭虑。他当然不能赞同这些观点，于是据理力争，认为美国天然气资源丰富，而且会不断有新的发现，关键是要发挥市场作用，鼓励创新，吸引在新领域的投资，这样就会有更大的供应，新市场也会被开发出来。现在看来，他更像是一个美国天然气时代的预言家。

尽管罗伯特代表的中小能源公司势单力薄，但也博得了不少独立地质学家的认同，一定程度上扭转了众议院的舆论氛围，推动美国政府最终还是选择按照"新气""老气"的划分方式逐步放开天然气价格。

然而，这次胜利是不彻底的，与会上通过的复杂的《紧急天然气法案》相伴的，是另外一部《燃料使用法案》，这项法案禁止新建的电厂和工厂使用天然气，而这是最有规模的潜在天然气用户。随后，供应受到放开价格的刺激开始增加，然而，市场开发却障碍重重，这也为后来的麻烦埋下了伏笔。

新法案实施后，美国从最先放开价格的深层天然气开始，掀起了一股钻井热潮，天然气价格上涨，供应快速增加，逐渐出现了供大于求的情况。这期间，美国也经历了严重的通货膨胀危机。到了1982年，经济泡沫破灭，天然气价格暴跌，大量的天然气供应商破产，工人失业，设备被卖到海外。天然气产业就此在美国一蹶不振，开始了十多年的低谷期。

但也就是在这一时期，美国能源领域的市场化改革不断推进，不仅全部放开了天然气价格，也取消了诸多的市场限制。同时，政府部门的监管能力也大大加强，公平交易的环境日趋成熟。

1989年，当麦克伦登和沃德成立切萨皮克公司，开始要钻探页岩气的时候，他们只有8个员工和5万美元。在大学主修历史的麦克伦登没有任何关于天然气开发的条条框框，这却成了他的优势。这个逆势而袭的个体户公司，到2009年成了全美最大的天然气生产商，书写了一个典型的美国梦故事。直到埃克森公司花410亿美元巨资收购了另外一个页岩气生产企业XTO后，才总算夺回了美国天然气老大的交椅。

在传统的石油地质学家和大型国际油气公司看来，从页岩里开采油气是个疯狂的想法，因为页岩一直被看作生油岩或生气岩，它的另外一个功能是当作盖层。油气只有从页岩里运移出来，储集在空隙发育的地方，人们才可以像从水库抽水一样采出油气。直接从页岩里开采油气，相当于直接在天空中接雨水一样，不会有经济性。然而，技术的进步和成本的降低，尤其是水平井和压裂技术的不断完善，却将这变成了现实。而技术的进步和成本的降低，是由那些名不见经传的小公司和个体户完成的。如图 2-16 所示，2008 年以来，随着技术突破和成本降低，美国页岩气生产呈爆发式增长。

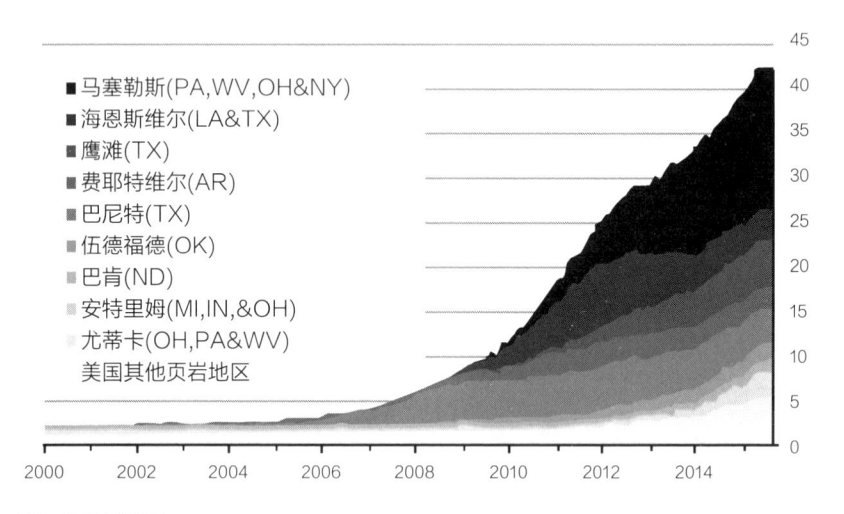

图例：
- 马塞勒斯(PA,WV,OH&NY)
- 海恩斯维尔(LA&TX)
- 鹰滩(TX)
- 费耶特维尔(AR)
- 巴尼特(TX)
- 伍德福德(OK)
- 巴肯(ND)
- 安特里姆(MI,IN,&OH)
- 尤蒂卡(OH,PA&WV)
- 美国其他页岩地区

单位：10 亿立方英尺
数据来源：国际能源署

图 2-16　美国各地区页岩气月产量

米切尔能源公司是成百上千个天然气个体户中的另一个杰出代表，为了省钱，米切尔公司意外发现了清水压裂技术对页岩气开发效果更好；我们还需要提及 EOG 公司，从臭名昭著的安然公司脱离出来的 EOG 公司埋头苦干，终于让巴肯页岩成为页岩气声名远扬的象征……

天然气个体户们用行动说明，天然气资源不是靠老一套理论在办公室推算出来的，只有不断创新的技术和实实在在的投资砸下去，才会有更多天然气被发现和生产出来。这让人想起了一句油气行业的老话：油

第二章　化石能源or清洁能源：各国能源结构现状与能源转型

气资源首先要存在于地质学家的脑海里，然后它们才能被发现。这是创新的精髓所在，只不过这里的创新者不仅仅包括地质学家，更包括富于冒险精神的投资者。

到2015年左右，天然气似乎又到了一个拐点。美国的天然气在低油价的背景下一路下行，亨利枢纽的现货价格大概只有每百万英热单位2美元多一点，相当于大概每立方米5毛钱人民币。即使这样，美国的天然气产量依然没有降低，连续多年稳坐全球第一大天然气生产国的交椅。

2012年年底到2013年年初，围绕是否应该允许天然气出口的议题，美国国会内外再次展开激烈辩论。辩论结果是，素有保守传统的美国再次放松管制，调整了严格限制能源出口的政策，同意向国外出口天然气。这样的政策调整不仅将惠及亚洲这样的天然气消费和进口国，而且惠及本国天然气生产的可持续性，从全球视野来看，对于清洁能源的升级换代，也将发挥更大的作用。国际能源署预计，2030年左右，美国LNG出口将达到7300万吨（990亿立方米）的峰值，并将一直持续至2040年。

让市场发挥决定性的作用，在天然气领域，美国政府正在用行动实践着这句话。

美国页岩油气的"二次革命"[1]

过去十年来,美国页岩油气无疑是全球石油行业最亮丽的一道风景。根据 BP 能源统计年鉴数据,自 2008 年以来,全球石油日产量增加 1160 万桶,其中,美国石油产量增加了 850 万桶,占全球石油液体产量增幅的近 75%。2018 年美国石油供给增量达到 220 万桶/日,几乎占当年全球石油产量增幅的 100%。可以预见,未来一段时期,美国页岩油都将是主导全球石油市场格局的重要力量。

美国页岩油气的迅猛发展也引发了跨国石油巨头的高度关注,并获得了石油巨头们的"巨资押注"。根据 Drillinginfo 公司统计,自 2017 年以来,埃克森美孚、雪佛龙等跨国石油巨头已经在美国西得克萨斯州的二叠纪盆地投入超过 100 亿美元,累计拥有 450 万英亩的土地,成为美国页岩油气的重要玩家。这些石油巨头为何要进军页岩油气领域,又能给产业带来哪些改变?

---

[1] 本文原载 2019 年 10 月 21 日《财经》杂志,作者为林益楷,高级经济师、能源研究学者,现供职于某大型能源央企。

第二章 化石能源or清洁能源：各国能源结构现状与能源转型

一、技术驱动的"规模化开发"新时代

在很多人的印象里，美国页岩油气产业一直是中小型独立石油公司的乐园。但是跨国石油巨头的涌入，正在悄然推动美国页岩油气产业发生"二次革命"，从小规模"作坊工场模式"向大规模、重投资的"大工业模式"迈进。

近年来，页岩油气革命的成功使国际大石油公司开始转变对二叠纪盆地的态度，纷纷加大在该地区的投入。埃克森美孚以66亿美元收购二叠纪盆地项目，完成并购后，公司在二叠纪盆地拥有160万英亩勘探面积，预计页岩油产量将从2019年的30万桶/日上升到2024年的100万桶/日。雪佛龙在二叠纪盆地拥有最大的土地面积，该公司在美国页岩油气投资组合净现值中排名第一，预计2023年页岩油产量将达到90万桶/日。BP公司以105亿美元收购必和必拓北美页岩资产后，增加了约19万桶/日的产量和46亿桶的资源发现储量。壳牌公司预计到2025年页岩油气产量年均增长9%。

与中小型独立石油公司由于资金实力有限、多数采取单井作业模式不同，跨国石油巨头由于拥有更强大的资金实力、装备能力和物流系统的支撑，它们在页岩油气开发方面积极探索更加规模化的开发新模式——立体开发模式（Cube Development）。这种模式的精髓在于采取多台钻机同时作业，并采用水平井技术对地下资源实施探测。

立体开发模式并非跨国石油巨头首创，此前，Encana、Devon、Concho等独立勘探开发公司在美页岩油气开发中已有"零星"的应用，但取得的效果不一。跨国石油巨头的进场给这种开发模式注入了全新的生命力。例如，壳牌在二叠纪盆地运用该模式可同时进行4—6口井的钻探作业，钻探8000英尺[①]深地层。采用此模式，壳牌2018年在该地

---

① 1英尺约等于0.3米。

区的页岩油气产量翻倍，达到 14.7 万桶/日。

埃克森美孚也是立体开发模式的积极践行者。该公司 2019 年在二叠纪盆地部署的钻机数量已经从 2017 年的 20 台，快速增长至 60 台左右。该公司在 2019 年 5 月的投资者大会上宣布，将采用立体开发模式推动二叠纪盆地 Poker Lake 地区 110 平方英里[①]区块的开发。公司预计将在该地区部署 8 个井场（平行，一边各四台钻机），钻探井深达到 7500 英尺左右。受益于钻井规模效应和物流效率提升带来的成本节约，预计单井作业成本将降低 5%—10%。

同时，跨国石油巨头及很多独立石油公司在页岩油气开发中引入大量数字技术，有效降低了页岩开发成本。例如，EOG 公司从勘探到销售全产业链共应用 100 多个 App，该公司采用 Premier 油田服务公司的技术，可将地层数据分析的时间从此前以天或者周计算缩短至以秒计算，大大提高钻井压裂效率。再比如，壳牌"iShale"项目中，作业人员可同时遥控操作多台钻机，还将深水油气开发中的传感器技术应用到页岩油气开发中。有些机构预计，这些数字技术预计可将每口页岩油井的钻井成本从 590 万美元降至 400 万美元，且未来还有较大降本空间。

一些北美页岩公司积极探索推进钻井压裂装备升级换代，以进一步提高钻井和压裂作业效率。例如，EOG 公司宣布在 Delaware（德拉维尔）和 Eagle Ford（鹰滩）两个盆地运用了 4 台电力驱动压裂车队（2019 年占美国电力驱动压裂车队的三分之一），完成该公司接近三分之一的完井作业。该举措将为 EOG 公司带来两个方面的效益。

首先是可以大幅节约作业成本，与传统小型柴油压裂车相比，采用电驱动压裂车作业，每口井大约可以节约 20 万美元费用。例如，传

---

① 1 英里约等于 1609 米。

统柴油压裂车每天需要1万加仑柴油，仅柴油费用一天即达到3万美元，而电力驱动车则可以使用二叠纪盆地廉价的天然气作为发电原料，且装备规模更小（体量预计可缩小50%）、用工更少（人员预计可减少50%）、效率更高（如电驱动压裂车从一个井场到另一个井场的转移时间预计不到24小时，传统压裂车则需要2—3天）。其次是可以产生较好的环境效益。与传统压裂车相比，电驱动压裂车大约会减少35%—40%的碳排放。

根据贝克休斯的统计，2019年分布在美国和加拿大页岩盆地中的传统柴油压裂车约有500辆，每年消耗700多万加仑柴油，由70万辆油罐车装载运输到各大页岩盆地，平均二氧化碳排放量达7万吨。而2019年美国电驱动压裂车只有11辆，与传统柴油压裂车相比还只是"星星之火"。尽管电驱动压裂车建造成本比传统压裂车要高一些，但考虑到当前很多公司面临越来越大的碳减排压力，以及电驱动压裂车后期操作费用更低，业内人士预计此类电驱动压裂车未来将会得到大规模应用。

经过多年发展，长水平井巨型压裂、加密布井、一体化工厂化运作，已经成为美国页岩油气开发的新常态。根据Post Carbon Institute的一份报告，自2012年以来，每个钻井的平均横向长度增加了44%，超过7000英尺，钻井用水量激增超过250%。报告称，更长的横向和更大量的水和沙的使用意味着2018年钻井数量可以达到2012年钻井数量的2.6倍。

在技术进步推动下，美国页岩油气开采模式已经发生颠覆性变革。根据美国能源信息署统计，**在2004年时，水平井大约贡献美国15%的页岩油产量和14%的页岩气产量，但在2018年，水平井贡献的页岩油和页岩气产量已高达96%和97%**（如图2–17所示）。在Marcellus（马塞勒斯）地区，水平井贡献的页岩油气产量甚至高达99%。然而，

能源列国志

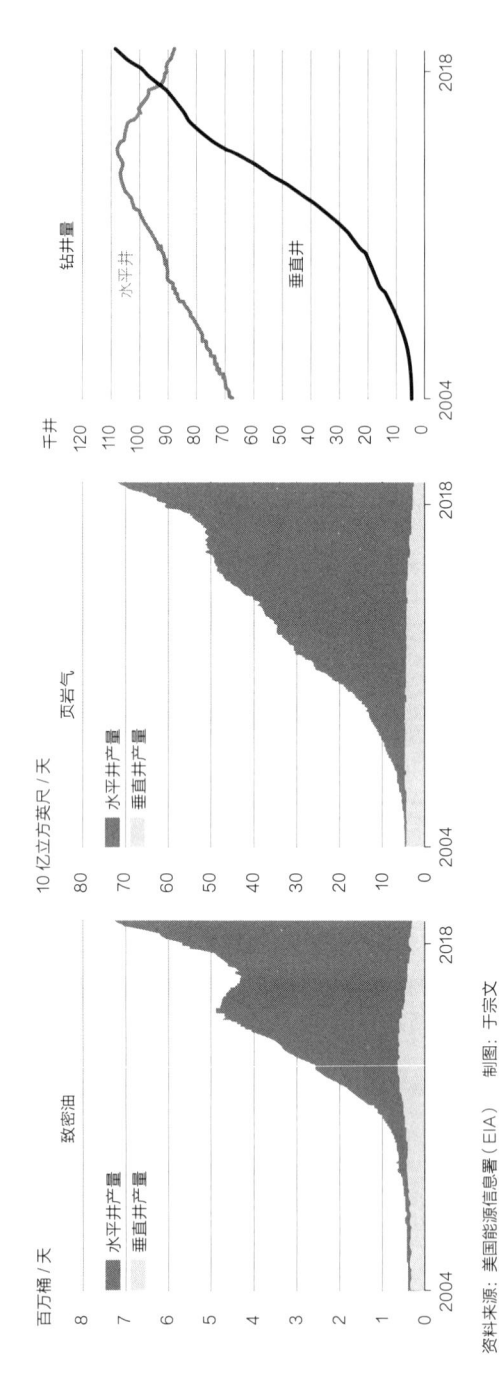

图 2-17 美国致密油、页岩气产量和钻井量

资料来源：美国能源信息署（EIA） 制图：于宗文

截至 2018 年年底，美国主要页岩油气盆地仍有高达 8.8 万口垂直井在生产油气，这说明垂直井这一传统油气开采技术对增储上产的贡献日益式微，而长水平井压裂技术已经成为推动美国页岩油气产量增长的"绝对主力"。

二、巨头为何发生战略转向

在很多人看来，页岩油气和深水油气是"截然相反"的两种上游油气类型。传统的页岩油气以项目产量上升快、递减率高的短周期开发模式著称，此前主要玩家是中小型独立石油公司。而海洋深水油气项目则往往是重投资、长周期油气项目的典型代表，跨国石油巨头在该领域最为擅长。

然而，伍德·麦肯兹发布的一份研究报告认为，深水和页岩油气这两大类油气项目越来越相似。报告主要观点认为，近年来这两类资产的开发模式正在发生重大变革，使得两者从开发模式、开发周期及成本控制等各方面呈现趋同特征。

一方面，面对 2014 年油价"断崖式下跌"带来的挑战，深水油气项目正在加速"瘦身"。2004—2014 年，全球深水油气项目投产周期基本在 10 年左右，但近年来石油公司通过优化设计、实施分段建造和模块化建造、依托周边设施进行开发等新举措，在 2016—2018 三年间，全球深水油气项目开发周期已缩短至 5 年，有些项目从决定投资到投产甚至降至 1.9 年。而伴随长距离水平井技术、水力压裂技术、"立体开发模式"等技术和管理革命的深入推进，美国页岩油气产业也正在重新焕发强大生命力。

根据伍德·麦肯兹预测，2014 年中期，大约只有 90 亿桶二叠纪盆地石油资源和 50 亿桶深水油气资源盈亏平衡成本可控制在 50 美元 / 桶以下。但到 2019 年中期，盈亏平衡成本可控制在 50 美元 / 桶以下的二叠纪盆地石油资源已高达 660 亿桶，深水油气资源达到 330 亿桶。预计页岩油气将占到未来全球新增油气资源的四分之三，深水油气大约占到新增油气的六分之一。

从页岩油气和深水油气发展趋势"趋同"的背后，我们可以看到跨国石油巨头近年来降成本所取得的巨大成效，同时也可以看到石油巨头战略转型的方向。**总体上看，从常规迈向非常规、从高碳迈向低碳是全球石油公司转型的大趋势**。但在转型过程中，是选择进军深水还是页岩油气，曾经是大家热议的一个话题。

毫无疑问，深水作为一个高投资和高技术门槛的长周期资产，能够最大程度发挥跨国石油巨头的优势。近年来，跨国石油巨头勘探重点向深水转移趋势十分明显，部分公司深水投资已占公司海上勘探开发投资的 50% 以上。这些公司进军深水也获得了丰厚回报。根据统计，2008—2018 十年间全球新发现的 2500 亿桶油气资源中大约一半来自深水，仅占用 40% 的资本开支和 12% 的钻井，其中很大一部分发现都来自超级石油巨头。

但对于美国页岩油气资产，巨头们的态度则要犹豫很多。在美国页岩油气革命爆发的十多年时间里，该领域一直是中小石油公司纵横驰骋的"疆场"，石油巨头们只是少量参与，基本上是作为"旁观者"。直到 2018 年左右，跨国石油巨头（除道达尔之外）才一反常态，开始大举进入页岩油气领域。

石油巨头为何开始投向页岩油气领域？笔者认为主要有以下几个方面的原因。

第一，页岩油气的巨大资源潜力，使其成为巨头们维持产量增长的重要来源。根据 Rystad 公司最新预测，美国页岩油储量高达 2930 亿桶，分别比沙特和俄罗斯多出 2000 亿桶和 1000 亿桶。特别是二叠纪盆地的崛起（国际能源署预计二叠纪盆地产量到 2023 年将达到 540 万桶/日，超过除沙特外的任何一个欧佩克国家），且开采成本较低，使得跨国石油巨头很难再对如此巨大规模的储量视而不见。

从目前趋势看，随着国际大石油公司加大投入，未来美国页岩油产量的增长将主要来源于国际大石油公司。根据咨询机构 IHS 的预测，从 2018 年到 2023 年，二叠纪盆地的总产量将由 250 万桶/日升至 570 万桶/日，其中，国际大石油公司的产量将会增加超过 70 万桶/日，约占增量的五分之一。国际大石油公司将会在 2019 年后加速实现在二叠纪盆地的产量增长，到 2023 年，四家公司在二叠纪盆地的产量将占整个盆地产量的 20%，并且之后还会呈现逐年递增的趋势。页岩油气产量也将在上述石油巨头资产组合中占据越来越重要的位置。

第二，页岩油气资产短周期、可快速产生现金流的特点，适应低油价环境下跨国石油巨头投资调整的大趋势。在 2014 年以来的低油价环境下，石油巨头们普遍压缩资本开支，并希望缩短投资回报周期，投资页岩油气无疑符合这一趋势。例如，埃克森美孚 2017 年短期高回报项目（投资周期短于 3 年）支出占上游支出的 34%。雪佛龙 2017 年提高短期高回报项目（2 年内产生现金流）预算，由 2014 年占支出的 55% 提高到 2017 年的 75%。

第三，向页岩油气、LNG 等资产进军，也被视为跨国石油巨头适应能源转型趋势的体现。根据 Rystad 统计，页岩资产和 LNG 资产在跨国石油巨头资产结构中的占比，将从 2001—2005 年的 10% 提升至 2023 年的 30%，预计 2019—2024 年巨头们将投资 2000 亿美元在这两块资产上。面对《巴黎协定》实施和能源低碳转型加速给石油公司带来"碳泡沫"被刺穿和"资产搁浅"的挑战，相对短周期的页岩资产和低碳 LNG 资产，或将帮助巨头们更好地规避油气投资面临的气候变化风险。

三、巨头更容易盈利

尽管页岩油气已经成为石油巨头战略转型的重要方向。但巨头们仍需要证明自己，在这块曾经是很多E&P公司及冒险家乐园的领域，他们是否可以成功驾驭并实现盈利？

当前业界对页岩油气产业是否还有盈利空间争议较大。从很多机构预测看，页岩资产盈利能力是不错的。

根据Rystad统计，美国页岩油气已成为仅次于中东油气的低成本资源，盈亏平衡成本从2015年的68美元/桶下降至2019年的46美元/桶。伍德·麦肯兹预计页岩油气资产的内部收益率（IRR）高达30%。美国能源信息署统计揭示，43家美国页岩油气公司2018年盈利达到280亿美元，似乎也佐证了这一判断。

颇为吊诡的是，业界也时不时传来一些页岩油气公司资金链紧张，乃至页岩油气公司遭受资本市场"抛弃"的消息。根据伍德·麦肯兹统计，在2019年一季度WTI油价接近55美元/桶时，很多页岩油气公司现金流仍是负的，包括大陆、EOG在内的16家公司累计自由现金流为–32亿美元。

如何解释这一看似矛盾的场景？笔者翻阅了不少页岩油气公司的年报等相关材料，基本可以做出如下判断。

首先，很多页岩油气公司30%的IRR是可以实现的（一些公司的优质资产回报率甚至可高达70%—100%），但如果算上后期管输、销售等其他费用，页岩油气资产整体盈利可能会受到影响。实际上，一些页岩油气公司由于运输能力有限，设施不够完善，只能被动接受价格，油品终端销售时还将面临折价。

其次，一季度很多石油公司现金流为负，更多是页岩油气公司在短期内增加投资的结果。利用今年一季度服务价格较低时适当增加投入，这应该是可以理解的。当然，从长期看，这些独立石油公司正在遭受资本市场越来越大的压力，特别是在页岩油气行业规模化发展的今天，小型独立石油公司的生存越发艰难。未来这些公司很可能会把维持正现金流、提升盈利能力摆在更加重要的位置。

再次，不同页岩油气公司经营业绩表现存在巨大差距。美国拥有数百家独立石油公司，不同公司间资产质量参差不齐。行业内的顶尖企业，比如 EOG 公司，生产一桶油可实现利润 10 美元，2019 年一季度利润达到 9 亿美元左右；大陆石油公司 2018 年净利润接近 10 亿美元。这两家公司的总体负债也处于较低水平。但也有一些公司的日子不太好过。例如，2019 年上半年被西方石油公司并购的阿纳达科，负债一度高达 170 亿美元，公司 2018 年年底的股价仅为五年前的 58%，低于同行（82%）及 S&P500 指数（150%），这样的表现自然会遭受资本市场的较大压力。

与独立石油公司相比，石油巨头进军页岩油气业务则要"从容"很多，它们至少拥有以下几个方面的优势：其一是可快速复制中小页岩油气公司的勘探开发技术；其二是资金实力雄厚，可以进行更大规模、更长周期的作业，且不受资本市场的压力；其三是拥有上下游一体化的产业链条，在技术服务、价格采购、管道运输、终端炼油销售等方面都能够产生规模效益。

正是基于上述优势，石油巨头在推动页岩油气成本下降方面取得了积极进展。根据 Rystad 的数据，即使 WTI Midland 原油价格为每桶 45 美元，但在二叠纪的 Wolfcamp（沃尔夫坎普）油田，拥有大规模作业和面积的大型石油公司，三年内平均可获得 20% 的回报。

其中，壳牌 2015—2018 年二叠纪盆地的开发成本已下降 60%，该公司年报预计，其二叠纪盆地约 10 亿桶储量的盈亏平衡成本可控制在 40 美元/桶以下。埃克森美孚则计划将二叠纪的桶油成本降至 15 美元/桶左右。桶油成本降低的乐观预期，使得巨头们对二叠纪油气生产充满信心，有些媒体甚至预测，二叠纪盆地油气正迎来"超高盈利时代"。

埃克森美孚一位副总裁表示："即使油价跌到 35 美元/桶，二叠纪盆地资产仍然能够达到两位数的回报率。"雪佛龙 CEO 麦克·沃斯在公司 2019 年的年度投资者大会上表示："即使在低油价环境下，二叠纪盆地资产仍然能获得超过 30% 的回报率，这是公司最好的一笔投资。"或许巨头们这次真的"赌"对了？

第二章　化石能源or清洁能源：各国能源结构现状与能源转型

第三节　亚非拉：转型进度两极分化的样本场

在中国，能源革命就是革煤炭的命[①]

2012年11月中国共产党第十八次全国代表大会召开，选举产生了新的一届中央政治局委员、中央政治局常务委员会委员、中央委员会总书记。习近平总书记的履新讲话，让人们耳目一新。一段"我们的人民热爱生活，期盼有更好的教育、更稳定的工作、更满意的收入、更可靠的社会保障、更高水平的医疗卫生服务、更舒适的居住条件、更优美的环境，期盼着孩子们能成长得更好、工作得更好、生活得更好。人民对美好生活的向往，就是我们的奋斗目标"经久不息地回荡在中国人民的脑海里。人们期待着新一届国家领导人带领他们实现"美丽中国"的梦想，使他们过上所向往的美好生活。

但在到达"美丽中国"之前，有很大的挑战就在眼前。

2013年1月，一场突如其来的重度大气污染席卷了中国中东部的大部分地区，大约250万平方公里的华夏大地被雾霾所笼罩，六七亿人忍受着雾霾的危害。尤其是共和国的首都，成为大气污染的重灾区，人们

---

① 本文原载2016年2月22日《财经》杂志，作者为李俊峰，国家应对气候变化战略研究和国际合作中心主任。

在惶恐不安中度过了十几个日日夜夜。这些雾霾是怎么来的,从哪儿来的?这是萦绕在中国领导人和普通人民群众心中的大难题,各路科学家都在进行试验、观测、撰写论文、召开会议,讨论雾霾产生的原因。虽然大家有很多分歧,但是一致认为雾霾中最主要的成分是细微颗粒物,环境科学家称之为PM2.5,这是危害人类健康的元凶。PM2.5是由二氧化硫、氮氧化物、有机挥发物、氨气和扬尘的一次污染颗粒物,以及这些物质在大气中经过光化学反应等形成的二次污染颗粒物。

2013年2月4日,在国家环保部两委工作会议上,一个简单的比较让人们把寻找雾霾根源的线索指向化石能源。中国和美国都有900多万平方公里的国土面积,都消耗30多亿吨煤当量的化石能源,但是用PM2.5这个世界卫生组织衡量大气质量的重要指数来看,中美两国有巨大差别:美国国家城市的PM2.5标准要求是在15ppm以下,其90%以上的城市PM2.5在10ppm以下,全国年平均PM2.5的浓度是个位数;而中国PM2.5浓度的平均水平是74ppm,约是美国国家标准的5倍,有观测记录的城市没有一个达到美国国家标准,就连空气质量最好的三亚,PM2.5平均水平也在18.7ppm,比美国的国家标准高出了约25%。两国的差距在哪儿?**美国每年消费不到8亿吨煤炭,中国消费40亿吨煤炭,中国的消费量约是美国的5倍。**一个简单的算术题:即使我们燃烧煤炭所形成的各种排放物的PM2.5的数值达到美国的标准,我们总的排放量也是美国的5倍!

美国宇航局(NASA)公布的全球PM2.5浓度分布图,也显示PM2.5的浓度与煤炭消费高度相关。中国2013年消费了30多亿吨煤当量的能源,其中,煤炭大约占67%;全国发电量大约为5.4万亿千瓦时,燃煤发电大约为4亿千瓦时,约占75%。分别高出世界平均水平40和55个百分点。2013年,中国平均每平方公里消费的煤炭超过450吨,而同期世界（除中国外）平均水平不到30吨，美国不到80吨，雾霾最严重的京津冀鲁豫，每平方公里的煤炭消费量更是超过了2000吨，是世界平均水平的70倍，美国平均水平的25倍！

为了控制大气污染，国务院2013年发布了《大气污染防治行动计划》，即"大气十条"，条条指向能源转型。2014年4月，李克强总理召开了他担任总理之后的第一次国家能源委员会会议，提出了国家能源变革的要求。时隔两个月，2014年的6月，习近平总书记在中央财经领导小组第六次会议上，听取了国家能源局关于能源变革的报告，提出中国能源革命的五大任务，即能源消费革命、能源技术革命、能源供给革命、能源体制革命和全方位加强国际合作，发布了中国能源变革的总动员令，把能源的清洁化、低碳化发展作为能源转型的首要目标。**中国能源的革命是革谁的命？从环境保护的角度来说就是要革煤炭的命！**

中国能源革命的另一个重要推手就是应对气候变化所产生的控制二氧化碳问题。2015年12月12日达成的《巴黎协定》提出，全球共同努力实现温室气体排放早日达峰，力争在21世纪下半叶实现人类排放的二氧化碳与大自然的吸收相平衡。2013年中国化石能源燃烧所排放的二氧化碳大约为97亿吨，超过了美国、欧盟和日本三大经济体排放的总和，大体上与OECD[①]的34个（2013年）成员国的排放总和相当。为了控制二氧化碳的排放，中国向国际社会承诺，努力实现2030年左右二氧化碳排放达峰，且尽早实现，到2030年非化石能源的比例提高到20%。习近平主席在2015年访美期间，与G7领袖们相呼应，提出了21世纪末用非化石能源取代化石能源的思想。

2014年，中国能源转型的征程开始了，国内首次出现燃煤发电量

---

① 全称为Organization for Economic Co-operation and Development，即经济合作与发展组织，截至2024年9月，成员国有38个，中国未在其内。

和煤炭消费量的负增长。2015 年可谓中国能源转型取得重要成就的一年。2015 年全年，中国发电量只有 5.5 万亿千瓦时，比 2014 年减少了 0.2%，即减少 110 亿千瓦时左右。然而，当年风电增加近 400 亿千瓦时，太阳能发电增加了 200 亿千瓦时，水电增加 700 亿千瓦时，核电增加 300 亿千瓦时。也就是说，非化石能源发电净增加了 1600 亿千瓦时，火力发电净减少了 1700 亿千瓦时，其中大部分减少的是燃煤发电。一般估计，2015 年燃煤发电大约减少 1600 亿千瓦时以上，降幅 4%。一增一减，导致了煤电占比从 2013 年的 74%，下降到 2015 年的 69%，两年减了 5 个百分点。同时，2015 年煤炭消费量也减少 2 亿吨，煤炭占比也比 2013 年下降了 3 个百分点。

中国已经具备了能源转型的条件，这些条件一是人民群众有了对碧水蓝天的渴望，二是中央已经有了能源转型的明确要求，三是国际上已经有了大国能源转型的成功经验（美国和欧盟），四是非化石能源特别是可再生能源技术有了重大突破，具备了商业化发展的条件。最重要的是，近两年中国自己的实践也证明了非化石能源不仅可以满足新增能源的要求，也可以大量替代化石能源，特别是替代煤炭。仅仅减少煤炭发电一项，2015 年新增的非化石能源发电就替代了接近 7000 万吨煤炭。当然，不论是用可再生能源取代化石能源，还是用非化石能源取代化石能源，都不可能一蹴而就、一夜变天，需要锲而不舍的努力，一个百分点一个百分点地减下去，坚持三十年，中国的能源结构就会与世界能源转型先进者同步了。

完成中国能源转型，需要从观念上进行根本性的转变。

一是改变以煤为主和以国内为主的观念。熟悉中国能源问题的政府官员和专家学者们，常说的一句口头禅就是：中国富煤贫油少气，不用煤用什么？其实，我们首先应该明白，这个世界上绝大多数国家也是富煤贫油少气的，但是联合国 200 多个成员国中能源消费以煤为主的，也就是煤炭占比超过 50% 的国家不到 10 个，逐步减少对煤炭的依赖，是一个国际潮流，中国应该顺应这样一个潮流。另外，中国除非构建以可再生能源为主体的体系，否则能源体系做不到，也不可能做到以国内为主。包括海洋面积在内，地球的表面积是 5.1 亿平方公里，我国只有不到 1200 万平方公里，仅占地球表面积的 2.4% 左右。即使所有的能源资源都平均分配，我们的人均资源拥有量也不足世界平均水平的 20%，70% 以上的石油、天然气和天然铀资源依靠国外进口应该是常态。在这种条件下，中国只能走全球能源一体化、市场化的道路。

二是要改变所谓的成本理念。长期以来，我国的能源战略有一个"经济"的概念，追求所谓的能源系统的成本最低，构建具有"经济"性的能源体系。其实，能源再重要，也是整个社会和经济系统的一个部分，必须从系统成本效益整体、最优的角度考虑问题。仅仅从能量的角度考虑，煤炭的成本比柴草高，油气的成本比煤炭高，非化石能源的成本又可能比油气更高。但是，人类工业化的初期实现的从以薪柴为主向煤炭为主的过渡，又从工业化的中期完成了由以煤为主向以油气为主的过渡，构建了人类的工业文明。现在人类正走在用可再生能源或非化石能源取代化石能源的新的过渡中，以建设生态文明。前两次过渡已经证明了能源体系的技术进步，是全球经济和社会系统成本效益最优的选择。

中国以煤为主的选择，从国家整体的经济社会系统而言，其实并非成本效益最优的选择。燃烧煤炭已经成为大面积雾霾和温室气体排放居高不下的根本原因之一，整个工业系统的能源效率低下与以煤为主关系巨大，我国庞大的铁路货运系统 50% 以上的运力依赖煤炭，等等，不一而足。因此我们必须从国家的经济与社会的整体利益上来分析看待问题，真正走"绿色、低碳、安全、高效"的道路。

总之，中国的能源转型已经在路上了，需要有必须改变的决心、可以改变的信心和逐步改变的耐心，中国就会和世界一道，走出一条新兴的能源发展道路来。如果说，现在的发达国家走了一条主要依靠化石能源实现现代化的道路，成为世界的榜样，引领了世界的发展方向，中国就可以走一条化石能源与非化石能源并重的现代化道路，成为更后来的国家实现现代化的榜样，引领世界能源转型的方向，为本世纪末用可再生能源或非化石能源取代化石能源做出自己的贡献。

日本能源政策转向：氢能暂缓，氨能登场[①]

原本将氢能作为"王牌"的日本政府，正在引入氨能，希望将发电厂和船舶的燃料替换成氨，凭借燃烧技术突破，以更低的成本实现碳中和。

在2021年10月发布的第六版《能源战略计划》中，日本政府首次引入氨能，提出到2030年，利用氢和氨所生产出的电能将占日本能源消耗的1%，如表2-1所示。

表2-1　日本第六版《能源战略计划》对2030年能源结构展望做出的调整

	2019年实际数据	第五版的2030年展望	第六版的2030年展望
太阳能	6.7%	7%	14%—16%
风能	0.7%	1.7%	5%
氢能	7.8%	8.8%—9.2%	11%
地热能	0.3%	1%—1.1%	1%
生物质能	2.6%	3.7%—4.6%	5%
氢/氨发电	0%	无展望	1%

[①] 本文原载2021年12月17日《财经》杂志，作者为刘丁，《财经》研究员，《财经》记者马霖对此文亦有贡献。

(续表)

	2019 年实际数据	第五版的 2030 年展望	第六版的 2030 年展望
核能	6%	20%—22%	20%—22%
天然气	37%	27%	20%
煤炭	32%	26%	19%
原油	7%	3%	2%

资料来源：日本经产省官网　　制表：颜斌

《能源战略计划》是日本政府根据 2002 年 6 月生效的《能源政策基本法》制定的政策，此后日本政府持续发布此文件的更新版本，披露其能源政策的方向。

在 2018 年发布的第五版《能源战略计划》中，日本政府提出，将氢能打造成日本的"王牌"，当时并未提及氨能。

第六版计划中提到的 2030 年 1% 的目标，主要是指在发电领域，将氢和氨用作燃料，与天然气或煤粉等混烧发电。

日本政府于 2020 年 10 月宣布，2050 年实现碳中和。第六版计划中提到，为了实现这个目标，占排放量 80% 的能源部门必须努力改变，火电厂要优先使用零碳的氢、氨燃料替代煤炭等化石燃料。

日本计划首先采用混烧技术，比如 30% 的氢加 70% 的天然气，或者 20% 的氨加 80% 的煤粉，之后逐步提升氨和氢的混烧比例，计划到 2050 年实现 100% 的氨、氢燃烧发电。

第六版计划还要求火电厂利用将二氧化碳从排放源中分离、捕集、利用或封存的技术（CCUS）来实现减排。

日本产业界也正展开行动。

2021 年 10 月，日本电力巨头 JERA 的氨能混烧示范项目在其日本爱知县碧南市的火电厂首次点火启动。根据计划，此项目的氨燃料混烧比例到 2024 年将提高到 20%，到 2050 年将实现 100%。JERA 在 2021

年11月中旬宣布，计划在未来2—3年内，每年采购50万吨氨，用于混烧发电。

供应链方面的行动也已展开。日本希望从澳大利亚获取绿氨（用可再生能源制造的氨气）。挪威化肥巨头雅苒国际（Yara International）2021年7月宣布，将于2023年在澳大利亚试生产绿氨，并计划将其销售给日本的发电厂。

除了可用作发电厂的燃料，氨能还可用于航运业，因为驱动轮船的燃气轮机，也可以采用氨能作为燃料。

雅苒国际出资建造的全球第一艘用氨能驱动的货船雅苒·伯克兰号，于2021年11月22日下水首航。12月8日，日本川崎汽船与新来岛造船合作开发的氨燃料船概念设计，获得了日本船级社的原则性批准。

一、氢能的高成本

日本第六版《能源战略计划》提出，2030年氢能在能源结构中的占比要达到11%，这主要指的是氢能在汽车、家庭、工业等领域的应用。

第六版计划中也指出，日本非电力部门应该通过使用脱碳电源供电，如果是有高温热需求的部门，无法使用脱碳电源，那应该优先使用氢气、合成甲烷或合成燃料，替代化石能源，以促进脱碳。

但是，由于氢能源成本高昂，在汽车领域的推广并不顺利。

2021年年初，日产宣布暂停与戴姆勒及福特开发燃料电池车的合作计划，将力量集中于发展锂电池电动车。2021年6月，本田也宣布停产旗下的氢能源车型，主要是成本过高导致销量惨淡。

丰田此前大力研发推广氢能源车型，其总裁丰田章男曾公开表示对锂电池电动车持保留态度。但丰田在2021年12月14日发布的全球电动车战略中，宣布将在 2030 年之前投入 30 款包括锂电池电动车、氢能源电动车等在内的电动车型，并且将雷克萨斯品牌转型为纯电动车品牌。这意味着丰田不再把赌注全部押在氢能源上。

表 2-2 为日本三家汽车公司在新能源领域的投入。

表 2-2 日本三大车企新能源车路线

	氢能源车动态	新能源车计划
丰田	2016 年开始销售第一代氢能源车型 Miral，第二代 Miral 车型 2020 年年底上市，日本最低售价约合人民币 36 万元	2021 年 12 月 14 日，宣布在 2030 年之前推出 30 款包括搭载锂电池和氢能源的电动汽车
本田	2021 年 8 月宣布停产 Clarity 氢燃料电池版车型。此车 2016 年开始发售，在日本售价约合人民币 45 万元	2021 年年初，宣布在 2040 年之前全面电动化，锂电池电动车和氢能源电动车销量占比达到 100%
日产	2021 年年初宣布暂停与戴姆勒及福特开发燃料电池车的合作计划	2021 年 11 月 29 日，发布日产汽车 2030 年愿景，计划未来 5 年投资 2 万亿日元研发电动车，2030 年之前推出 23 款电动车

资料来源：根据公开信息整理

二、氨能的低价与可靠

虽然氢能源拥有诸多优点，但难以储存和运输。

氢是元素周期表上最轻的元素，很容易泄漏，对储存容器要求高，并且氢气非常活泼，与空气混合后很容易发生燃烧和爆炸。

如果远距离运输氢，需要将其液化，在常压状态下，需要将其温度降低到 -235 摄氏度以下，能耗较高。如果以管道运输，则需要克服纯氢及掺氢的气体给管道带来的安全隐患，攻克氢气管道的材料难题。

于是，氨进入视野。

氨是由一个氮原子和三个氢原子组成的化合物，是天然的储氢介质；在常压状态下，只需要将温度降低到 -33 摄氏度，就能够将氨液化，便于安全运输。目前，全球八成以上的氨被用于生产化肥，这让氨拥有着完备的贸易、运输体系。理论上，可以用可再生能源生产氢，再将氢转换为氨，运输到目的地。

这样的事情已在澳大利亚发生——利用太阳能发电，用电能将水中的氢提取出来，再将氢转换为氨，将氨液化之后，船运到日本的电厂。

但是，氨运输到目的地后，仍然面临至少两个挑战。

第一，如果将氨转换为氢，其转换过程会造成能量损耗，另外，也需要开发专门的大容量设备、纯化技术等。

第二，如果直接将氨作为燃料，则需要克服氨不容易燃烧的缺陷。氨燃烧的产物是水和氮，不造成碳排放，但是氨的燃烧速度低于氢，发热量也低于氢和天然气，将其点燃并持续稳定燃烧比较困难。

三、氨能的技术突破

日本在氨直接燃烧方面已取得显著进展。

日本政府在2014年启动了日本重振战略，拨付了500亿日元的研发经费（约25亿元人民币），设立了10个多部门联动的战略性创新研究项目，其中，能源载体项目下的氨直接燃烧课题已形成许多成果。

此课题由日本东北大学流体科学教授小林秀昭负责，参与单位有：日本大阪大学，日本国立研究机构"产业技术综合研究所"（AIST），三菱重工，三菱日立电力，丰田，以及日本燃气轮机、涡扇发动机、军舰制造商IHI公司，日本工业气体和空分设备制造商大阳日酸公司等。

2018年，此课题组展示了可以抑制一氧化氮产生的新型氨气燃烧技术，核心工艺是将氨气与空气搅浑，形成旋涡状燃烧。燃烧氨虽不排碳，但会产生氮氧化物，也会污染大气，因此这项技术意义重大。

课题组还实现了20%氨气和80%天然气在2000kW级燃气轮机中的稳定混烧。

2019年，课题组开发了一种将液态氨直接喷到燃烧器上以实现稳定燃烧的技术。此前，为了向燃气轮机中压入大量的氨气，研究人员不得不采用诸如蒸发器之类的辅助设备，而新技术则不需要此类设备，从而降低了成本。

2021年3月，课题组成功实现了70%的液氨在2000kW级燃气轮机中的稳定燃烧，并能同时抑制产生氮氧化物。

参与此课题的IHI公司表示，有信心在2025年之前实现氨燃气轮机商业化，2021年10月启动的JERA氨能发电示范项目，就是IHI公司与JERA合作而来的。三菱重工则正开发40000kW级的100%氨专烧燃气轮机，计划在2025年以后实现商业化，引入发电站。

发电领域、工业领域是碳排放的主要来源，如果氨能源能够替代化石能源，成为新型燃料，将大大有助于日本实现2050年碳中和的目标。

第二章 化石能源or清洁能源：各国能源结构现状与能源转型

国内弃核，国外高歌猛进：韩国核电如何逆流而上[①]

韩国电力2017年年底宣布，已获得收购东芝在英国的全资子公司NuGeneration股份的优先谈判权。NuGeneration将在英国西北部的穆尔赛德建设三座核电站，拟采用韩国电力自主品牌的APR1400反应堆设计。双方争取在2018年上半年内签署股权转让协议。

这让2017年6月宣布走向"脱核电"时代的韩国再次成为核能圈关注的焦点。是什么让韩国核电企业能在国内"退核"的浪潮中逆流而上，一举拿下英国百亿美元订单的优先谈判权？

一、英国——核电巨头的必争之地

2011年福岛核事故后，核电建设在世界范围内大幅放缓，多个国家宣布弃核，但英国宣布了庞大的核电建设计划，从而成为法、美、韩、中等国新老核电巨头的必争市场。

英国由于面临北海油气田枯竭危机、老旧核电站即将退役等问题，

---

① 本文原载2017年12月25日《财经》杂志，作者为何新，供职于中国常驻国际原子能机构代表团。

考虑到应对气候变化的需求及核电在总体电力供应中五分之一的占比（2017年），有证据表明英国政府计划至少新建10座百万千瓦级核电站（总装机容量16GW），以维持电力供应。

英国虽然是世界上最早实现核电商业应用的国家，但在运电站均已接近设计寿期，数十年的核电建设空档导致本国无力自行设计、建设大型压水堆核电站，只能依靠国外核电企业。

面对重新启动的英国核电建设，多个核电巨头都表示出兴趣。自2007年以来，阿海珐和法国电力联合开发的UKEPR、西屋的AP1000、加拿大坎度能源公司开发的ACR1000、日立通用核能公司的UK-ABWR、中广核的"华龙一号"等先后均向英国政府提出了通用设计审查（GDA审查）申请。

英国待开发的8个核电厂址已经各有归属。法国电力拥有5个厂址，分别是欣克利角C项目、赛兹韦尔、布拉德韦尔、哈特尔普尔和希舍姆，其中，前两个已明确采用UKEPR技术。日立旗下的地平线公司拥有2个厂址，分别是威尔法和奥尔德伯里，预计将使用UKABWR技术。东芝公司旗下的NuGeneration拥有塞拉菲尔德厂址，原计划使用AP1000技术。

中广核面向英国市场的核电出口推进顺利，根据中法合作计划，中广核在建设欣克利角核电站（Hinkley Point Somerset）的合资公司中约占33%的股份，这是英国核电建设重启后第一个进入建设实质阶段的核电项目；在赛兹韦尔核电项目（Sizewell Sussex）中有20%的股份；在布拉德韦尔核电项目（Bradwell Essex）中将占66.5%的股份，而且该项目将采用"华龙一号"机组。

二、韩国核电高歌猛进

韩国国内近年掀起"退核"浪潮,韩国核电何去何从是巨大悬念。即使如此,韩国电力依然顺利获得收购 NuGeneration 股份的优先谈判权。仔细分析,就会发现这个"优先"待遇合情合理。

首先,韩国核电长期瞄准海外市场。自 20 世纪 70 年代起,通过数十年对西屋技术的引进消化再吸收,韩国先后开发出先进的 OPR1000 和 APR1400,形成了自主技术品牌,其单位造价和建造周期都极具竞争力。据报道,韩国电力正在开发的三代加反应堆 APR+,电功率达到 1500MWe,安全水平是 APR1400 的 10 倍,经济性比 APR1400 高出 10%,施工周期进一步缩短到 36 个月。按照韩国政府《核能振兴综合计划》,到 2030 年,韩国将成为世界第三大反应堆出口国,占有 20% 的世界核电市场份额。

其次,阿联酋成功案例成为"金名片"。2009 年 12 月 28 日,韩国电力公司为首的联合投标团在阿联酋核电项目的竞标中,出人意料地击败了阿海珐公司、通用电气公司和日立公司,获得了阿联酋核电项目的超大订单。400 亿美元总额的阿联酋项目按期、按预算建成,成为韩国核电实力的最好证明。与之相比,芬兰和法国维拉芒维尔的 EPR 项目因超支和工期延误给阿海珐造成财务重创,美国 AP1000 在建项目拖期更直接导致了西屋公司的破产重组,这更加凸显了韩国电力在实施海外项目上的水平和能力。

除阿联酋项目,韩国核电企业与土耳其、约旦等国均已达成核电建设项目协议,还计划进军世界核电运营、维护和检修市场。

再次,韩国电力与东芝-西屋长期紧密的合作,使其在竞购后者旗下企业时占得先机。2007 年,在技术消化吸收的基础上,韩国电力与西屋签订核电面向出口的合作协议,正式完成核电技术由"引进来"

到"走出去"的转型。此后，韩国核电企业先后多次为西屋公司提供设计服务和关键设备。2017年年初，西屋破产宣布之际，也曾被报道在向韩国电力寻求支持。这种"亦师亦友"的关系，也为韩国电力争取接手NuGeneration股份增添了几分必然。

最后，韩国电力在国内反核情绪上涨的情况下亟须争取海外有限机会。 在东芝逐步放弃海外业务的情况下，韩国电力正好借此机会抢占市场。从2013年开始，韩国电力就在针对NuGeneration项目进行法律、财政、会计、技术等领域的事前调查和风险评估。2016年就曾出现韩国就该项目与英方进行谈判的消息。2017年韩国产业通商资源部部长白云揆和韩国电力社长赵焕益亲自前往英国，展现了韩国政府达成这笔收购的坚定决心。

国内核电巨子中广核也考虑过参与NuGeneration股份竞购，但在约束性报价截止前就宣布退出。中广核在英国核电市场高频亮相，引发各方关注。这样的关注对推动项目却不一定有好处。英国首相特蕾莎·梅就曾因安全审查原因暂停过欣克利角新核电站项目，这体现了英方对中国国有控股企业的谨慎态度和敏感性。英国政府曾多次公开表示，将加强安全审查，确保控制重要基础设施公司的外资所有权不会危及国家安全。仅从"鸡蛋不放一个篮子"的角度考虑，英国也不愿意本国核电站集中受控于某一方。

三、韩国政府决定"退核"

韩国自20世纪70年代引进美国核电技术建设了第一座核电站以来，通过数十年的引进消化吸收，早已实现国内核电的自主设计和建设。2017年在运核电站24座，按照领土面积计算，韩国核电密集度超过0.2，仅次于瑞士，为世界第二。日本密集度为0.112，约为韩国的一半。而运营100座核电站的核电大国——美国的密集度为0.01，仅为韩国的二十分之一。

但在高度依赖核电的韩国，福岛事故后民众反核的情绪却进一步发酵，"退核"呼声日趋高涨。

"退核"派强调要吸取福岛事故教训，对于超设计基准的地震、海啸等自然灾害和人为运行事故表示极大的担忧。在釜山、蔚山、庆州等朝鲜半岛东南部地区，大约有60个活断层。环境运动联合脱核小组的局长称，"像现在这样，固执己见缩小设定的核电站的耐震设计标准，还完全没有提前预备多次事故发生时的应对策略，这样很难应对不可预测型自然灾害的发生"。

此外，韩国核电频繁出现的"小事故"也为"退核"起到了推波助澜的效果。2011—2012年，古里核电站各机组连续4次出现因故障或操作失误供电中断的事故，且存在瞒报现象。2014年12月，新古里核电站第三机组施工现场发生氮气泄漏，导致3名工作人员死亡。2015年2月，新古里核电站第二机组的涡轮机发生氢气泄漏。2017年3月，古里核电站4号机组因核反应堆内冷却剂收集槽水位异常升高导致停堆。此前还传出核电部件质量不过关的丑闻。

随着天然气价格下降和可再生清洁能源技术的发展，核电在世界范围内的经济竞争力下降。在此大环境下，韩国政府开始考虑其他能源取代方案。2017年6月，时任韩国总统文在寅在古里1号机组永久关闭宣布仪式上表示，全面取消正在准备的新核电站建设计划，不再延长核电站的设计寿命。新古里5号、6号机也暂停建设。但在2017年10月，韩国政府宣布考虑前期巨额的建设投入和能源需求，综合民调和评估结果，同意重启5号、6号机组建设，但依旧坚持"脱核"的能源政策。

我太难了：印度能源转型比中国更艰难[1]

在近几年的一次访问印度时，笔者去的是中央邦，见到了该邦能源电力口的"首席秘书"，相当于中国省里的主管厅局长。这位"首秘"先生连珠炮般地提出了这么几个问题：1）中国如何在短时间内实现将近100%的农村电气化？2）中国的电价水平在国际上属于比较低的，那么为何中国的电力企业经济效益却比较好？3）中国能源部门发展这么快，在体制和管理方面有何秘诀？

"首秘"提出的这几个问题十分真切地对应了印度能源领域长期面临的三重困局：1）电力严重短缺；2）入不敷出的电价体系；3）纠结的管理体制。更糟的是未富先污染的严峻局面，印度面临着比其他国家更艰巨的能源转型。

一、电力短缺

说起电力短缺，记得2012年7月来印度时正赶上大面积停电。包

---

[1] 本文原载2016年3月7日《财经》杂志，作者为翟永平，能源业资深人士，现在国际金融组织任职。

括首都新德里在内的印度东部、北部、东北部超过20个邦陷入电力瘫痪，印度全国近一半地区停电，停电地区人口超过6亿。新闻传出，在包括中国在内的世界各国引发强烈反响。从波及范围和人口来看，印度那次停电不仅是该国历史上最严重的一次，也创造了世界电力史之最（2003年美国东北大面积停电波及人口只有5500万）。

然而，对许多印度人而言，因为印度的供电能力长期不足，当地每天数小时的停电是屡见不鲜的，机场、企业、医院、大型商场及富有的家庭都有备用电源，在电网供电中断时随时启用。许多印度人实际上没有意识到那次的停电与平时的停电有什么不同。更何况，印度还有近3亿的人口本来就没有通电。

至2015年年底，印度电力装机已经达到2.84亿千瓦，但满足峰荷的能力仅为1.48亿千瓦，需求缺口尚有3%。

电力供应短缺首先是因为发电厂建设投资长期低于预期水平。

印度的第十个五年计划（2002—2007年）要求发电装机容量增长4111万千瓦，实际实现装机2118万千瓦，仅约为目标的51.5%。"十一五"计划（2007—2012年）要求增加电力装机容量7800万千瓦，在执行过程中将目标下调为6200万千瓦，五年的实际装机约为5500万千瓦。印度政府的"十二五"计划（2012—2017年）要求未来五年内新增发电量8800万千瓦，预计印度在2030年后的总装机容量才有可能接近10亿千瓦。从这个数字来看，印度大概落后中国20年（中国2011年年底实现10亿千瓦装机）。

截至2016年，煤电占印度发电总装机的61%，但煤电厂的运行长期面临着煤炭供应紧张的问题。近年来，每年到夏季负荷高峰期，大约有一半的燃煤电厂存煤不足7天的用量，其中一半存煤不足4天（印度业内戏称"超临界"电站）。2014年莫迪政府执政后，国企"印煤"（Coal

India）煤炭生产率明显提高，2015年煤产量比2014年增长约9%。相应地，印度的煤炭进口大幅度下降。

煤炭供应能力改善，电力价格体系的问题就显得更为突出了。相当一些印度燃煤电厂依然面临煤炭供应"超临界"问题，不是因为市场供应不足，而是因为它们没有及时向煤炭企业拨付货款；发电厂未能付款的原因是各邦配售电公司账款未能足额收取；而各邦配售电公司无法向发电厂及时足额付费的原因是消费者终端电价低于购电成本。

二、电价扭曲

印度电价体系的扭曲主要原因在于终端电价低于发电成本。印度零售电价是由各邦的电力监管委员会（State Electricity Regulatory Commission，SERC）制定的。以2013—2014财政年度数据为例，全国各邦58个配电公司购电成本为5.15卢比/千瓦时（约合每度电8美分），但平均零售电价为4.0卢比/千瓦时（约合每度电6美分）。也就是说，每售出一度电，配电公司就亏损1.15卢比（约合2美分）。

多年来，印度各邦配电公司大面积持续亏损，2013—2014财政年度总计亏损额占总售电收入的17.53%；账面亏损额（税前，未考虑政府的补贴）高达6664亿卢比（约合95亿美元）。国家的巨额补贴实际上也只能大致覆盖各电力公司的应缴税款，所以补贴后的税后亏损依然在6400亿卢比的量级。2015年3月，各邦配电公司负债总额达到4.3万亿卢比（约合630亿美元）。

如此高额的亏损和债务负担使得各邦配电公司的财政状况不断恶化，难以进行正常的设备维护、升级和扩容，从而导致高额的综合输电配电损失。而价格的扭曲（特别是对农业灌溉的用电补贴，有些邦甚至实行零电价）又导致了用电无节制的消耗甚至浪费。

2013—2014财政年度,印度电力综合系统损失为22.70%,其中,相当一部分的损失是非技术性的商业损失(如用户偷电、欠费等)。

三、体制难题

追根溯源,印度电价扭曲下的供应短缺问题与印度电力部门的管理体制有关。按照2003年印度电力法的要求,各邦逐步开始实行改革。截至2016年,在30个邦(包括德里)中已经有22个邦实行"解捆",分列发电公司、输电公司及配电(包括售电)公司。

在已经实行改革的邦内,在配电领域,印度实行自由竞争的政策。每个邦可能有3个到4个配电公司。这些配电公司从邦外或邦内的独立电厂买电,向印度国家电网公司或邦属电网公司支付输电费,并向用户售电。

其余的邦和地区还基本停留在发、输、配一体化垄断管理的阶段。但无论是否已实行"市场化改革",各地方邦电力公司的运营深受邦政府的影响,而邦政府由当地选民所选出,他们的政策必定要为赢得选票服务,而不会顾及国家的整体利益。美国加利福尼亚大学、普林斯顿大学的研究人员以印度人口最多的北方邦(2亿人口)为对象研究发现,选举年份的电力综合系统损失要比非选举年份高3个百分点,说明在选举年份印度政府有关部门会减小对居民"偷电"行为的治理力度,以取悦选民。

2003年印度电力法生效后,各邦逐步建立了邦一级的电力监管委员会(简称"电监会"),理论上有消费电价的定价权。然而,按照相关法律规定,这些邦一级的电监会只能在收到电力公司的调价申请后才能审议,而这些电力公司作为邦政府所有的企业,企业负责人也由当地政府任命,所以电力公司是否申请调价和什么时候申请调价都听命于邦政府。而且，由于售电价格（尤其是农业用电）长期低于成本，企业财务完全依赖于政府的补贴，所以更听命于邦政府的授意。在这种情况下，印度电价低于成本的问题长期得不到解决。

四、艰难转型

印度能源领域面临的问题积重难返，但印度能源领域也有一个相对的亮点，那就是莫迪在就任总理之前曾经长期执政的古吉拉特邦。古吉拉特邦的电力供应充足稳定，线路系统损失明显低于全国平均水平，邦内四个配电公司税后有所盈利。古吉拉特邦也是印度太阳能光伏的领跑者，全国第一个吉瓦级的太阳能光伏园早在2013年就已建成。

莫迪政府上台以后，显示出了大刀阔斧和雷厉风行的"古吉拉特"风格，在能源领域提出了到2022年光伏装机达到1亿千瓦（即100吉瓦，其中40吉瓦为分布式光伏）的宏伟目标，是前任政府所提目标的5倍。

以光伏发展为契机，印度政府要求在2017年实现村村通电，2019年实现全民享有"24×7"（即每周24小时不断电）的供电服务。印度发电总装机到2022年预计可达4.5亿千瓦，届时如果光伏装机就占到1亿千瓦，再加上水电、风电、地热等清洁电源，印度能源结构一煤独大的局面将开始改变。能源结构的转型也意味着印度碳排放增长速度的放缓，并为应对印度城市中的严重空气污染问题打下基础。

到底光伏能否成为能源转型的一个有效抓手？其实，成与不成，功夫在光伏外。首先，印度需要加大对高压（包括特高压）输、配电线路的投入，以坚强智能的电网来吸纳更多的风电、光伏这类间歇性可再生能源。为此，2015年，印度国家电网公司从亚洲开发银行贷款10亿美元建设"绿色能源走廊"项目，并与各邦电网公司合作扩建中低压电网及可再生能源调度中心，为未来几年光伏等可再生能源发电装机的迅速扩张提供保障。

更重要的是，只有各邦的配电公司的财务状况得到根本改善，它们才有能力购入更多的可再生能源（印度实施可再生能源购买配额制），实现政府规划中人人享有能源的目标。为此，印度政府2015年年底推出了一个名为"UDAY"的行动计划，由邦政府承担配电公司50%的债务，其余债务通过银行重整。同时逐步提高电价水平，力争到2018财政年度各配电公司销售收入覆盖购电成本，实现扭亏为盈，并从此走上良性发展的道路。

以光伏大跃进为标志的印度能源转型，由于底子薄且涉及人口众多，同时应对纠结的体制羁绊和沉重的财务负担，无疑是印度史上最艰难的能源转型；正是因为其艰难，如果最终得以实现，那这次转型也将是印度史上最为辉煌的转型。

在这个过程中，中国作为"过来人"，可以为印度提供许多有益的建言。回到本文开始印度官员所提出的几个问题，我们可以在农村电气化、电价机制及企业管理等方面分享"中国好经验"（当然也包括教训），为印度能源实现"华丽"转身助一臂之力。

能源列国志

2050年前碳中和，越南能兑现承诺吗[1]

2021年11月，在越南新任总理范明政（Pham Minh Chính）登上前往英国格拉斯哥联合国气候变化大会（COP26）的航班之前，很少有人知道，这个东南亚增长最快的经济体是否将做出任何重大的气候和能源转型承诺。据英国智库"第三代环境保护主义"（E3G）统计，到2021年年中，越南的拟建燃煤电厂规模仅次于中国和印度。

在COP26首日，范明政出人意料地承诺越南将在2050年前实现净零碳排放。数天后，越南、印度尼西亚、菲律宾、新加坡和文莱签署了《全球煤炭向清洁能源过渡声明》，与会议主办国英国和其他40个国家一道，承诺将扩大清洁能源的规模，并在21世纪40年代或更早放弃"未使用碳捕捉技术的煤炭发电"。

"在COP26之前的相关讨论中，我们从未谈论过净零，我们距离这样的目标非常远。总理在COP26的承诺是巨大的惊喜。"现驻河内的德国国际合作署（GIZ）东南亚可负担和安全能源（CASE）项目总监武志

---

[1] 本文首发于"财经十一人"公众号平台，2022年6月27日，作者为余佩桦，独立撰稿人，长期关注中国海外投资和东南亚能源转型。

梅（Vu Chi Mai）说道。

一、光伏、风电迅速发展但基础不牢

自1986年实施"革新开放"以来，致力于成为"世界工厂"的越南一直在努力满足快速增长的电力需求。越南政府起初大力发展水电，境内水力资源被充分开发后，越南政府转而通过天然气和煤炭发电来增加供电。

英国能源转型智库Ember的数据显示：1990—2003年，水力是越南最大的电力来源；2004—2010年，天然气成为越南最大的发电来源；2011—2017年，水力再次成为越南最大的电力来源，如图2-18所示。

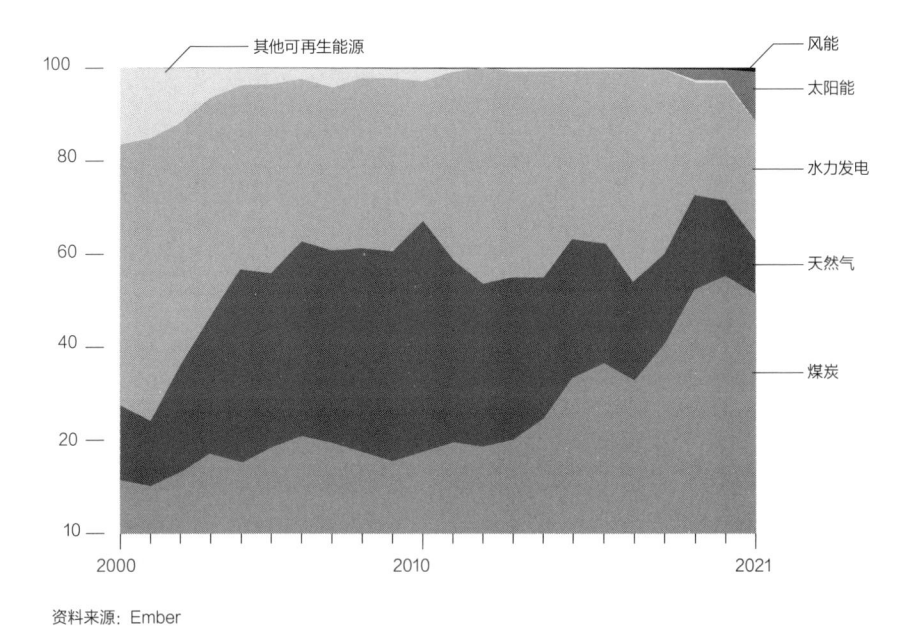

资料来源：Ember

图2-18　2000—2021年越南电力来源结构变化（%）

2010年以来，越南的燃煤发电份额显著提升。越南国内煤炭资源逐渐枯竭后，2015年，越南开始采用进口煤炭来生产电力。2018年，燃煤发电超越水力和燃气，成为最大单一电力生产来源。

美国金融信息公司标普全球（S&P Global）天然气、电力和气候解决方案部门副总裁周希舟表示，由于经济增长强劲，越南电力需求在2016年至2020年间平均每年增长9.2%。在后新冠病毒大流行时代，越南的电力需求仍将继续上升。他估计，在2030年以前，这一增长率平均每年将达到5%。

越南政府规划的许多煤电项目并未如期上线。根据澳大利亚环境倡议项目"市场力量"（Market Forces）统计，直到2019年7月，由于腐败指控、地方反对和融资凋零，越南电力发展计划中57%的煤电产能面临反复和延迟。

为帮助缓解用电高峰季节频繁的电力短缺，越南中央政府在2017年推出激励太阳能发电项目的"上网电价"（Feed-In Tariff），2018年推出激励风能项目的"上网电价"。上网电价是用于刺激可再生能源投资的政策工具，它通常承诺以高于市场价的价格，收购在特定期限内完工的发电项目的电力。

越南可再生能源激励政策成果可观，光伏和风能装机量以超乎规划者预期的速度迅猛增长，被盛赞为绿色转型的标志性案例。这说明曾经依赖化石燃料、被投资者回避的发展中国家，也可以通过改变政策，在短时间内实现快速和巨大的清洁能源增长。

Ember数据显示，2021年，越南的煤炭、水电、燃气分别贡献51.3%、25.6%、11.6%的发电量。光伏和风电份额分别为史上新高——10.62%和0.83%，在2017年以前，这两种能源的份额近乎为零。

越南在短短四年间新增了大致相当于澳大利亚在2000年至2020年间安装的光伏装机量。根据彭博新能源财经（BloombergNEF）的数据，

2020年，越南新增的光伏装机量（12.7GWp）位列全球第三，仅次于中国（52.1GWp）和美国（18.7GWp）。

然而，此前基于开发商在上网电价截止日期前匆忙装机的快速增长的不可持续，缺乏连续性的政策及容量有限的电力传输网络，正在使得越南的光伏和风能行业陷入停滞。

多个可再生能源开发商表示，光伏和风能的上网电价已经分别在2020年年底和2021年11月到期，它们至今仍不清楚接续的电力采购框架，也不知道是否应该继续在越南经营下去。

二、政策不够明朗，中国投资者受打压

总部位于丹麦的可再生能源咨询公司 K2 Management 亚太区总裁帕特里克·阿其塔（Patrick Architta）说道，前一波上网电价政策到期后，截至2022年6月，越南政府未出台明确政策，导致"整个风能和太阳能社群都在放慢脚步，甚或只是处于待命状态"，这与风能社群2020年的景况形成了鲜明对比。

"去年大家都忙翻了。"阿其塔说，在新冠疫情扰乱越南本地及跨国供应链的背景下，为了赶在2021年11月风力发电上网电价期限前完成项目，一些公司不得不从澳大利亚海运额外的起重机到越南来，但仅仅使用了这些机具三个月。建造风力发电厂所需的船只、卡车、驳船和其他工具也供不应求。

与土木构造较为简单、可由一般建筑公司打造的光伏电站不同，陆上和海上风力电站的建设属于专门的工种，需要更为专业的技术、设备和建筑材料。

阿其塔说，其公司在越南培训了不少本地工人，从事风力发电场建设的不同环节，包括检查建筑材料、确认非常精细的地基设计、检查风

力涡轮机。让他感到遗憾的是，公司无法提供长期工作机会给所有的工人，这使得这些工人无法持续成长并跟上业内最新技术的步伐。

这些工作的临时性也增加了雇佣成本。"由于无法保证所有员工都能获得长期工作，我们得支付更高的工资。如今，许多工人不得不转移到其他建筑工作。未来，当我们有新项目，能够重新开始招募工人时，可能找不到他们了。"阿其塔说。

总部位于安徽合肥的可再生能源公司"阳光电源"越南子公司总经理刘欢表示，目前的情况——上网和拟建的光伏和风能项目数量远超过现有电网的承受能力——是可理解的。

他说，中央和省级政府批准的项目超出了电网的承受能力，因为光伏和风能项目属于分散式发电技术，单体规模小，且"官员们无法预知哪些项目最终会建成"，所以只得预先批准更多的项目。

但他认为，随着越南当局获得更多处理可再生能源项目的经验，这种情况将有所改善。他以中国为例说，自2009年以来，中国大力发展风能和光伏发电，市场也逐步淘汰了那些规模较小、容易出问题的企业。

多名业内人士表示，虽然越南政府从未公开说过，但其出于国家安全考虑，对中国投资者持谨慎态度。

一家涉足越南光伏和风能的中资企业经理说，跨国现金流和投资相关程序经常受到中国和越南之间偶尔出现的紧张关系所牵连。"有时候两国关系突然紧张一下，各种跨国申请手续和资金流就会受卡，跨国转账、增资、减资和并购有关的程序都会受到这种政治因素的影响，此时企业就比较头疼，但也无能为力。"

据这位经理介绍，即便在平时，靠近海边或国境线的电力项目和单体规模特别大的项目，通过股权转让或其他资本相关问题的审批就已经非常麻烦。越南方面要么完全不让申请，要么给予各种拖延或借口。

三、可再生能源已成发展重心

越南现行的电力规划为2016年批准的第七版《电力发展计划修改版》。越南政府正在制订新的电力发展计划。这部被称为第八版《电力发展计划》（PDP8）的文件将提出到2030年的电力发展计划，以及到2045年前的展望。

越南政府原定在前总理阮春福任期的最后数天签署这份文件，但文件发布日期自2021年3月下旬以来多次被推迟。

2022年4月公布的第八版《电力发展计划》草案显示，越南政府计划的2025年装机组合中，煤电装机和可再生能源份额将分别达30%、23%，2045年煤电占比将降至13%，而可再生能源占比将升至52%。图2-19为越南自2017—2021年过去5年间的太阳能和风能装机容量。

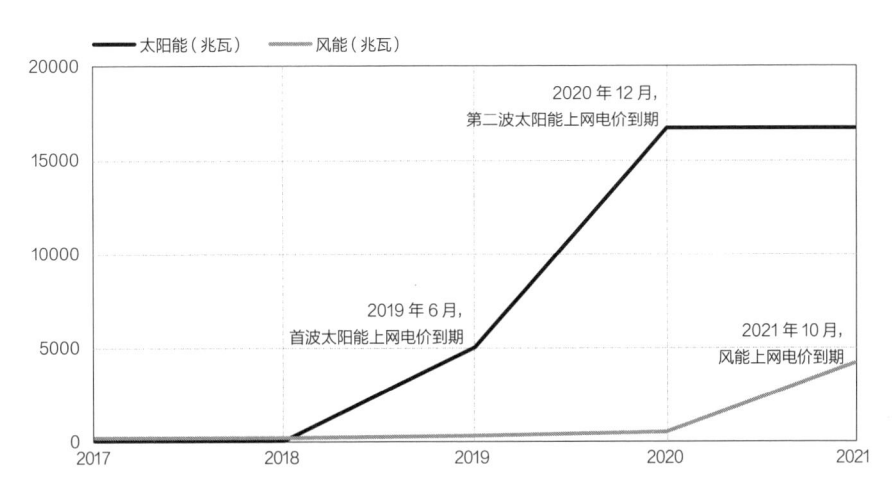

资料来源：国际可再生能源机构（IRENA）

图2-19 2017—2021年越南的太阳能和风能装机容量

在 2016 年的第七版电力规划中，到 2025 年的煤电装机比例高达 49%，可再生能源比例仅为 12%。为填补削减煤电所留下的基础负荷电力缺口，越南预计将大幅增加液化天然气和海上风力发电。

刘欢指出，对越南的投资大部分集中在以胡志明和河内为中心的两大经济区，中部和南部一些相对比较偏远和贫穷的地区，能够得到的商业投资和政府的行政资金划拨都会比较少。新能源项目投资地点一般位于这些相对比较偏的地区，因为这些地方可能由于太阳太毒烈或风特别大，土地利用的机会成本不高，新能源投资跟当地原有的产业会有一定的互补。

2022 年 1 月，越南修改《电力法》，允许私人投资者投资、建设、运营电力传输网络，该法案于 2022 年 3 月生效。此前，越南电力集团一直垄断电力传输和配送。

全球风能理事会（GWEC）亚洲区负责人乔黎明说，在东南亚地区，可再生能源行业的发展很大程度上仍仰赖政策，如果激励政策中断了，那么这个行业就没有办法继续下去。"归根结底，整个行业需要稳定、清晰、足以应对未来变化的政策框架。"

既频繁停电,又电力过剩:柬埔寨为何有此"奇观"[①]

尽管近年来频繁停电,但柬埔寨即将面临严峻的产能过剩问题。自 2019 年以来,电力紧缺成为柬埔寨的日常。柬埔寨政府一度决定除周日和国定假日外,每天断电 6 小时来缓解供电压力。与此同时,根据柬埔寨官方公布的电力装机数据和电力需求增速,以及世界银行和国际货币基金组织(IMF)对柬埔寨 GDP 增长的预测数据,绿色和平组织估计,到 2025 年,柬埔寨电力系统的实际备用率将高达 74.17%,同时出现 1013.12 兆瓦的过剩产能,如表 2-3 所示。

表 2-3 柬埔寨电力产能将严重过剩

年份	GDP 增速（%）	电力需求增速（%）	电力最大负荷需求（MW）	等效可用装机量（MV）	电力系统备用率
2018	7.5	9.62	1127.50		
2019	7.1	9.11	1230.73		
2020	-3.5	-4.49	1175.48		
2021	3.5	4.49	1228.25		

---

① 本文原载 2021 年 10 月 11 日《财经》杂志,作者为王昕楠、张菁,绿色和平东亚办公室海外能源投资项目组成员。

（续表）

年份	GDP 增速（%）	电力需求增速（%）	电力最大负荷需求（MW）	等效可用装机量（MV）	电力系统备用率
2022	6.5	8.34	1330.66		
2023	6.5	8.34	1441.61		
2024	7.0	8.98	1571.06		
2025	7.0	8.98	1712.12	2982.06	74.17%

资料来源：世界银行、IMF、柬埔寨电力局　制表：张玲

一边是电力紧张，一边又面临装机过剩，这源自柬埔寨不平衡的能源结构。

一、水电不稳是问题之源

柬埔寨电力缺口与该国的电力结构密切相关，柬埔寨当前的电力结构以水电为主，煤电次之，生物质能和光伏发电占比较小，近年来水电的频繁停摆，是造成柬埔寨停电现象频发的一大原因。

柬埔寨水力资源丰富。据官方统计，柬境内有60个潜在水电开发地点，水电蕴藏量达10吉瓦，其中50%的水电蕴藏量位于湄公河主流，40%在其支流，10%在湄公河外的西南地区。然而，由于水力发电受季节影响较大，只有在雨季才能发挥最大功率，因此，旱季柬埔寨水电发电量只能达到平均水平的25%。随着气候变化的加剧，以及湄公河已建成的大量水电站影响，水力发电的波动性持续增加，如今柬埔寨已经很难再开发新的水电项目。

史汀生中心（The Stimson Center）分析师 Courtney Weatherby（考特尼·韦瑟比）曾公开表示："柬埔寨政府的能源发展计划提出要修建将近20座水坝，但在经历了近几年的数次连续严重干旱之后，很多大坝无法满负荷发电，人们对水电的可靠性提出了质疑。"因此，在严重的旱季，柬埔寨十分依赖周边国家的进口电力以缓解供电不足。柬埔寨

向邻国进口电力的比重虽然在2016—2018年间有所降低，但在2019年和2020年又有所升高，分别占总发电量的20.90%和25.17%，如表2-4所示。

表2-4 柬埔寨进口能源和本国发电的比重

	2016	2017	2018	2019	2020
本国发电	1680.985	1877.61	2186.99	2372.22	2916.02
泰国	135	135.5	135.5	227.3	277.3
越南	277	277	277	323.45	332.45
老挝	4	30	30	76	371
进口能源/总发电量	19.84%	19.07%	16.09%	20.90%	25.17%

资料来源：柬埔寨官方发布

除了水电出力降低，柬埔寨薄弱的电网基础设施导致的电力可及性偏低，也是影响该国电力安全的重要原因。由于柬埔寨电力工业基础薄弱，现有电网布局较为分散，覆盖区域集中在首都金边等主要大城市的周围，部分地区（特别是农村地区）还未完全实现电网覆盖。截至2019年，柬埔寨有99.49%的地区获得电力许可（Licensed Zone），92.68%的村庄已经通电，但电力供应质量不稳定，无法保证24小时稳定供电。

近年来，柬埔寨政府对于电力发展的重视程度有所提升，特别是农村地区的电力规划。根据柬埔寨的原有规划，到2020年，柬埔寨每一个村庄都将能够获得任何类型的电力供应，但受新冠疫情的影响，2020年的农村电力计划并未实现，截至2020年年末，依然有占总数2.61%的村庄未获得电力供应。

二、煤电是解决之道吗？

为解决缺电问题，柬政府近来迅速扩大电力供应，并选择用火力发电来填补电力空白，批准了多个煤电项目，在 2020 年与两家燃煤电厂签署了协议，其中包括由柬埔寨皇家集团（Cambodian Royal Group）和中钢集团子公司中钢设备有限公司共同建设的耗资 13.4 亿美元的 700 兆瓦波东沙哥（Botum Sakor）煤电站，以及另外一家由柬埔寨本土公司开发的位于奥达棉吉省的 265 兆瓦燃煤电厂。

东盟经济研究所（ERIA）的统计数据显示，2025 年以后，柬埔寨的煤电装机量将超过水电装机量。虽然柬埔寨政府希望通过新增煤电解决眼前的用电之急，但从长期来看，依然有一些无法解决的难题。

随着气候变化加剧，恶劣天气导致的水电设施供电不稳将很可能成为常态，新增煤电确实能解燃眉之急，但从长远来看，化石能源未来将不再是能源供应的主力军，而海外煤电机组服役时间普遍超过 30 年，如今大量上马新的煤电项目，很有可能导致未来还在服役时间的煤电项目被强制关停，造成资源浪费。

全球能源转型正在加速推进，已有 121 个国家做出将在 21 世纪中叶或之前实现碳中和的重大发展承诺，全球化石能源的需求预计在未来十年达到峰值。空气污染、水资源限制、碳排放过高等环境压力和发电成本不断上升等问题，也使得煤电行业的处境愈发艰难；同时，按照产能过剩时优先淘汰煤电的原则，新建的煤电项目成为沉没资产的风险愈加明显。

在低碳能源发展已成为全球共识的当下，柬埔寨政府除了考虑短期的电力供应安全，也需要对国内能源电力发展的规划有前瞻性，制定更可持续的电力规划，保障电力供给能满足长期经济发展的需求。

柬埔寨于 2020 年年底更新了本国的国家自主贡献（NDC）目标，表示与基准情景相比，2030 年该国温室气体减排将达到 41.7%。

而近年来，柬埔寨加速上马煤电项目，导致其碳排量猛增。《2020

年东亚能源展望和节能潜力》(*Energy Outlook and Energy Saving Potential in East Asia 2020*) 报告预测，如果柬埔寨继续目前的能源消费模式，柬埔寨的碳排量将从2020年的300万吨碳当量增加到2050年的2500万吨，这势必增加其实现NDC目标的难度。图2-20为近年来柬埔寨各种能源的装机量占比情况。

■ 煤电　非煤火电　■ 水电　■ 生物质能　■ 光伏（自下而上）

资料来源：根据柬埔寨电力局（EAC）年报整理　制图：张玲

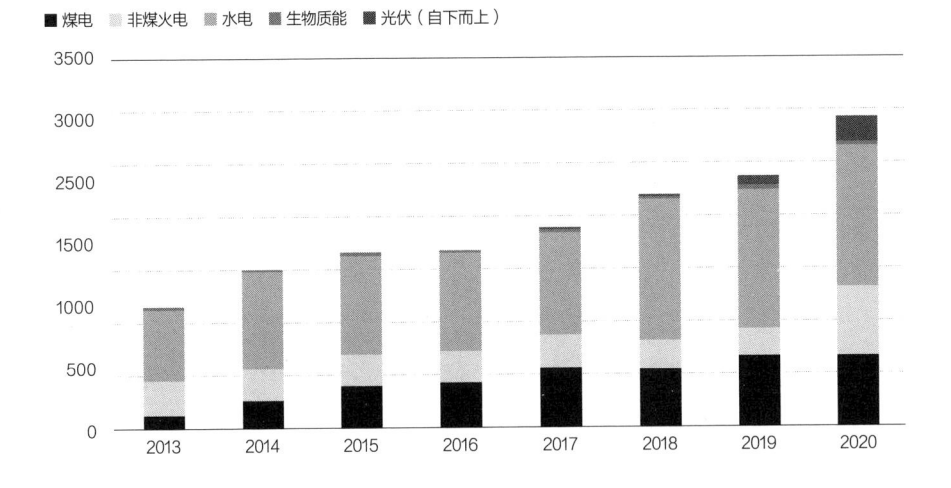

图2-20　2013—2020年柬埔寨各能源装机量占比

海外资助是东南亚地区煤电项目的重要资金来源，其中，中国、日本和韩国是主要投资方。而三国近来都展露出逐步退出煤电投资的趋势。在2021年4月的气候领导人峰会上，韩国宣布将立即停止国家支持的海外煤炭融资，成为头条新闻。四周后，日本也加入了其他G7国家，承诺在2021年年底前结束国际煤炭融资。在2021年9月21日的第七十六届联合国大会上，中国国家主席习近平亦承诺，中国将大力支持发展中国家绿色低碳能源发展，不再新建境外煤电项目。

对于柬埔寨而言，缺少海外资金的支持，煤电项目在未来也将面临更大的财政缺口。

事实上，由于柬埔寨的电价支付政策，继续发展煤电项目已经给政府带来沉重的财政负担。依据"照付不议"的条款，当电力供应供过于求时，柬埔寨政府仍须根据容量电价和最低购电量，向企业支付电费、燃料采购运输成本费和燃油费用。电价支付机制进一步恶化了柬埔寨政府的负债情况，根据统计，2019 年，柬埔寨的债务已上升至 75.96 亿美元，占当年 GDP 总额的 21.3%。

三、走出舒适区，探索可持续解决方案

除了依赖化石能源满足电力需求，柬埔寨还有其他的电力供给方式可待开发吗？专注于清洁能源的民间组织能源实验室（Energy Lab）的国家主任 Bridget McIntosh（布里奇特·麦金托什）指出，相较于煤电，太阳能将与柬埔寨已经大量投资的水电互补。据世界自然基金会（WWF）估算，柬埔寨潜在可利用的光伏资源达 11 吉瓦，而截至 2021 年，柬埔寨仅有两个光伏试点项目，仍有大量光伏发电潜能未被发掘。

过去十年间，随着技术的不断革新，光伏发电的成本逐年降低，全球光伏的平均价格大幅下降——全球太阳能平均价格已经从 2010 年的每千瓦时 0.27 美元降至 2020 年的每千瓦时 0.05 美元，而 2021 年柬埔寨首都金边的发电成本约为每千瓦时 0.22 美元，仍有很大下降空间。

太阳能项目建设周期短，能在短期内解决柬埔寨缺电难题。近年来，柬埔寨政府推动发展光伏的意愿也有所提高，计划 2021 年光伏装机量是之前装机量的四倍。作为重要的能源投资市场，近年来，我们也看到中国资本进入柬埔寨，并对可再生能源项目表现出积极的投资兴趣——2017 年，亚洲开发银行贷款 920 万美元给新加坡 Sunseap 公司，此公司

兴建了柬埔寨境内第一座装机量为10兆瓦的光伏电厂，中国和柬埔寨的合资企业 Schneitec 公司也参加了这一项目的建设。

除了增加对太阳能项目的扶持，柬埔寨的可再生能源发展也需要更加系统化的电网的支撑。面对未来将出现的高比例可再生能源，如何保证绿电的顺利上网，需要本国的"源—网—荷—储"系统的提前规划。同时，柬埔寨绿色金融工具的缺位也在一定程度上对可再生能源项目的融资造成阻碍。如何更好地助推可再生能源发展也需要柬埔寨政府尽快出台相应的政策，加大对可再生能源投资的支持力度。

在减缓气候变化行动时间表日益紧迫的当下，低碳转型已成为全球共识。新冠疫情给全球经济踩下急刹车的同时，也为各国思考和制定未来的转型策略提供了重要窗口，如何以更绿色和可持续的思路缓解眼前的电力危机，需要柬埔寨当局从长计议，也需要海外投资者的共同努力。

能源列国志

煤电大国的决心：印度尼西亚宣布退煤时间表[1]

2021年5月27日，印度尼西亚（以下简称"印尼"）宣布将逐步淘汰本国煤电。

印尼能源和矿产资源部总干事Rida Mulyana（丽达·穆利亚娜）在5月27日的国会听证会上表示，政府将只允许在建和完成融资的煤电项目继续下去。同时，印尼还计划出台可再生能源激励措施，计划在征收碳税的同时建立碳交易系统，以实现2022年比2010年碳排放量减少26.8%—27.1%的目标。

印尼国有发电和配电公司Perusahaan Listrik Negara（下称PLN）副总裁Darmawan Prasodjo（达尔玛万·帕索迪奥）也在同一个听证会上表示，印尼正在计划逐步淘汰煤电，将于2056年之前退出所有燃煤电厂，并由清洁能源替代。

2021年5月初，PLN宣布公司在2023年后不再新建燃煤电厂，不到一个月，印尼的退煤计划又加快一档。

---

[1] 本文原载2021年6月7日《财经》杂志，作者为王昕楠、张菁，绿色和平东亚办公室海外能源投资项目组成员。王欣、王雅婷对此文亦有贡献。

根据 Climate Action Tracker 数据计算，作为《巴黎协定》的缔约国，为了完成将全球增温控制在 1.5℃的范围内，印尼的碳排放需要在 2030 年内比 2010 年降低 22%（不包括土地利用，土地利用变化和林业）。同时，量化减排目标也将助力印尼在 2060 年实现碳中和。

印尼最新版本的电力供应总计划（2021—2030）还在制定中。根据 CNN（美国有线电视新闻网）2021 年 5 月 27 日消息，Rida Mulyana 已保证 2021—2030 年不再新增煤电项目，同时力争提前至 2050 年实现碳中和目标。但这项决定并不会影响到目前已经上马和完成融资的项目。

根据绿色和平"海外煤电投资数据库"数据，截至 2021 年，印尼在建的煤电项目中，仅由中国企业投资的装机量就有近 6GW，中国企业的总投资量更高达 32.9GW。

疫情影响下，印尼经济增速下降，这将进一步削减印尼能源需求，加剧印尼电力过剩。电力投资者应高度重视印尼政府对本国煤电未来发展的态度转变，这一转变释放了明确信号——煤电在印尼优势不再，可再生能源投资的吸引力持续增加。

一、煤电大国为何要淡出煤电

煤炭是全球主要碳排放来源之一，更是印尼实现本国碳中和与《巴黎协定》气候目标的重要掣肘。从印尼本国能源结构看，印尼发电以煤电为主，可再生能源以水电、地热和生物质发电为主。

根据国际能源署（IEA）数据，2019 年，燃煤、天然气和燃油发电厂分别贡献了 59.1%、20.8% 和 4.2% 的发电量，水力贡献 7.16%，地热能 4.77%，风能 0.16%，光伏 0.03%。从全球煤电装机分布来看，21 世纪以来，印尼成为全球煤炭生产和消费的重要一环。根据美国非政府组织全球能源监测（Global Energy Monitor）2020 年 7 月的统计数据，印尼在建的煤电厂总装机容量 31.3GW，位列全球第四。图 2-21 为印尼 1990—2019 年的能源发电结构变化示意图。

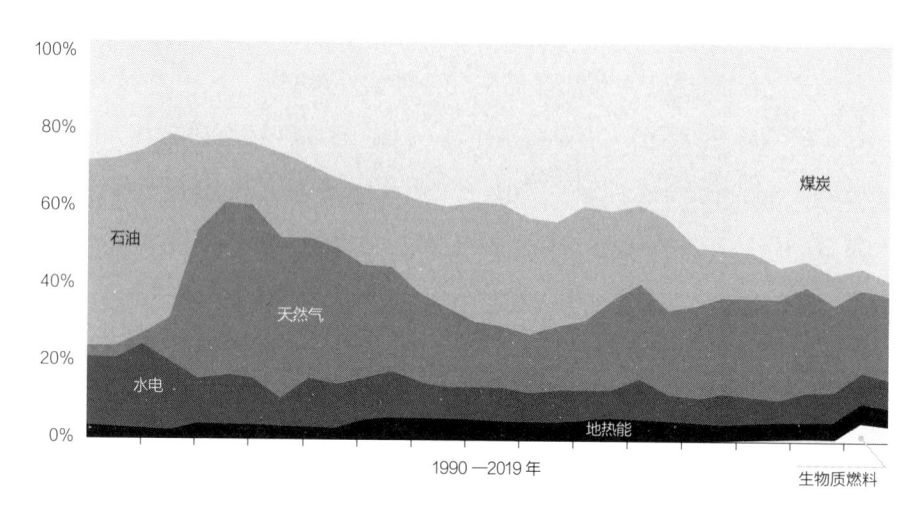

资料来源：IEA　制图：颜斌

图 2-21　1990—2019 年印尼能源发电结构变化示意图

除了实现全球控温目标，从煤电装机容量、经济效益和该国环境资源三个维度考量，印尼未来的煤电市场走向都将面临严重风险。

从煤电装机充裕度看，印尼短期内将面临电力产能过剩风险。绿色和平组织 2019 年对印尼 2022 年电力供需进行了高经济增速（GDP 增速 5.9%，即情景一）和低经济增速（GDP 增速 5.2%，即情景二）的分情景预测。研究指出，即使印尼未来 GDP 年均增速达到规划的 5.9%，仍将面临电力产能过剩的风险。其电力系统在 2022 年或将出现近 7000MW 的煤电过剩产能，主要集中在爪哇-巴厘地区。

清洁能源发电成本降低不断挤压印尼煤电项目的经济效益。2018 年，韩国的 Korea Midland Power Co.（KOMIPO，韩国米德兰电力公司）宣布暂停对印尼西爪哇省的井里汶 3 期 1000MW 煤电项目（Cirebon

3）的投资。该项目原计划由日本丸红株式会社（Marubeni）、印尼靛蓝集团（Indika Group）、韩国米德兰电力公司（KOMIPO）等公司共同投资建设。而 KOMIPO 研究发现，随着可再生能源的成本逐年递减，印尼可再生能源投资的经济效益将在 2030 年赶超煤电，并指出同样由 KOMIPO 参与投资的井里汶 2 期煤电项目（Cirebon 2）在建成 6—7 年后，项目的经济收益已不再有竞争力。同时，由于该项目的煤电装机均未安装脱硫等排放装置，其空气污染物排放远高于韩国的燃煤发电厂，于是韩国 2018 年宣布退出井里汶 3 期项目。该项目目前融资持续搁置，已从印尼政府能源供需计划书中移除。

截至 2019 年 2 月，全球已有超过 100 家金融机构宣布停止煤电投资，以规避日益加剧的煤电投资风险。

环境问题成为印尼煤电发展的另一掣肘。印尼位于东南亚，该地区是全球空气污染最严重的区域之一，受气候变化影响也较大。因此，除了经济效益，日益严峻的环境问题加剧了印尼当地的煤电建设风险。

由印尼最大的石化公司 Barito Pacific 和韩国 KEPCO 共同投资，PLN 的子公司 Indonesia Power 投入建设的两个新燃煤电厂 PLTU9 和 PLTU10 目前正在爪哇岛西北部开工，两个煤电厂预计将为印尼提供 2000MW 的额外装机容量。然而该项目遭到当地居民抗议。据了解，该地区已有的 8 座燃煤电厂对当地的农业、水质及公共卫生带来了严重污染。

二、印尼煤炭煤电投资前景堪忧

新冠疫情导致全球经济增速放缓的同时，也为各国调整未来经济发展思路、加快能源转型带来了机遇。煤炭一直是印尼实现能源独立和经济复苏的重要抓手，如何预判后疫情时代印尼煤电的发展，对海外能源投资企业意义重大。

从煤炭出口看，作为全球煤炭出口大国，新冠疫情导致印尼煤炭出口大幅缩减。根据 IEA 数据，印尼 2020 年 4 月的煤炭出口达到 2010 年 10 月以来的最低水平。

从经济增速看，印尼自 2020 年三季度进入衰退，2020 年印尼 GDP 与 2019 年相比下降了 2.07%。世界银行指出，疫情为印尼实现其发展目标带来了前所未有的复杂性。2020 年 3—9 月，官方统计数据显示，印尼全国贫困率从 9.78% 上升至 10.19%，相当于减贫成果倒退了三年。

根据绿色和平的研究，从 2013—2017 年印尼的经济增速和社会用电量增速对比来看，社会用电量相对其国内的 GDP 增速呈现下降趋势，其原因可能来自印尼经济结构的变化，即商业部门对 GDP 贡献率增大，但其电力需求相对较低。

印尼历年的电力供应总计划（RUPTL）中对电力需求预计增速均高于实际增速，以此为依据制定的电源建设规划为未来电力供大于求埋下隐患。

根据绿色和平 2021 年的预测，即使在高经济增速情景下（GDP 增速为 5.9%），印尼国内五大区域中的三个都将在 2022 年出现电力过剩；在低经济增速情景下（GDP 增速为 5.2%），电力过剩情况将进一步波及除苏拉威西地区外所有四大区域，过剩产能将在较高经济增速情景下增加 2597MW。图 2-22 为绿色和平根据 PLN 电力供应总计划划分的印尼五大区域示意图。

资料来源：绿色和平

图 2-22 根据 PLN 电力供应总计划划分的印尼五大区域示意图

而根据世界银行2021年的预测，受疫情影响，印尼2021年的GDP增速预计将仅为4.4%，2022年的GDP增速略微回升至4.8%，均低于绿色和平设定的低经济增速情景，这意味着印尼的电力过剩情况将进一步恶化。

三、中国企业如何布局印尼能源投资

由于印尼的工业和制造业体系较为落后，成套大型电力设备均须进口。因此，为降低建设成本，印尼逐渐放开发电市场，通过国际招标形式引入独立电力供应商（IPP）作为发电来源。

近年来，中国企业和金融机构通过股权投资、金融支持、工程总承包（EPC）、设备出口等方式积极参与海外煤电项目，而印尼成为中国海外煤电项目投资最多的国家之一。根据绿色和平"海外煤电投资数据库"数据，中国企业和金融机构以各种形式在海外参与投资建设的煤电项目总装机量为257.7GW，其中，印尼有32.9GW。

过去几年，直接参与印尼能源项目投资的中资企业包括华电集团、大唐集团、原神华集团、中国电力建设集团、中国能源建设集团等，开发侧重点为燃煤、燃机等火电项目。此外，中国机械进出口公司、山东电建、中国成达等若干电建单位还参与了工程总承包项目。

收益和风险是每个"走出去"的中企都必须算清的两本账。近年来，走出去的中国企业在海外能源投资方面积累了一定经验，但是，鉴于东道国国内地区差异较大，全球新冠疫情更加剧了对化石能源投资的不确定性，**对于海外煤电投资的风险把控和规避是中企走出去必不可少的一环**。这不仅需要企业和金融机构的努力，同样需要国家政策上的支持和把关。

我们也注意到，越来越多的东南亚国家相继出台政策，将本国的

能源发展方向向可再生能源靠拢,作为中国企业海外能源投资的重点区域,东南亚地区的可再生能源投资对于国内投资者来说,是一个新的机遇。

第二章 化石能源or清洁能源：各国能源结构现状与能源转型

激进的以色列：五年内告别煤炭[①]

以色列位于亚欧大陆交界处，自古为各民族交汇之处，人口 900 余万。在世界能源地图上，以色列是一个独特案例——**由于地缘政治，以色列无法将其能源系统连接到邻国的电网，这使以色列成了"能源孤岛"，意味着它在任何时间都必须依赖自身满足所有电力需求。**

此外，长达几十年，以色列都是一个能源匮乏的国家，被几个石油丰富的敌对邻国包围，必须依靠进口来满足能源需求。

1973 年石油危机之后，以色列开始进行首次重大能源转型，当时，它以煤炭代替石油作为发电的主要燃料。21 世纪初，以色列开启了第二次能源转型，将天然气引入其能源供给。该资源一部分从埃及进口，另一部分则从地中海新发现的海上天然气井中提取。

2018 年，以色列启动了第三次能源转型，核心是放弃煤炭，大力发展可再生能源。

[①] 本文 2020 年 7 月 2 日首发于"财经十一人"公众号平台，作者为毕云青，德国国际合作机构（GIZ）顾问。

一、提前五年淘汰煤炭

2009年及2010年，以色列在其专属经济水区的地中海发现了两个主要的海上天然气矿床，这可以满足以色列未来几十年的需求。其中的利维坦气田（Leviathan）位于海法以西约130公里、黎凡特盆地深1500米的水域中，是过去十年间世界上最大的海上天然气发现之一。

截至2020年，以色列的电源结构以化石燃料为主，煤炭仍然是主要能源，用于满足总电力需求的30%左右，如图2-23所示。由于缺乏自产能源，国内的化石燃料供给以国外进口为主，2015年能源进口依存度为67%。可再生能源发电占比有限，2018年小于3%。形成这种局面的历史原因很多，以色列的政府部门对可再生能源或天然气的安全来源问题担忧是其中的一个重要方面。长期以来，它更倾向于保留煤炭并长期考虑核能。

但近年来情况发生了重大变化。2018年，以色列能源部部长尤瓦尔·斯坦尼茨博士计划，到2030年年底前，以色列将淘汰所有燃煤发电，由天然气（83%）和可再生能源（17%）来满足发电需求，并实现"零污染物"。2019年年底，斯坦尼茨又宣布退煤计划提早五年，在2025年完成，如表2-5所示。

截至2020年，以色列有两个大型煤炭发电厂，共10个燃煤发电机组，均由以色列电力公司（IEC，以色列最大电力公司）运营，分别位于以色列北部沿海的哈代拉和南部沿海的阿什凯隆，总发电装机容量约为4840MW。在斯坦尼茨的新计划中，这些燃煤机组将被逐渐淘汰。

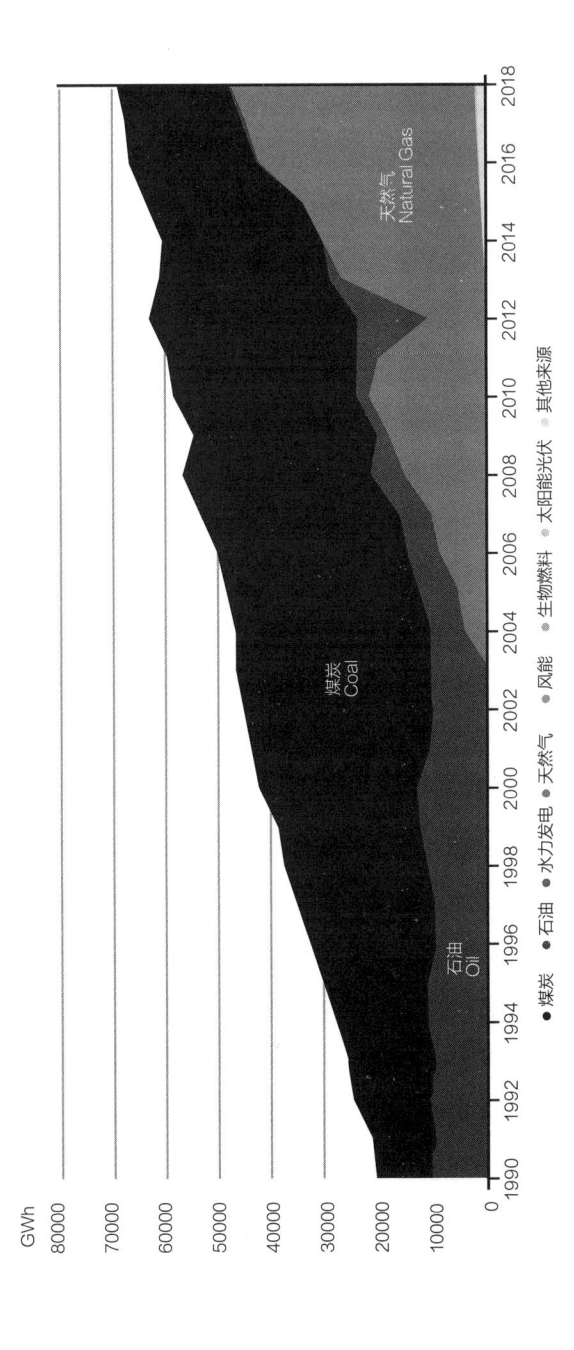

第二章 化石能源or清洁能源：各国能源结构现状与能源转型

图2-23 以色列的电源结构（1990—2018）

资料来源：国际能源署

表 2-5 以色列退煤时间表

2022	在以色列小城哈代拉 Orot Rabin 燃煤电厂关闭1—4号机组（每个375MW）。受影响总量：1500MW。
2023	作为试点计划，完成阿什凯隆煤炭生产装置向天然气的转换。
2023	关闭位于阿什凯隆的 Rutenberg 燃煤电厂的其余发电机组（分别为1×575MW, 2×550MW）和位于哈代拉的 Orot Rabin 燃煤电厂的5—6号机组（每个为575MW）。受影响总容量：2825MW。
2025	完全停止在所有燃煤电厂的发电中使用煤炭，并仅使用天然气和可再生能源发电。

资料来源：timesofisrael.com

二、可再生能源目标设定为17%

以色列可利用的土地稀少，这对迅速提升可再生能源发电份额提出了重大挑战。不过，以色列拥有丰富的太阳能资源，可以利用屋顶安装太阳能系统。随着可再生能源价格的迅速下降，它的发电份额有望超过政府制定的17%的目标，从而改善空气质量，并提高以色列的能源独立性和安全性。讽刺性的事实是，以色列一直是可再生能源研究与开发的全球领导者，但是在国内发电方面还没有成功案例。

2020年暴发新冠疫情后，中东国家将太阳能产业作为疫情后经济复苏的推动力量，以色列也制订了太阳能产业发展的长期计划。该计划制订了长达十年的可再生能源发展规划，是本杰明·内塔尼亚胡（Benjamin Netanyahu）政府的能源政策轴心。以色列能源部于2020年6月发布了一项计划：将在2030年前调动高达800亿以色列谢克尔（约230亿美元）的政府和私人资金，用于建设千兆瓦太阳能项目，这与十年来逐步淘汰煤炭的计划相一致。大部分资金将用于由私人部门建造的太阳能设施，其他费用用于升级国家电网和投资储能等。环保方面，与2015年相比，此计划的实施将使以色列减少93%的空气污染。根据该计划，光伏将占可再生能源发电量的90%，其余的10%将由风、水和生物质等其他可再生能源提供。斯坦尼茨部长对媒体说，太阳能计划将使以色列成为太阳能领域的"世界领袖"。他说，以色列未来10年内建造的太阳能和储能系统将相当于"以色列现有的所有发电厂和电力生产"。

光伏产业是以色列近年来最热门的产业，甚至国家彩票公司都参与支持。以色列的Mifal HaPais（米法尔·哈帕伊斯）国家彩票于2020年5月宣布，提供0.13美元/千瓦时的上网电价支持屋顶光伏计划。该彩票公司原本专注于医疗保健和教育事业，近来其职责范围得到了扩展，以支持旨在驱动屋顶光伏系统的激励计划。

该计划向发电量高达200kW的屋顶光伏长期授予低廉上网电价。大约141个市政当局已经在学校、议会大楼、诊所、日托和社区中心提出了总发电容量141MW的太阳能电池阵列要求。政府已将该计划的预算从2850万美元增加到1.43亿美元。根据该计划，Mifal HaPais彩票将向地方政府提供为期7年的低息贷款。成功的申请者将获得为期23年的每度电0.45谢克尔（约0.13美元）的上网电价。

以色列绿色能源协会创始人兼理事艾坦·帕纳斯（Eitan Parnass）表示，以色列政府推迟部署太阳能发电多年，一直在等待它在经济上可行。以色列一年拥有330个晴天，但便宜的天然气使得可再生能源的实施一度搁置。如今是有史以来的第一次他们看到政策发生了变化，保守的经济监管机构投票支持太阳能，让太阳能比化石能源便宜。

伴随着太阳能支持计划，以色列能源部还制定了一系列的配套措施，来促进能源转型：

① 以更高的能源效率增加本地发电和分布式发电，重点是可再生能源的发电和热电联产；

② 开发由可靠的本地电网组成的智能电网，并通过本地控制发电

量和用电量；

③ 鼓励有控制的充放电的电动汽车的大规模普及，并且从 2030 年开始，禁止销售不使用电力驱动的新私家车；

④ 电力市场改革。

三、打破垄断，建立竞争性电力市场

作为对以色列能源转型的补充，以色列政府放松了对电力市场的管制。过去，以色列的电力市场由垂直整合的、政府所有的公用事业公司以色列电力公司（IEC）主导，该公司完全垄断了该国的发电、输电、配电和供电结构。

放松管制的第一步始于 20 世纪 90 年代初，但直到最近几年，随着国内的社会政治趋势，以色列政府才允许私人公司和个人生产和销售电力。放松管制对能源转型产生了积极影响。根据以色列政府的新规定，所有以色列房主现在都可以安装屋顶 PV 太阳能电池板，以比从电网购买电力更低的成本来满足自己的能源需求。

2018 年 7 月，以色列新电力法正式生效，打破 IEC 的垄断有了法律依据。该法规定，为了保持供电部门的稳定，政府决定逐步开放供电市场：高压、超高压供电及超高压消费者（主要是大型企业客户）将完全开放竞争，但禁止 IEC 参与竞争（它将执行电力管理局设定的电价）。

对于低压消费者（包括家庭消费者），政府已确定该细分市场将逐步开放竞争，确保八年改革期内，IEC 的市场份额不会降至 60% 以下。如果降至 60% 以下，则将允许 IEC 在遵守一定规则的前提下参与家庭消费者市场的竞争。公司将被视为供电部门中的默认供应商，并通过单独的利润中心运营。

生产部门的改革包括减少 IEC 的市场份额和增加本部门的竞争，同

时授权 IEC 在 Orot Rabin 建造两个联合循环设施，总功率为 1200MW。这些将取代上文提到过的四台总装机容量为 1500MW 的燃煤机组，该机组将在政策实施后于 2022 年关闭。

尽管建造了两个新的联合循环装置，但开放竞争预计仍将导致 IEC 市场份额减少。在改革期结束时，公司的市场份额预计达到常规装机总容量的 45%，约占总装机容量（包括可再生能源）的 33%。在发电量方面，该公司的市场份额将减少至不到 40%，其中约有一半是燃煤发电。

四、结语

以色列的能源转型很大程度上依赖于 2010 年发现的利维坦气田，这使天然气成为以色列可靠的能源供应。近年来，以色列政府对太阳能的支持表明了政府向可再生能源转型的决心，同期也逐步开始建设竞争性电力市场。现在，所有以色列房主都可以安装屋顶 PV 太阳能电池板，并以更低成本满足自己的能源需求。

尽管以色列政府自 2016 年 4 月起就确认了它对可再生能源的承诺，但在德国、丹麦等欧洲国家看来，以色列 17% 的可再生能源目标仍然较低。德国 Heinrich Böll（海因里希·伯尔）基金会评论，这一低目标反映出以色列国内的争议，以色列可再生能源市场的未来存在不确定性。

不管怎样，从"能源孤岛"到引进煤炭，再到开发气田，最终到发展可再生能源，以色列在能源转型的路途上不断向前，一个独立、清洁的能源体系正在向以色列招手。

制裁困境中的伊朗难有选择[1]

2019年4月22日,白宫宣布,美国政府将于2019年5月2日起不再给予8个国家和地区进口伊朗石油的豁免,美国对伊朗的制裁落下了最后一道闸门。

2018年5月8日,美国宣布中止伊朗核问题协议(简称"伊核协议"),重启新一轮对伊朗制裁。美国对伊朗的制裁包括经济军事等方方面面,其中石油领域是重点。面对美国全方位的制裁,小到企业、大到某些国家政府或欧盟这样的国际组织,想要从中调解,都有心无力;伊朗的经济、社会受到了巨大的冲击,但缺乏有效的反制措施。

一、美对伊制裁不断收紧

1979年11月4日,伊斯兰革命期间,伊朗学生占领美国大使馆,由此引发了长达444天的"人质事件"。自此之后,美国与伊朗关系交恶,美国开始了对伊朗长达40年的制裁。

---

[1] 本文原载2019年5月13日《财经》杂志,作者为王能全,能源业资深人士,中化集团经济技术研究中心首席研究员。

2018年5月8日，美国时任总统特朗普宣布中止伊朗核协议，美国对伊朗的新一轮制裁不断收紧，涵盖经济军事等方方面面。

2017年1月上台后，特朗普多次表示，伊核协议未能完全、永久限制伊朗核计划，伊朗则利用该协议获得大量资金，伊核协议为"史上所有国家曾做过的最糟糕的交易"之一，需要取消或重新谈判。

2018年5月21日，美国时任国务卿蓬佩奥在美国传统基金会发表演讲，提出对伊朗的12项要求，包括中止弹道导弹计划、放弃插手叙利亚和也门的事务、停止在中东地区的军事行动、大幅削减核武器计划等。

2018年8月7日，特朗普发推文，称任何与伊朗做生意的人，都不能与美国做生意，为世界其他国家与伊朗之间画出了一道红线。

2018年8月6日，美国全面重启对伊制裁，包括伊朗涉及的美元、黄金等贵金属及煤炭、其他金属、工业相关软件等买卖，与伊朗货币相关交易，与伊朗政府发行主权债务相关活动，伊朗汽车行业等；10月16日，美国宣布制裁伊朗国民银行、伊朗拖拉机制造公司、穆巴拉克钢铁公司及其他与投资、商品和工程有关的20余家企业。

2018年11月5日，美国对涉及伊朗金融、航运、航空、能源等领域的超过700个个人、实体、飞机和船只实施制裁；中国、印度、意大利、希腊、日本、韩国、土耳其和中国台湾计8个国家和地区，可以继续购买伊朗石油6个月。

2019年1月24日，美国宣布对4个涉及与伊朗革命卫队有关的实体进行制裁，包括两家与马汉航空相关的航空公司；3月22日，美国政府对伊朗14名个人和17个实体进行制裁，认定这些个人和实体与伊朗防御创新和研究组织有关联，向被美国制裁的伊朗国防实体提供支持；4月8日，美国宣布，认定伊朗伊斯兰革命卫队为"外国恐怖组织"，制裁同伊朗革命卫队有经济往来的个人和银行等。

2019年4月22日，美国宣布，此前给予8个国家和地区进口伊朗石油的制裁豁免在5月2日到期后将不再延续。

外媒报道，2019年5月初，美国正在考虑将对伊制裁扩大到石化产品出口，该业务是伊朗仅次于石油的第二大出口收入来源。

二、国际社会有心无力

自2018年美国中止伊核协议后，伊核协议相关方积极努力，试图挽救协议并规避美国制裁对自身企业的影响。不过，截至2019年，无论是一个主权国家的政府还是国际组织，抑或从事商业活动的企业，都无力改变残酷的现实。

1. 伊核五国态度积极，努力挽救伊核协议

2018年5月26日，伊核问题五国与伊朗在维也纳召开会议，中国、俄罗斯、法国、德国、英国参加，讨论解决伊核协议的方案，防止美国的制裁。

2018年7月6日，伊核问题六国外长会议在维也纳召开，重申各方共同维护执行伊核全面协议不动摇，继续维护和落实伊核协议；提供伊朗相关补偿，与伊朗进行更广泛的经济合作，以确保伊朗的金融通道畅通，确保伊朗原油及相关产品的出口，有效支持与伊朗开展贸易的实体，鼓励对伊继续投资等。

2018年9月24日，伊核问题六国外长会议在纽约联合国总部举行，认可伊朗已全面有效履行核领域承诺，对伊朗解除制裁，保障伊朗从中获得经济红利，保护其经济实体与伊朗自由开展合法的贸易。

2. 欧盟出台阻断法案和新支付方案，试图另辟通道

2018年8月7日，欧盟更新后的"阻断法令"正式生效。"阻断法令"1996年引入欧盟，当时即为反制美国的"域外法权"。"阻断法令"

规定，如美国对别国的制裁殃及欧盟企业，涉事企业无须遵守相关制裁法案，可索赔损失及冲销外国法院基于制裁法案所做判决的影响。

2018年8月底，欧盟决定建立一个独立于美国的欧洲支付渠道，绕开SWIFT支付系统，并为此筹备设立"特殊目的机构"。2019年1月31日，德国、法国、英国发表联合声明，宣布设立与伊朗贸易的专门机制，核心是INSTEX结算机制，INSTEX总部将设在巴黎。从目前有关资料看，该系统不适用于伊朗石油等重要的能源贸易，重点仅是"对伊朗人最重要的部门"，如不受美国制裁的食品、药品和医疗器械等。根据联合国的数据，2017年欧洲向伊朗出口药品的价值为8.8亿美元。

3. 国际组织和商业企业自保为上，纷纷中止与伊朗的业务

2018年11月，SWIFT宣布，为维护全球金融体系的稳定性和完整性，伊朗进入SWIFT银行间网络的渠道正式关闭。

2018年5月8日之后，诸如道达尔、雷诺、西门子、马士基和三星等在内的大批企业，中止了在伊朗的投资和贸易活动，纷纷撤出伊朗，保险公司不再为与伊朗相关业务的运输等商务活动提供保险。其中，欧盟的企业冒着受欧盟处罚的风险，也撤出了伊朗，"阻断法令"没有实效。

2018年7月，俄罗斯石油公司和俄罗斯天然气工业股份公司宣布，计划向伊朗的油气行业投资500亿美元，并可能与伊朗达成"石油换商品"的交易。但是，2018年12月初，俄罗斯方面称已停止了与伊朗就有关合作的商谈，且俄罗斯对伊朗没有任何义务。事实上，伊朗与俄罗斯之间的双边贸易几乎微不足道。2017年，伊朗对俄罗斯出口的货物价值仅3.92亿美元，2018年为5.33亿美元，2018年两国双边贸易总额也只有17.4亿美元。

三、伊朗反制措施十分有限

美国2018年重启制裁，伊朗经济社会受到了巨大的冲击，内部不稳，拟议中的主要反制措施后果堪忧，维持正常的石油出口和油气行业的投资几无可能。

2016年，是近些年来伊朗最好的年份，国内生产总值增长高达13.4%，2017年也保持在3.7%的水平。世界银行报告称，2018年伊朗经济增长为-1.6%，人均实际GDP增长率为-2.6%，失业率为11.7%。2018年，与委内瑞拉、阿根廷一样，伊朗经济出现了负增长。

截至2019年3月，伊朗真实通货膨胀率已高达253%。2019年4月28日，伊朗官方汇率为42000伊朗里亚尔兑1美元，而市场实际汇率约为144000伊朗里亚尔兑1美元。国际货币基金组织的数据显示，伊朗的通胀率达到与苏丹相似的程度，仅低于委内瑞拉和津巴布韦，创下自1980年以来的最高水平。

2019年4月初，国际货币基金组织和世界银行将伊朗2019年经济增长率分别下调为-6%和-4.8%。

随着美国制裁的收紧，伊朗民众的生活受到非常大的影响，示威游行不断，抗议经济恶化。伊朗政府也陷入动荡：2018年7月底，伊朗中央银行行长被解职；8月5日，在打击金融欺诈行动中逮捕了45人，其中包括了伊朗央行副行长；8月初，伊朗劳工部部长被革职；8月26日，伊朗财政部部长被解职；10月20日，伊朗工业部和交通部部长同时辞职。

2019年2月25日，伊朗外交部部长扎里夫辞职，但被总统鲁哈尼拒绝。扎里夫在美国丹佛大学获国际法博士学位，是对美温和派，主张谈判解决与美国分歧。

2019年4月21日，伊朗最高领袖哈梅内伊宣布，侯赛因·萨拉米接替穆罕默德·阿里·贾法里，出任伊斯兰革命卫队总司令。

2019年4月30日，鲁哈尼宣布驻中东地区的所有美军都是恐怖分子，美国政府是恐怖主义的支持者，并再次提及不断重申的两项主要反

第二章 化石能源or清洁能源：各国能源结构现状与能源转型

制措施。

一是退出伊核协议和核不扩散条约。2018年5月15日，伊朗宣布，考虑退出伊核协议，将铀浓缩从4%以下恢复至高于20%的纯度；6月4日，伊朗最高领袖哈梅内伊命令伊朗原子能组织立即提高铀浓缩能力；8月中旬，伊朗宣布将把寄存在俄罗斯的核燃料分10次全部运回国。

2019年4月9日，鲁哈尼下令在纳坦兹核设施安装20台IR-6型离心机；4月28日，扎里夫确认，伊朗正在考虑退出《不扩散核武器条约》；5月8日，鲁哈尼宣布，伊朗中止履行伊核协议部分条款，不再对外出售重水和浓缩铀。

是否退出伊核协议，尤其是否退出《不扩散核武器条约》是伊核问题的底线，伊朗一旦退出伊核协议和《不扩散核武器条约》，就意味着重回伊核协议签署前的境地。2019年5月7日，得知伊朗可能暂停核协议中的部分承诺后，法国政府表示，如果伊朗违背核协议承诺，欧盟和国际社会可能会重新对其实施制裁。

二是军事封锁霍尔木兹海峡。自2018年美国中止伊核协议以来，军事封锁霍尔木兹海峡是伊朗经常宣传的口号，伊朗军队不断在霍尔木兹海峡地区举行演习。2019年4月28日，伊朗武装部队总参谋长巴盖里称，如果敌人的恶意行为增加，伊朗可以封锁霍尔木兹海峡。

霍尔木兹海峡是波斯湾连通印度洋的唯一通道，大量货物贸易需通过海峡运输。其中，石油数量约为1850万桶/天，占世界海运石油贸易量的30%、世界石油贸易和产量的20%以上；液化天然气数量占世界液化天然气贸易的30%以上。因此，一旦霍尔木兹海峡被封锁，石油和天然气价格将大幅度上涨，有可能导致新一轮世界经济危机。

作为国际水道，霍尔木兹海峡有国际法保证。两伊战争期间，为应对伊拉克和伊朗发动的袭船战，美国联合英、法、意、荷、比及沙特等国军队护航，伊朗海军损失了几乎所有大型作战平台。2019年4月15日，美国宣布，首次向阿联酋达弗拉空军基地部署 F-35 战机；5 月 5 日，美国林肯号航母战斗群起航前往波斯湾，并在卡塔尔部署 4 架 B-52 重型轰炸机；5 月 7 日，美国时任国务卿蓬佩奥临时取消赴德国行程，突访伊拉克，协调对伊朗的政策。

从 1984 年开始，美国就将伊朗列入支持恐怖主义国家的名单，认为伊朗是恐怖主义主要赞助国。对于恐怖袭击，国际社会的态度是非常明确的，任何目的的恐怖袭击都将受到国际社会的一致谴责。

四、伊朗面对的无情现实

2018 年 1 月 1 日，伊朗拥有的剩余探明石油储量为 1572 亿桶，占世界的 9.3%，排名第四位；剩余探明天然气储量为 33.2 万亿立方米，占世界的 17.2%，仅次于俄罗斯，排名世界第二。图 2-24 为伊朗自 1980 年以来的石油产量和石油出口收入情况。

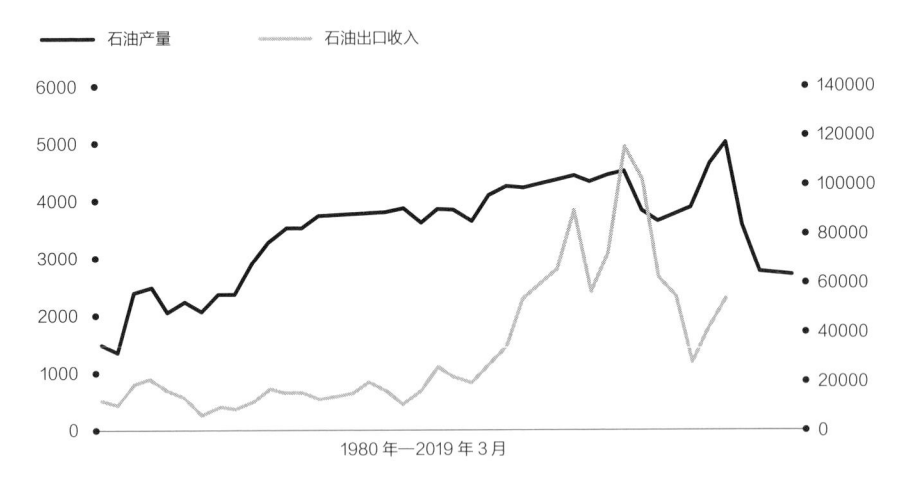

单位：千桶/日（左轴），百万美元（右轴）　制图：颜斌
资料来源：1. 1980—2017 年石油产量，《世界能源统计评论》，英国石油公司，2018 年 6 月；2. 2018 年和 2019 年 1—3 月原油产量，《月度石油市场报告》，石油输出国组织，2019 年第 4 期；3. 1980—2017 年石油出口收入，《年度统计公报》，石油输出国组织，历年。

图 2-24　1980 年以来伊朗的石油产量与石油出口收入

第二章　化石能源or清洁能源：各国能源结构现状与能源转型

但在制裁之下，伊朗维持正常的石油出口几无可能。 2019年4月，伊朗原油出口量只有110万桶/天。4月30日，鲁哈尼称，未来几个月美国人会看到伊朗仍在出口石油。早在4月22日美国宣布对伊朗的石油出口不再豁免前，三个国家已经决定停止进口伊朗石油，其他国家也已经大幅度减少进口数量。市场基本一致的判断是，从5月份开始，伊朗石油出口将大幅度下降，可能会低到只有40万桶/日的水平，主要通过陆路等灰色市场出口到某些邻近的国家。

油气领域的国际投资活动已全部停止。伊朗是世界上第三大天然气生产国，与美国、俄罗斯不同的是，它的天然气主要用于国内消费，占伊朗一次能源消费的67%，世界上绝无仅有。

卡塔尔是目前世界上最大的液化天然气出口国，主力气田北方气田紧邻伊朗的南帕斯气田，是已知世界上最大的气田。伊核协议生效后，伊朗将南帕斯气田的开发列为重点，法国道达尔、中国石油集团都参与该气田的开发。目前，不仅仅南帕斯气田，其他伊朗重要的油气开发和石油化工项目均已停止。

当前国际石油天然气市场供应充足，生产国都在努力争夺市场份额。从石油供应看，2019年4月23日，国际能源署宣布世界石油剩余供应能力约为330万桶/日，供应充足。2019年4月27日，普京表示，俄罗斯已经做好准备，不仅满足中国的需求，还会满足全球各地伙伴的需求。从天然气供应看，2018年，中国超越日本，成为世界第一大天然气进口国，俄罗斯、卡塔尔、澳大利亚都在积极争取更多的中国天然气市场份额，美国更是谋求向中国出口更多的石油和天然气。

2019年4月22日，美国宣布不再豁免伊朗石油出口后，油价曾短暂上涨，但2019年5月8日布伦特原油已跌回到2019年4月5日的水平，说明市场并不担心可能的供应紧张。更为重要的是，随着美国不断收紧制裁，伊朗丰富的油气资源将失去国际市场，国内发展将因此受到严重影响。

能源列国志

非洲明珠摩洛哥：发展中国家的能源转型样本[①]

对于很多国人来说，摩洛哥是个陌生的国家，近年来随着旅游业的发展才慢慢进入人们的视野。而且，很多人知道摩洛哥，更多是因为它的第一大城市——卡萨布兰卡和那部好莱坞同名电影（有趣的是，《卡萨布兰卡》这部电影不是在摩洛哥拍摄完成的，而是在美国的好莱坞）。但就是这么一个北非小国，近年来吸引了全球能源人的目光。

一、应对气候变化的"先进生"

在应对气候变化问题上，摩洛哥走在了非洲甚至全球的前列，尽管它还是一个落后的农业国家，人均 GDP 只有 3000 多美元，年人均碳排放量只有 3 吨，不到工业化国家的四分之一。

但摩洛哥依然制订了雄心勃勃的"国家自主贡献"温室气体减排计划。按照该计划，到 2030 年，摩洛哥将无条件实现温室气体排放较"常规模式"（Business As Usual）下降 17%；在发达国家根据《巴黎协

---

① 本文原载 2017 年 6 月 26 日《财经》杂志，作者为吕忠，国际能源署专家。

第二章 化石能源or清洁能源：各国能源结构现状与能源转型

定》提供的援助到位的情况下，可进一步将目标提高到32%，如图2-25所示。

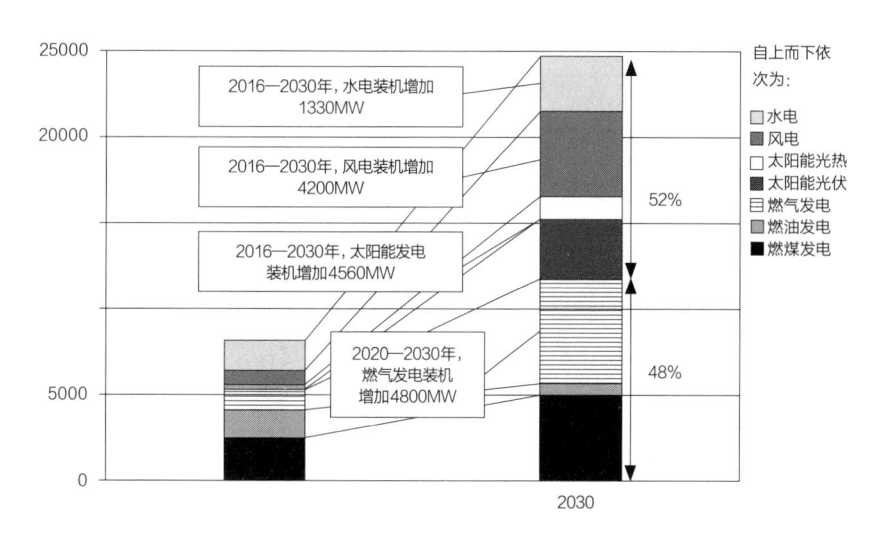

单位：MW
资料来源：Germanwatch、Country Fact Sheet Morocco、*Energy and development at a glance 2016*
制图：张玲

图2-25 摩洛哥发电装机及预测（至2030年）

在"德国观察"（Genmanwatch）组织公布的《气候变化表现指数》（*The Climate Change Performance Index Result*）系列报告中，摩洛哥一直表现优异，排名逐年上升，2017年位列第五位，是唯一表现等级为"好"的非欧盟国家。该组织从2013年起，每年对全球主要碳排放经济体在控制气候变化方面所做努力进行评估和排名，并将评估结果分为很好、好、中等、差、很差五个档次，目前没有国家达到"很好"这一标准。

二、"逼出来"的能源转型

摩洛哥是北非地区少数没有丰富的化石燃料资源的国家，但多年来摩洛哥的能源消费一直以化石燃料为主，能源对外依赖度高达90%。2008年摩洛哥的能源消费中，石油占65.2%，煤炭占18.2%，天然气占2.9%，而这些几乎全部来自进口；此外，从西班牙进口的电力也占全国能源消费的2.26%；在可再生能源方面，主要是分散利用的生物质能，以及极少数的水电和地热能等，占比总共不到12%。

从2004年到2013年，摩洛哥的能源消费增长了将近60%。随之而来的则是不断攀升的能源进口费用和碳排放。2013年，摩洛哥的能源进口花费达1025亿迪拉姆（摩洛哥货币），约占全国进口总额的27%，较2002年（191亿迪拉姆）增加了约440%。高比例的化石能源消费导致碳排放不断增加，居高不下的对外依赖度引发了国内对能源安全的担忧，而巨大的能源进口成本则成了贸易平衡和经济发展的不利因素，也给国家财政带来了巨大的负担（摩洛哥一直对国内能源价格进行大量的补贴，目前仍未完全取消）。

为扭转这一局面，摩洛哥在2009年发布（2015/2016年更新）了一项能源转型政策——《国家能源战略》（*National Energy Strategy*），旨在加快绿色能源的发展步伐和提高能效，打破对进口能源的依赖。根据这项政策，到2020年摩洛哥电力可再生能源装机比例将达到42%，其中，太阳能、风能和水能的装机均将达到2000MW；到2030年，电力可再生能源装机比例将进一步达到52%。

若成功实现这一计划，不但可使摩洛哥在可再生能源利用方面处于世界的先进水平，也将有效降低国家对进口化石燃料的依赖。目前，摩洛哥的能源转型计划已经取得了一定的成绩。2015年，摩洛哥可再生能源装机占比已达34%（总装机容量8160MW），其中，水电约占22%（1770MW），风电约占10%（798MW），太阳能约占2%（180MW）。特别是近年来摩洛哥太阳能发电和风力发电的快速发展和广阔前景，让世界对这个北非小国充满了期待。

三、沙漠上"种太阳"

都说上帝在关闭一扇门的同时会为你打开一扇窗。对摩洛哥来说，虽然没有化石燃料资源这扇门，但有一扇上帝留下的窗：异常丰富的可再生资源。在太阳能方面，地处撒哈拉沙漠边缘的摩洛哥，每年的日照时间高达3000—3600小时，发电潜力高达2600千瓦时/平方米·年，是欧洲国家的两倍；在风能方面，摩洛哥拥有长达1700公里的海岸线，另外还有广阔的沙漠地带，据估计风电可开发潜力达2.5万MW。对于一个只有3000多万人口的国家来说，这不能不说是大自然的馈赠，这也成了摩洛哥向可再生能源转型的"资本"。

2009年，摩洛哥发布了"摩洛哥太阳能计划"（Moroccan Solar Plan），正式开启了开发太阳能宝藏的步伐。摩洛哥专门设立了一家由摩洛哥政府、国家水利电力局、哈桑二世经济社会发展基金和能源投资公司（各占25%股份）组成的公私合营机构——摩洛哥太阳能管理署（Moroccan Agency for Solar Energy），专门负责国内太阳能资源的开发和利用，并具体通过一个名为"Noor"（在阿拉伯语中的意思为"光"）的系列项目实施。

在克服了资金、技术、施工等层层障碍后，摩洛哥第一个太阳能电站Noor Ouarzazate（努尔·瓦尔扎扎特）一期项目于2016年2月在拥有"沙漠之门"之称的南部城市Ouarzazate（瓦尔扎扎特）并网发电，穆罕默德国王亲自参加了并网仪式。Ouarzazate地区每年约有330天的日子都是晴空万里，是建设太阳能发电站的理想选择。

Noor Ouarzazate项目共有四期，总容量580MW，采用了光热和光伏等不同太阳能发电技术，其中一期（160MW）、二期（200MW）采用槽式太阳能热发电技术，三期（150MW）采用塔式太阳能热发电技术，四期（80MW）则采用光伏发电技术。目前，一期至三期工程已经投产，四期也已于2017年4月正式动工。

四期工程全部投产后，可以为130万人提供电力，每年减少CO_2排放80万吨。

迄今为止，Noor Ouarzazate项目已创造了多项世界纪录和成功经验：是当时世界上最大的太阳能光热发电综合体项目；一期至三期项目采用了西班牙SENER公司先进的光热发电技术，分别配备3小时、7小时和8小时的熔盐储能装置，可以在夜间日落后发电，弥补常规太阳能发电没有光照就无法进行的缺陷；与德国复兴开发银行（KfW）、欧盟及法国开发署（AFD）等机构合作，获取资金支持；通过公开招标选择投资方合作开发，既引进利用了最为先进的技术，还实现了发电成本的不断降低。这些不仅体现了摩洛哥优异的太阳能资源，也说明摩洛哥为开发太阳能资源创造了良好的外部环境，为后续开发积累了有益经验，也为其他北非国家起了示范作用。

除了Noor Ouarzazate项目之外，摩洛哥还有Noor Tafilalet（努尔·塔菲拉勒特，75MW）、Noor Atlas（努尔·阿特拉斯，200MW）、Noor Argana（努尔·艾尔加纳，200MW）等多个太阳能发电项目在推进中。在风电方面，摩洛哥发布了为期十年、总投资315亿迪拉姆的"摩洛哥风电项目"（Moroccan Integrated Wind Program），统筹推进1720MW的风力发电工程。

多年来为缓解国内的电力缺口，摩洛哥大量从西班牙和阿尔及利亚进口电力，2014年净进口量达75.99亿千瓦时（其中从西班牙进口58.34亿千瓦时，阿尔及利亚进口17.65亿千瓦时）。现在通过开发可再生能源，摩洛哥不但有望在未来满足国内的电力需求，甚至在计划向欧盟出口电力。人们可以开始期待，将来欧洲有可能用上来自非洲的绿色电力。

四、结语

摩洛哥的能源转型虽然成绩斐然，但现在说成功还为时尚早，而且在这一过程中暴露出的一系列问题也有待解决，比如说政府部门职责不清、能效改革进展缓慢、大量新能源并网难题、在争议领土地区（主要指西撒哈拉地区）建设电站带来的国际影响、沙漠地区建设电站"与民争水"现象，以及如何更好地惠及当地百姓等问题。但是，作为一个相对落后的非洲地区发展中国家，能有如此勇气和魄力推进能源转型和清洁能源发展，在应对气候变化有可能"开倒车"的今天，难能可贵，也显得格外耀眼。

陷入内战泥潭的苏丹：有无石油都在挨饿[①]

2019年4月11日，苏丹发生军事政变，军方宣布解除总统巴希尔的一切职务。位于非洲的苏丹再次登上媒体头条。

石油带来了苏丹的战乱，导致了苏丹的分裂。26年前，一幅《饥饿的苏丹》的照片，使苏丹引起国际社会的高度关注。时至今日，无论有无石油，南北苏丹仍没有解决民众的饥饿问题，与26年前几无变化。个中原因，引人深思。

一、内战延续60多年

苏丹位于非洲东北部，分裂前国土面积为249.58万平方公里，是非洲国土面积第一大国，人口近5000万。苏丹历史悠久，公元前2800年—公元前1000年曾为古埃及的一部分。公元7世纪，阿拉伯人大量迁入。1956年1月1日，独立为苏丹共和国。

苏丹北部大部分人口是阿拉伯人，信仰伊斯兰教，通用语言是阿拉

[①] 本文原载2019年4月29日《财经》杂志，作者为王能全，能源业资深人士，中化集团经济技术研究中心首席研究员。

伯语；南部十个州几乎都是土著黑人，信仰原始宗教和基督教，通用语言为英语。这样的人种、宗教和文化结构，为苏丹长期动乱和分裂埋下了伏笔。

因反对与北方组成独立国家，早在独立期间，苏丹军队中的南方籍官兵就发动兵变，数支南方反抗力量于1963年9月组成统一的"阿尼亚尼亚"军，与北方军队交战。1972年，《亚的斯亚贝巴协定》签署，该协定给予南部有限度的自治权，苏丹第一次内战结束。

1983年，苏丹宣布全国实施伊斯兰律法，引发南部不满，第二次内战爆发。2005年1月9日，交战双方在内罗毕签署《全面和平协议》，同意成立苏丹南方自治政府，伊斯兰律法在南部不适用，并承诺在2011年举行南苏丹独立公民投票。2011年1月9日至15日，苏丹南部举行公投，98.83%的民众支持独立。2011年7月9日，南苏丹共和国正式成立，同年7月14日成为联合国第193个成员国。

在60多年的战乱中，由民族纠纷引发的达尔富尔危机，成为苏丹现代历史中最有代表性的事件，并引起国际社会的高度关注。

达尔富尔地区位于苏丹西部，面积50多万平方公里，人口约750万，毗邻利比亚、乍得和中非等国，居住着包括阿拉伯人、富尔人等在内的80多个部族。因争夺水草资源，各部族武装冲突不断，许多地方一直处于无政府状态。

2003年2月，达尔富尔地区黑人居民相继组成"苏丹解放军"和"正义与平等运动"两支武装力量，要求实行地区自治，展开了反政府武装活动。历经反政府武装同政府军的冲突（2003—2006年）、阿拉伯部落之间的冲突（2006年5月—2010年年末）和非阿拉伯部落间的冲突（2010年年末以来），至少40万人在冲突中死亡，260万人逃离家园，周边国家产生了严重的难民问题，从而形成达尔富尔危机。

联合国安理会于 2004 年 7 月、9 月和 11 月先后通过了第 1556 号、第 1564 号和第 1574 号决议，敦促苏丹政府和达尔富尔反政府武装加速政治谈判。2004 年 7 月和 2005 年 5 月，联合国秘书长科菲·安南两次前往达尔富尔地区，以推动和平进程。2006 年 5 月，《达尔富尔和平协定》签署。2007 年 7 月，安理会授权在达尔富尔地区部署联合国和非洲联盟驻达尔富尔特派团，以支持执行和平协议，保护平民、联合国人员和国际人道救援人员的安全。2011 年 7 月，《多哈和平协定》签署。时至今日，达尔富尔问题仍未得到有效解决。2019 年 4 月 17 日，安理会举行苏丹达尔富尔问题公开会，讨论维护和平稳定问题。

60 多年的战乱中，苏丹有 200 多万人丧生，450 多万人被迫离开家园，引发了一系列严重的侵犯人权行为和人道主义灾难。2005 年 3 月 31 日，安理会通过决议，将达尔富尔地区的国际犯罪情势提交国际刑事法院。2009 年 3 月 4 日，国际刑事法院裁定苏丹总统巴希尔在达尔富尔地区犯下战争罪、反人类罪，对其发出逮捕令。

二、石油引发分裂和流血

石油是苏丹分裂和南苏丹独立的重要原因，石油是苏丹和南苏丹现代历史发展的"诅咒"，也是南苏丹独立后内部冲突不断的主要原因。

苏丹拥有丰富的石油资源。2018 年 1 月 1 日，苏丹探明石油储量为 50 亿桶，在非洲排第五位。其中，南苏丹拥有的探明石油储量为 35 亿桶，占 70%，北苏丹拥有的探明石油储量为 15 亿桶。

20 世纪 60 年代，苏丹政府邀请意大利阿吉普、英荷壳牌和美国雪佛龙公司进入苏丹勘探开发油气。1976 年，苏丹港附近的萨瓦金发现了天然气田，并陆续在南部地区发现大型油田。第二次苏丹内战期间，由于三名雇员被杀，雪佛龙放弃开采权，撤离苏丹。1997 年美国政府开始制裁苏丹，西方石油企业全部撤出。

1995年6月，中国和苏丹签署了第一份石油合作协议，同年9月24—29日，苏丹总统巴希尔访华期间达成了建立苏丹—中国采掘公司的协议，并签署了产品分成协议。中国和苏丹的石油合作正式开始。2000年前后，苏丹建成了集生产、炼制、运输、销售于一体，上、中、下游完整的石油产业链。2000年苏丹的石油产量为每天17.9万桶，2007年上升到每天48.3万桶的历史最高值。

苏丹的石油产量80%左右来自南方地区。根据全面和平协议，2005年至2011年7月，南苏丹每年分得南方油区所产石油收入的约50%。在苏丹北部，石油收益占财政预算的不到50%，在南苏丹则占财政预算的98%。南苏丹人寄望于独立后，石油能给他们带来更高的收入和更好的生活。

2011年南苏丹独立后，南北双方为了石油利益又起争执。哈季利季油田为苏丹最大油田，占苏丹石油日产量11.5万桶的近一半。海牙国际法院2009年裁定，哈季利季油田地区属于苏丹北方。南苏丹独立后，苏丹石油日产量损失75%。2012年3月26日，南苏丹宣布这一地区属于南苏丹，南苏丹军队于4月10日占领哈季利季油田，4月18日苏丹总统巴希尔对南苏丹宣战，南苏丹军队于4月20日撤走。

自2005年和平协议签署以来，南苏丹内部围绕石油的丑闻和内乱不断。2005—2013年，南苏丹有40亿美元的石油收入不知去向，成为南苏丹内部各派不和的主要原因。2013年7月23日，南苏丹总统基尔突然颁布命令，解散南苏丹政府并解除副总统马沙尔及多位部长的职务。同年12月15日，南苏丹总统卫队中来自不同种族的士兵在首都朱巴发生枪战，最终演变成武装冲突并蔓延到南苏丹大部分地区。就在南苏丹独立5周年纪念日的前夜，2016年7月8日，南苏丹首都朱巴发生交火，双方动用坦克、火炮等重型武器，安理会以"最严厉的措辞"谴责了这次冲突。

三、苏丹问题的国际化

多年来，围绕苏丹问题，舆论宣传起到了非常重要的作用，美国影视名人的宣传推动了苏丹的分裂。同时，作为苏丹石油的主要投资和开发国，中国受到了大量的责难。

1993年3月26日，美国《纽约时报》刊登了南非自由摄影记者凯文·卡特拍摄的《饥饿的苏丹》照片。照片上，一位即将饿毙的苏丹女童跪倒在地，而秃鹫正在女孩后方不远处虎视眈眈，等候猎食女孩。这张照片反映的是1993年苏丹战乱并由此而引发的大饥荒。照片一经刊出，很快传遍世界，在各国激起强烈反响。

1994年，《饥饿的苏丹》获得普利策新闻特写摄影奖。

获奖两个月之后，由于舆论的压力，拍摄人卡特将汽车排气管插入密封的汽车中，然后发动汽车，最终自杀身亡。多年来，这张照片时常被拿出来说明苏丹民众的苦难。但令人遗憾的是，时至今日，南北苏丹仍战乱不已，南北苏丹民众仍然吃不饱肚子。

2003年，电影《苏丹的迷途男孩》在美国上映，讲述的是很多苏丹男孩从内战中逃走，徒步几周到埃塞俄比亚，在那儿的难民营又遭到攻击，迫使他们又逃亡到肯尼亚，最后才被允许进入美国。如同《饥饿的苏丹》，这部电影使苏丹民众悲惨的命运为世人所知，促使很多美国人参与苏丹事务，同类的电影还有2007年的《达尔富尔》等。

美国的一些民间机构和知名人士积极推动美国政府介入苏丹事务，这些人被称为"苏丹先生"，其中最有代表性的就是著名演员乔治·克鲁尼。

2006年，克鲁尼以私人身份访问达尔富尔战乱地区，拍摄了纪录片《达尔富尔之旅》，同时走访了相关国家，并在联合国发表了关于苏丹问题的演讲。2007年，克鲁尼担任纪录片《大漠与哀痛》的执行制片人和解说员，探访乍得和苏丹边境的难民营。2008年1月31日，克鲁尼被联合国任命为协调苏丹问题的"和平大使"。2010年，克鲁尼进入苏丹，自掏腰包赞助了一颗卫星并组成了一个小组，负责监控苏丹南北部分界地区的军事活动。从2010年10月到2011年1月，美国有关广播电视网和有线新闻台关于苏丹的报道，三分之一都与克鲁尼有关，据称他的电话快拨键设的就是苏丹反叛领袖。2012年3月，克鲁尼在华盛顿的苏丹领事馆门口发动抗议示威游行并主动被捕，以便引起新闻舆论的关注。

苏丹曾是中国在非洲的第三大贸易伙伴和第四大投资目的地，中国则是苏丹最大的贸易伙伴和投资来源国。在南苏丹2011年独立前，中国累计向苏丹投资超过200亿美元，用于建设石油项目和非石油的援助项目。苏丹的石油工业基本上是由中国的企业，特别是中国石油建设起来的。苏丹三分之二的原油出口中国，一度曾是中国第六大海外原油进口来源国。

1995年，中国石油就已进入苏丹，在苏丹、南苏丹先后有10个投资项目，拥有6座加油站和1座成品油库，大庆油田分公司等9家石油企业，工作的甲乙方员工有489名。1996年，中国石化也进入苏丹，有多家企业在苏丹从事勘探开发等业务，代表性的如2010年苏丹六区稀油管线建设工程等。中国石化也是苏丹原油的主要买家之一。

多年来，在苏丹内战和达尔富尔等问题上，中国成为矛盾的焦点之一。以美国为首的西方国家认为，中国为了石油利益而与苏丹独裁者做交易，中国"支持独裁政权""漠视人权""对非洲进行掠夺性开发"。

2007年5月9日，108位美国众议员发表抗议信，要求中国向苏丹施加压力；同年6月5日，美国众议院通过了所谓苏丹达尔富尔问题涉华决议案，将达尔富尔问题与2008年北京奥运会挂钩。2008年2月，美国著名导演斯皮尔伯格辞去北京奥运会开幕式艺术顾问一职，理由是中国在苏丹达尔富尔问题上没有做出足够努力。

2007年5月，中国政府达尔富尔问题特别代表刘贵今表示，中国和苏丹的石油合作是透明的、互利的、不排他的，石油合作有利于帮助苏丹发展经济，有利于从根本上解决苏丹的战乱和动乱问题，为苏丹的经济社会发展提供了很大帮助。中国政府为了缓解达尔富尔地区的人道主义危机，前后分四批，承担了总额一千多万美元的援助，为北达尔富尔州修建大坝项目投入了近三千万美元的资金。

对于南苏丹独立，中国政府态度非常明确。2011年7月9日，南苏丹举行独立庆典，中国特使与联合国秘书长潘基文、苏丹总统巴希尔、美国特使苏珊·瑞斯和约30个国家元首参加；中国外交部部长和国家主席分别致电，承认南苏丹共和国，祝贺基尔就任南苏丹共和国首任总统。

从2005年10月起，中国就向苏丹派出维和部队；2007年11月，向达尔富尔派出维和工兵分队；2017年6月，向达尔富尔派出维和直升机分队。早在南苏丹尚未独立的2006年5月，中国就向南苏丹派出了维和部队。

苏丹的战乱也给中国造成了重大人员伤亡。2008年10月，中国石油有5名工人在苏丹遇害，十多年来累计有40多位人员在苏丹牺牲。2016年7月10日，在南苏丹的内乱中，中国赴南苏丹维和步兵营两名维和人员牺牲、5人受伤。

苏丹是联合国公布的世界上最不发达的国家之一，南苏丹的独立带走了最大的收入支柱石油，苏丹经济每况愈下。2017年10月，美国解除对苏丹长达20年的经济制裁，但这并没有让苏丹经济好转，通货膨胀高企，民众生活必需品供应短缺。自2018年年底以来，苏丹多地发生示威活动并蔓延到全国。因政变上台执政近30年的总统巴希尔也因政变而下台，未来苏丹走向何方令人关注。

南苏丹也是世界上最贫穷的国家之一，90%的人口平均每天的生活费不到1美元，几近全国赤贫。2018年9月12日，南苏丹冲突各方签署最终和平协议，在未来8个月内成立为期3年的新过渡政府。2019年4月12日，南苏丹问题联合监督与评估重组委员会召开第五次会议，呼吁继续推进和平进程。与此同时，梵蒂冈为南苏丹领导人举行精神静修，南苏丹总统基尔和反对派领袖马沙尔参加。就在巴希尔被军事政变赶下台的同日，让全世界震惊的是，82岁的教皇方济各，跪倒在南苏丹双方领导人的脚下，逐一亲吻他们的鞋，恳求停止敌对行动，尊重停战协定，开启持久和平。

第三章

国家垄断 or 自由市场：各国电力市场现状与变革

第三章 国家垄断or自由市场：各国电力市场现状与变革

欧盟能源市场自由化得失[1]

在引入竞争机制的同时，未雨绸缪处理好环境成本和可再生能源的定价机制问题，是中国最应借鉴的欧盟经验。

30年前，欧盟能源行业处于垄断状态，要么是法定垄断，比如在法、意、英等国，政府允许本国公司享有能源生产及供应的专有权；要么是事实性垄断，比如在德、荷等国，地域性的公用事业企业享有通过自己的网络供应能源的隐性专有权。

欧盟能源行业的自由化花了30年时间，启动花了10年时间，全面落实花了15年时间。欧盟能源行业在生产端与批发零售端引入竞争，网络端则是监管下的垄断，也就是俗话说的"放开两头，管住中间"。2013年之后，欧盟能源市场的自由化进入回顾、总结与深化的阶段。

30年自由化历程（如图3-1所示），有得有失，特此成文，供正在进行能源市场化改革的中国相关人士参考。

---

[1] 本文原载2016年5月2日《财经》杂志，作者为戴璞（Denis Depoux）、韩舒淋，戴璞为罗兰贝格亚洲区副总裁，韩舒淋为《财经》记者。

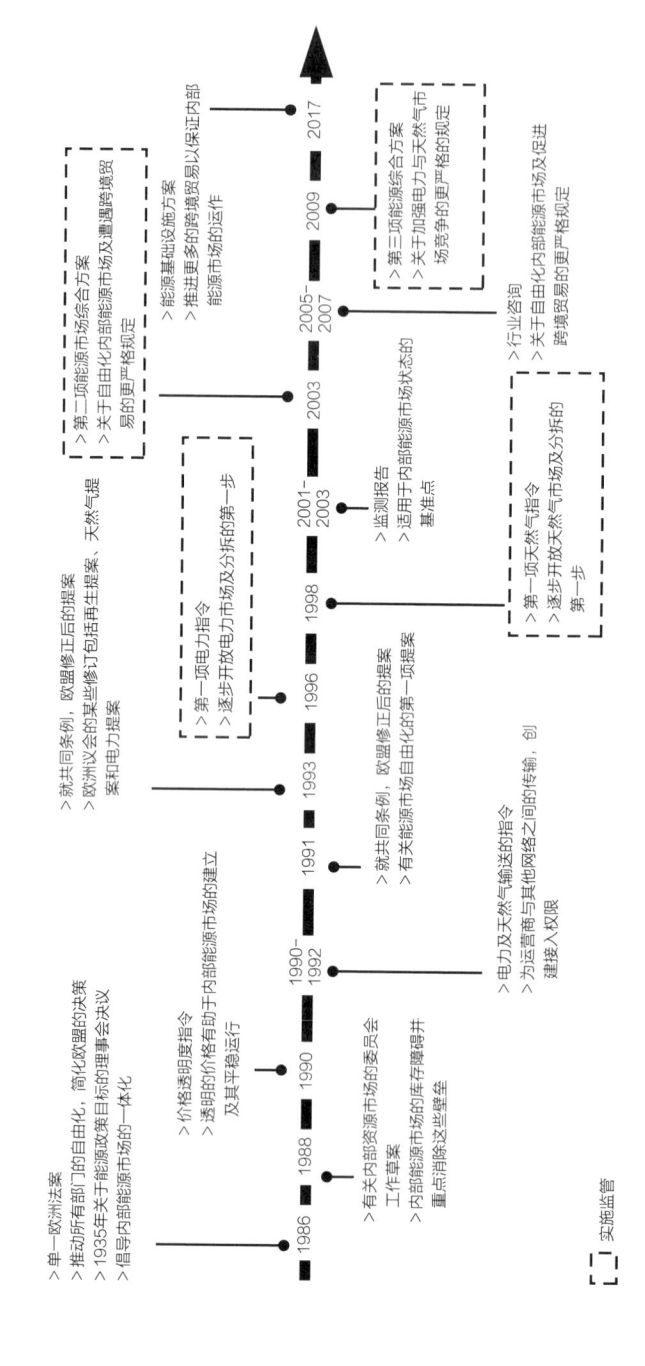

图 3-1 欧盟能源市场自由化历程（1986—2017）

第三章　国家垄断or自由市场：各国电力市场现状与变革

一、30年能源市场自由化历程回顾及其成就

欧洲能源市场的自由化发端于英国。20世纪80年代，撒切尔夫人在英国开启私有化浪潮，当时英国垄断的电力公司中央发电局（CEGB）被分拆，输电部门也被进一步分拆为几个区域公司，这产生了深远影响。

除此之外，在20世纪90年代初期，欧盟希望为各种商品、服务建立一个统一市场，包括食物、电信、航空、金融服务、保险、电力等各个领域都希望能够在一个统一的欧洲市场中竞争。

在几个垄断的公用事业领域中，欧盟率先进行电信部门的自由化，通过在电信部门引入竞争，电信服务做到了价格降低，质量提高。欧盟希望在能源市场复制电信市场自由化的成功经验。

上述几个因素成为欧盟在欧洲推进能源市场自由化的主要动力。欧盟希望通过自由化，在欧洲建立统一的市场，在能源市场引入竞争，给消费者带来好处。这种好处不仅是价格下降，还包括服务质量提升。

更重要的是，自由化有助于确保能源供应，这一点对天然气尤其明显。欧洲需要进口大量天然气，如果有统一的市场，买方就可以代表更多用户谈判，在谈判中掌握主动权。

从1996年起至2016年，欧盟先后出台了三轮政策来推进能源市场自由化。这三轮政策的出台是层层递进的，在能源领域不断施压促进市场化。

简单来说，1996年的指令确立了整个自由化的框架，其后，随着对政策效果的持续评估，为了促进竞争，欧盟又逐步出台了第二、第三轮政策。这两轮政策主要侧重于进一步加强监管，加强输电、配电运营商的独立性。

目前又开始出台第四轮政策的讨论，政策重点是对数据的监管。随

着智能仪表的广泛使用，会产生海量的能源数据，欧盟认为这些数据对竞争参与方非常有价值，因此有讨论认为，拥有智能仪表的公用事业和能源供应商不应独占数据或数据的使用权。

不过，目前欧盟还没有余力来具体讨论这些话题，对数据的监管主要由各国监管部门来实施。

二、技术在能源市场自由化中的关键作用

现在回顾，欧盟能源市场自由化达成了以下几个成就。

第一，三轮自由化政策促进欧洲建立了统一的能源市场。尽管有一些自然地理的障碍，但是欧洲整个能源批发市场是一个统一的市场，它不是一夜之间建成的，有很大的交易量，也有很好的价格机制。笔者认为这是自由化最重要、最大的成就。

第二，自由化提供了很好的投资信号。批发市场价格的意义就在于告诉人们哪里适合投资电站，哪里适合投资电网；天然气行业同样如此，如果价格升高，就意味着需要加大对 LNG 或者管道的投入。这套机制运转得很好。

第三，输配环节独立了，同时有强有力的监管。其中最关键的是引导输配网络达成合理的投资规模，并去除交叉补贴。它的盈利模式就是成本加上固定收益，输配网络的使用者支付相应的过网费。同时，输配环节被严格监管，现在已经不会有人去质疑输配商是否投资不足或者过度投资。另外，在独立和严格的监管下，输配商不仅会对网络建设进行投资，而且会在提高运营效率方面进行投资，这也促进了技术进步。

第四，实现了企业对企业（B2B）市场的充分竞争。B2B 市场的客户从小的商店到大的钢铁厂，需求差异很大：小的客户更看重服务质量

和灵活性，而大客户则对价格更加敏感。此外，还有一些客户更愿意使用绿色电力，据此形成绿色品牌效应。为了满足这些不同需求，有很多不同的电力供应商来提供服务，这是一个非常活跃的市场。

与之相比，在居民环节，天然气市场的竞争比电力市场更为激烈，而且竞争主要并不体现在价格上，而是在服务、品牌和其他捆绑服务上。

迄今在对电信行业和能源行业的自由化改革的回顾中，有一个共同的关键影响因素被忽略了，那就是技术。

一方面，在电信行业的自由化过程中，价格降低不仅仅是竞争所致，也是技术进步所致。20世纪80年代末90年代初，正是互联网刚刚开始发展的时候，通信卫星技术日渐成熟，电缆、光纤技术随后也被广泛应用。在电信行业自由化的同时，这些技术驱动因素促进了成本的快速下降。当然，竞争会促进行业对技术的投资。

另一方面，随着分布式技术的发展，会有越来越多服务家庭的分布式解决方案出现，譬如家庭能源供给的自给自足、对分布式电源的维保服务、家庭恒温控制等新的服务。这些变化的出现虽然并不是市场自由化驱动的，而是由技术进步驱动的，不过在自由竞争的市场环境中，分布式能源发展得更快。

三、独立高效的监管体制

在欧洲能源市场自由化的改革过程中，如果没有独立高效的监管部门，改革是无法成功的。监管独立于政府，更重要的是独立于输电、配电、发电等各个环节。

另外，监管要注重本地化，需要熟悉当地的情况。比如在美国，有联邦层面的联邦能源监管委员会（FERC），主要负责监管电力和天然气传输，关注批发市场；而在各州，地方的监管部门主要关注配电、售电和地方规划的监管。中国这样大的国家，可能需要类似的至少两层监管体制。

监管部门需要掌握广泛的资源，这些资源既可以是能源系统内的，也可以是能源系统外的。譬如英国的能源监管机构天然气电力市场办公室（OFGEM）就有大量外聘的律师、经济学家、咨询机构等。在欧洲，一般监管部门中大约一半的人员来自原来的能源市场参与者，包括电网、发电公司等，另外大约一半来自行政管理部门。

四、市场自由化过程中的两大不足

总的来看，欧盟能源市场自由化的结果是积极的。它的问题在于，能源价格被碳排放和可再生能源议题扭曲了。

这个系统最大的缺陷就在于环境成本是在能源市场之外，环境成本包含两部分：碳排放成本和可再生能源成本。

碳排放成本方面，《京都议定书》签订之后，欧洲启动了碳排放交易机制，每个工业用户都被赋予了一定的碳排放额度，额度可以互相交易。这个机制设计的初衷是未来碳价会越来越贵。

事与愿违。该机制在启动之初，欧盟向企业发放了免费配额，许多工业用户以产能峰值来计算其碳排放量，据此申请免费的碳排放额度，这导致免费发放的碳排放额度实际上过剩了。

另外，该机制是在金融危机之前建立的，金融危机后，经济衰退，产能降低，碳排放也因此减少，导致了碳排放额度进一步过剩。这些因素作用下，欧洲实际的碳排放价格在起初有所上涨之后便一直下滑，到2016年仅为每吨5欧元左右。

碳排放没有被准确定价，让整个系统陷入混乱。本来由于碳价体系，煤电成本会更高，而实际上并没有。它既与现有政策不合，也没有提供恰当的价格信号来促进正确的投资。

可再生能源补贴有类似的困境。许多政府都希望发展更多的可再生能源，而在可再生能源发展初期，其成本较高，这是另一种形式的环境成本。这一成本通过政府补贴来定价，而补贴本身来自税收，它也是完全在能源市场之外的。

在政府补贴下，有大量零边际成本可再生能源进入市场参与竞争，替代其他能源。它们以很低的价格参与市场竞争，而这并不合理，因为所有消费者都在为可再生能源发展交更多的税。

政治家们致力于应对气候变化议题，希望欧洲在可再生能源的利用上处于领先地位，因此大力补贴。对可再生能源的补贴无可厚非，不过更明智的办法应该是让可再生能源价格市场化，一个可行的办法是对碳排放准确定价，可再生能源就会因而更有竞争优势。可再生能源的成本应该通过碳价来反映，如果没有碳价，就需要通过向传统能源征收碳税。

在碳排放机制、可再生能源发展初期，或许难以预料到上述扭曲的问题。不过在问题已经出现之后，这些市场之外的政策依然持续了将近十年，没有任何其他政策来纠正，这简直就是犯罪。在这一点上，欧盟作为一个政治实体，其实是非常脆弱的，成员国有更强的独立性。若将欧盟与中国类比，中国政府无疑有更强的权威性。

中国为了补贴新能源而征收的可再生能源基金与欧盟的征税本质上没有区别，为了支持其发展而进行补贴也是合理的。但是无论采用什么补贴政策，都需要准确地定价，确保没有拿消费者、公众的钱白白送给可再生能源开发商。

要对补贴准确定价，就需要一个合理的可再生能源成本发现机制，这种机制可以是招标机制，通过竞标来提供一个价格参考。

表3–1是对欧盟能源市场自由化的得失总结。

表 3-1 欧盟能源市场自由化的成与败

	成功案例	失败案例
生产/批发	1A 全欧洲批发市场的一体化 1B 基于天然气的基本面,设立了天然气批发市场 1C 为主要公用事业机构建立了新型交易业务及组织机构 1D 优化了发电效率	1E 生产者卡特尔操纵价格 1F 无供应安全性的薪酬 1G 可再生能源生产的薪酬独立于批发市场,这将导致价格发现不充分
网络	2A 分拆及公平接入所有参与的企业 2B 网络成本保持平稳 2C 提高网络线路的投入 　> 供应的安全性 　> 更大规模地推进市场的一体化及优化	2D 历史悠久的企业拥有祖父条款的权利,因而妨碍了竞争(开始阶段) 2E 整合电网运营,保持跨境网络的差异性和复杂性
零售	3A 提供了多种电力与天然气定价方案 3B 结合了电力与天然气的双重报价 3C 欧盟内部的能源价格逐步趋同	3D 能源以外的多元化经营(水务、电信……) 3E 尽管产品竞争激烈,但众多消费者含有监管资费 3F 重要企业的有限换用/有限数量 3G 没有统一的欧盟零售市场(各国之间的价格截然不同)
条例	4A 整个欧洲的监管模式渐渐趋同 4B 独立的能源行业监管,确保一定的可预见性	4C 政府很难接受高额利润酬劳的高风险 4D 立法的目标过多及目标的不一致使得自由化的成效有所降低

五、市场自由化的商机何在

在自由化开启的第一阶段,许多企业出于对盈利前景的担忧,采取了不同措施来应对。

第一种,简单的商业并购。如果公司面临可能在一个国家市场份额减少的局面,就会想办法增加在其他国家的市场份额。在自由化改革开启之后,欧洲公用事业公司的并购交易显著增加。其中既有同一个国家内公司之间的并购,也有不少跨国并购。

第二种,多元化经营。能源公司开始开展许多不同类型的业务,比如西门子等公司进入金融咨询行业,莱茵、森特里克进军移动网络服务等。不过这些尝试大多不成功,后来逐渐退出了。

简单来看,第一阶段大家都在寻求合并重组的机会,不过到第二阶段才会有真正的整合和提升。其中最成功的一种整合是电力与天然气的整合。

在英国市场,自由化竞争刚刚启动时,英国天然气新增市场中最有优势的是 EDF(法国电力公司)在伦敦的伦敦电力公司。而在电力市场上收获最多新合同的则是英国天然气公司和森特里克，它们都是传统的天然气巨头。类似的情况也发生在法国。目前，大部分欧洲的公用事业公司都是同时涉足天然气和电力业务的。

但这些企业在电信、卫星电视、安全警报方面业务的拓展则显得不那么成功。除非有巨大的折扣，消费者还是习惯这些领域中的专业服务商来提供服务。而对公用事业公司来说，在这些领域吸引用户需要巨大的投入，并不具有经济性，因此大量公司放弃了在这些方面的探索。

在销售侧，零售商更关心如何精分不同的价格组合。譬如为一些夜间也会稳定用电的中小型企业提供更低的电价。

而对于普通居民消费者来说，其实大部分人并不关心电价水平，许多公司此前在这个市场的创新还比较缺乏，主要还是围绕大用户和直接交易来制定不同的定价策略。

不过，目前更多的创新正在中国和欧洲同步发生。能效技术和能源服务市场在不断发展，如果能够让消费者控制家里的空调、空气净化器甚至安全报警系统，这些服务就可以和供电服务结合起来，消费者会很乐意购买这样的服务。而这需要物联网技术的进一步发展。

在B2B业务方面，新的商业模式也在出现，譬如账单管理服务。对家乐福这样的大型跨国零售商来说，它们往往在许多国家都有零售店面，不同国家需要面临不同的电力服务商，如何根据各国店面的不同情况选出总体最优的价格策略，这是一个非常烦琐复杂的过程，于是就有专门的服务商提供账单管理服务，帮客户挑选出最合适的方案，这种服务本身就是有价值的增值服务。

这样的商业模式如果能结合物联网技术，就可以提供更多具有附加值的服务。例如，服务商可以在零售商店面的冰箱压缩机上安装一个检测仪器，监控设备运行的状态并搜集数据，如果发现数据异常，就可以在冰箱坏掉之前派人去维修，避免更大的损失。对于零售商来说，这样的服务是很有价值的。

事实上，上面这种商业模式已经成为现实。德国意昂集团旗下的一家初创公司就在为英国乐购提供这样的服务。

在这些增值服务方面，还有很大的发展空间。如果我是一家中国的电力公司，就会寻求和一些大的零售企业合作，为其提供综合管理服务。

第三章　国家垄断or自由市场：各国电力市场现状与变革

法国能源转型的核电悖论[①]

2016年1月，法国电网公司在其官网公布：2015年法国平均每千瓦时发电的二氧化碳排放量为44克。这个发电排放强度与欧洲可再生能源领跑者德国相比，不到其1/10，约为中国的1/20，可以说法国电力部门已经实现了其他国家梦寐以求的二氧化碳超低排放。

而且，值得称道的是，法国在实现发电超低排放的同时，其电价相对较低。2015年，法国居民平均电价约为16美分/千瓦时，大约相当于德国居民电价水平的一半。某种程度上，法国能源系统2016年的主要指标就是许多国家能源转型所要追求的理想状态。

然而，法国在2015年8月17日颁布了《能源转型法》。"高大上"的法国能源也要转型了，能转到哪里去呢？要回答这个问题，我们先来看看法国能源从哪里来，特别是回顾一下法国电力改革进程。在这个基础上，我们才能更好地理解法国能源为什么要转型，以及转型的具体路径。

[①] 本文原载2016年4月4日《财经》杂志，作者为瞿永平，能源业资深人士，现在国际金融组织任职。

一、法国特色的资本主义

在法国能源界有个颇为流行的说法:"法国没有石油,但是有点子。"其中,最令法国人骄傲的"点子"就是在电力部门实施的按长期边际成本定价的理论和实践,这保证了1946年成立的"共和国长子"法国电力公司(法电)长盛不衰,也成就了20世纪70年代以来法国核电的跨越式发展。

截至2015年,法国核电装机63吉瓦,占全国电力装机的近一半,当年发电量4168亿千瓦时,占全国总发电量的76%,并且是欧盟成员国中最大的电力净输出国。

随着欧盟经济一体化,法国自2000年以来逐步走上了电力部门市场化之路,并成立了独立的能源监管委员会。从发电的角度来看,法电的一统天下已被打破,2015年,在全国130吉瓦的电力装机中,法电以外的发电装机达到30吉瓦,发电量比例约占15%。法电也从衙门式的国有垄断公司变身为国家控股的混合所有制企业,并拆分成立了法国电网公司、法国配电公司两个全资子公司。

售电市场的开放采取了循序渐进的步骤,自1999年起,从大用户直购开始,到2007年7月1日起法国居民用户也可以自行选择售电商,售电市场终于实现了全面开放。法国售电市场有多家全国性的售电商,包括了意大利、德国、瑞士、瑞典、卢森堡等外资企业,但是法电作为国企也跻身售电商之中。

法国电力改革的表面力度不可谓不大。然而,自2007年中售电市场全面开放以来,绝大多数的法国电力消费者没有主动行使自己"用脚投票"的权利。至2015年9月底止,法国全国3153.7万居民电力用户中,只有352万选择了竞争市场上的新售电商,约占总数的11%。如果从电量的角度看,竞争售电商的供电量只占居民电力消费总量的8%。

那么，法国电力改革为什么会出现这样颇为纠结的局面呢？

关键因素是法国在开放市场的同时，很大程度上保留了原有的价格体制，事实上形成了电价的"双轨制"。

以居民用电户为例，2007年以后居民用户确实可以自由选择当地任何一家供电商的服务。表面来看，各个供电商提供的套餐大同小异，电费水平相差不大。然而，从价格形成机制来看，如果选择法电以外的供电商，电费均为市场价，有一定的不确定性；而法电的电费属于"监管价"，与改革前的法电的电价形成机制一脉相承。虽然号称"监管价"，但实际上并不受法国能源监管委员会的控制，而是由法国主管能源的部长根据能源监管委员会的建议来最后定夺批准。

所以，法国电力改革并不到位，市场化名不副实。究其原因，法国电力部门长期得益于法国特色的资本主义市场经济，吃核电的老本得过且过，电力改革只是在欧盟能源政策的外力作用下半推半就，且上有政策下有对策，为垄断留了"后门"。

法国电力公司虽然不再是法律意义上的垄断企业，但是保留了事实上的垄断地位。法国能源监管委员会的独立性有限，在事关重大的电价方面只有建议权，政府那只"看得见的手"依然在发电、输配电和销售各个环节操纵价格，最后还是能源主管部长说了算。因此，法国的电力改革饱受欧盟批评，认为法国是欧盟成员国中电力市场化程度最低的国家之一。

二、核电悖论怎解

长期以来，法国电力改革缓慢主要是内部动因不足，但是事情正在起变化，从法国的电价水平走势可见一斑。

自售电市场全面开放以来，各个售电商的"市场价基本紧贴法电的

"监管价",各种菜单只是略有优惠而已(一些专营绿色电力的售电价格则明显高于监管价)。在这种情况下,监管价的走向决定了法国消费电价的整体走向。

自 2008 年以来,每年监管价平均上涨 3%(同期平均每年通胀仅为 1.2% 左右),所以市场价也随之水涨船高。目前法国的电价水平已经达到欧盟的平均水平,而且预计持续走高,法国人引为骄傲的低电价优势很快就会失去。

那么问题来了,既然监管价掌控在政府手中,为什么政府会允许电价不断攀升?

因为法国的 58 座核电机组的平均年龄到 2016 年已达 31.4 岁,最老的机组是 1977 年建成投运的,最年轻的也是 1999 年建成投运的。据法国审计署公布的数字,核电平均发电成本 2010 年为 0.049 欧元/千瓦时,2014 年已达 0.062 欧元/千瓦时,而且成本势将继续攀升。

为将核电机组 40 年的设计寿命延长至 50—60 年,预计 2014—2030 年需要投入 750 亿欧元进行更新改造,考虑到还有 250 亿欧元的运行费用,到 2030 年前总额可能高达 1000 亿欧元左右(平均每台机组 17 亿欧元),每度电成本将达到 0.070 欧元。

在这种情况下,如果法国以核为主的能源结构保持不变,根据边际成本定价的原理,电价大幅上涨是不可避免的,核电成本将成为不可承受之重。成也核电,败也核电,法国的能源转型可谓"被逼上梁山"。

法国能源转型的最核心问题就是如何看待核电。在法国,左右两大政治势力对核电的地位和作用有一定的共识:法国坚决不能像德国那样走弃核的"邪路",但也不能走保持超规模核电的"老路"。

对于左翼来说,50% 的核电是"天花板";对于右翼来说,50% 的核电是不可再低的下限。这样,"50%"这个比例数字就成为法国一个奇妙的政治平衡点。

因此，国会批准的《能源转型法》规定，未来核电装机将不超过现有的63.2吉瓦规模，核电比例在2025年降至50%。相应地，可再生能源发电比例到2030年达到40%，在终端能源消费的比例达到32%；温室气体排放到2030年要比1990年降低40%。

虽然法国能源转型的目标很明确，也就是"去哪里"的问题解决了，但是"怎么去"的问题迟迟没有定论。按照原定计划，2015年8月《能源转型法》通过之后，在年底巴黎气候峰会前就应出台该法的实施细则。但此后几度推迟，法国政府表示要花更多的时间征询各方意见。

法国能源转型实施细则迟迟不能出台，主要是因为遇到了一个几乎无解的"算术"问题：《能源转型法》要求2025年核电比例下降至50%，但同时又规定核电装机量可以维持在63吉瓦的现有水平。这两组分别涉及发电量与装机量的数字实际上是有矛盾的，鱼与熊掌如何兼得？

法国电力公司已经表示未来十年内只有两台最老的机组退役，由将在2018年投入商运的弗拉芒维尔EPR两台第三代核电机组代替，但是总体而言，法国的核电装机将维持在《能源转型法》所规定的规模。

在装机水平不变的情况下，如果2025年实现核电比例下降到50%，那么电力需求应该增长到7500亿千瓦时。然而，按照最乐观的预测，法国电力需求到2025年也不可能超过5500亿千瓦时。如果将核电比例在2025年降至50%，这就要求法国在未来不到十年间要关闭10—15台核电机组，从而减少相应的核电发电量。但是在现有经济技术条件下由可再生能源替代核电，电价仍然会飙升，从而有悖于转型的初衷。

至此，因为这道解不出的算术题，法国朝野关于能源转型的辩论似乎回到原点。

的确，法国能源转型如果孤立地在法国本土来推进，确实是一盘死棋，但如果在欧洲电力市场上大量吸纳德国等周边国家的可再生能源电源，同时以核电出口支撑德国等国的可再生能源发电进一步发展，形成法德"核电—可再生能源"的低碳轴心，法国能源转型这道难题未必完全无解。

也就是说，在欧盟的范围内，特别是与德国的能源转型整体考虑，法国"过剩"的核电可以得到充分利用，而可再生能源应用的比例也可增加。

从法国说到欧洲，如果欧洲范围内的能源转型最终能够成功，对于中国这样的大陆国家而言，将会得到极为珍贵的启示：**各地区能源禀赋不同，不必在各自的地盘内追求转型**。核电、可再生能源等低碳能源的发展需要电力改革配套，需要一个以坚强的智能电网为依托的全国性电力市场。如此，中国各地区才能够取长补短，走上可持续发展的转型之路。

第三章 国家垄断or自由市场：各国电力市场现状与变革

俄罗斯天然气改革的路径依赖[①]

天然气曾经是俄罗斯的骄傲，其产量多年位居世界第一，即使在苏联解体前后那个异常混乱的时期，俄罗斯对欧洲的天然气供应也几乎没有受到影响。

实现这一壮举的是俄罗斯天然气工业股份公司（下称"俄气"），这家脱胎于苏联天然气工业部的公司更像是一家政府部门。俄气公司是世界上最大的天然气生产、运输、销售一体化企业，曾一度垄断了俄罗斯90%以上的天然气生产和全部的对外出口，并拥有17万公里的长输管道及数百亿立方米的储气库。

在俄罗斯独立后的私有化过程中，与石油工业四分五裂、群雄四起不同，俄罗斯天然气工业一直保持了这种上下游一体化的高度垄断结构。虽然当时也有改革派提出要拆分俄气公司，但"休克疗法"的总设计师、时任总理盖达尔，在俄气改革上却十分保守，反对拆分。因此，在叶利钦时代对俄气公司虽然进行了股份化改造，但政府仍绝对控制俄

[①] 本文原载2015年12月21日《财经》杂志，作者为杨雷，能源业资深人士，国际能源署署长高级顾问。

气，保持了上下游一体化的结构，这也可能是考虑到俄气对能源安全曾经的巨大贡献。

"路径依赖"理论提出者，刚刚逝世的诺斯教授曾谆谆告诫，当一种体制形成以后，会形成既得利益集团的压力，继续影响后续改革。这话用来描述俄气的改革历程再恰当不过。

改组后的俄气公司仍是一个典型的垄断企业，具有垄断公司普遍存在的问题，后期甚至造成了政府的信息不对称。在资源开发上，随着西伯利亚那些大气田储量的消耗，开发新气田才可以持续保有竞争力，但偏远地区和需要新技术来开发的气田迟迟不能得到重视。

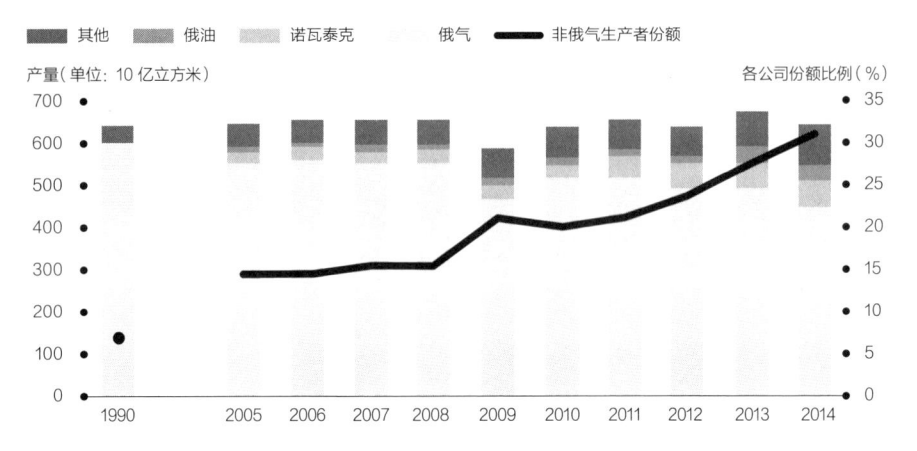

资料来源：ERI RAS

注：这张图显示的是俄气与其他独立天然气生产商的天然气产量变化情况。在1990年前后俄气公司的顶峰时代，俄罗斯超过90%的天然气产量来自这家公司。进入21世纪，俄气的产量逐步降低，市场份额加速下滑。黑线代表的非俄气公司的天然气产量比重，到2014年已经超过了30%。

图 3-2 俄罗斯天然气产量结构

2002年，在新总统普京的主导下，俄罗斯开展了新一轮的市场化改革，俄能源部曾想借机改革俄气这种垄断体制，把生产和销售公司分开。核心是把管输业务这样的自然垄断环节拆分出来，从而实现投资主体的公平准入，促进竞争。

时任总理卡西亚诺夫非常支持这项改革，并将之作为经济自由化改革的一个重要内容。年轻的能源部副部长米洛夫雄心勃勃地负责起草这项改革的具体方案，尽管他的方案一再送到普京的面前，但普京始终犹豫不决，让他们继续征求俄气总裁米勒的意见。经过无数次征求意见之后，再与俄气公司商量改革方案无异于与虎谋皮，这让卡西亚诺夫哭笑不得。这项改革无疾而终，不了了之。

虽然没有实现结构性的顶层改革，但冰川逐渐消融，也在汇合成潺潺溪流。首先是俄气公司以外的天然气生产大幅度增加。名列前茅的是俄最大的独立天然气公司诺瓦泰克（NOVATEK），这家公司的俄语词根里面有一个"新"字，似乎说的是新技术，其实更希望是带来新机制。俄罗斯政府也要求俄气公司对新的天然气供应商要给予管道的公平准入，但俄罗斯反垄断部门费尽力气，也只是有限地实现了管道的第三方开放。

2009年，诺瓦泰克公司与俄罗斯统一电力公司签署了650亿立方米的天然气供应合同，让俄气感到大受挑战。不得不提的是，诺瓦泰克公司虽然是私营企业，但背景非同一般，他的老板季姆琴科据说是普京的发小级伙伴。是不是这么铁的关系难以考证，但2014年美国在克里米亚危机后制裁俄罗斯，季姆琴科被列入首批制裁名单，也显示出了他与克里姆林宫非同一般的关系。

另外一个同样背景非凡的挑战者是俄罗斯石油公司（下称"俄油"）。俄油是在普京收拾了霍多尔科夫斯基的尤科斯公司后成立的国家石油公司。俄油的油田原来就有伴生气，俄油也不断看好天然气市场前景，这些年来，俄油在天然气领域收获不少。与诺瓦泰克不同的是，俄油更有体制改革的冲动，因为它本身也是政府的企业。俄油的现任总裁，是被称为"普京"影子的前克格勃同事谢钦，曾就任分管能源的副总理，现在仍担任着总统能源委员会的秘书长，对于能源政策的影响非同一般。

与此同时，俄气公司却仍然在承担着相当复杂艰巨的政治外交任务。历次的乌克兰危机让天然气成为武器的同时，也让俄气公司的好名声碎了一地。出于对能源供应安全的考虑，欧盟开始把天然气多元化供应作为国策，大量进口液化天然气，同时大力推动一体化的市场化改革，支持成员国与俄气复议天然气长约合同。近几年来，欧洲进口俄罗斯天然气逐年"量价齐跌"，让俄气捉襟见肘。

真正让俄气坐立不安的是全球天然气形势的变化。这种改变发端于美国，一个由成百上千个小公司发起的页岩油气革命正在实质性地改变世界的能源地图，当卡塔尔原本要出口美国的液化天然气一船一船驶向欧洲的时候，俄罗斯也在不断失去这个最大市场的份额。但俄气甚至不愿承认这种天然气形势的改变，这种认识也导致了俄罗斯向东开发市场时与中国旷日持久的谈判，前后拖了十多年，让俄罗斯失去了很多机会。

改革的驱动力一直都在。2015年7月，俄能源部再次提起天然气改革，这次领衔的是谢钦的俄油公司，他们递交了新一轮的改革方案。该方案建议分三个阶段实施改革：2015年至2018年，建议在俄气公司系统内对出口和国内供气实行分别计价，逐步取消俄气公司对天然气的出口垄断权；2019年至2021年，为天然气独立生产商的出口提供明确框架，要么采取国际价格净回值计价，要么提供出口配额；2023年至2026年，将俄气公司彻底拆分成运输和开采公司。

俄油认为，改革的主要好处是提高天然气开采量和出口量，从而增加政府的税收。据说俄气公司马上提出了反对意见，认为没有必要让其他主体投资干线管道，而且改革将削弱国内的普遍服务水平，同时生产商之间的竞争将导致俄天然气在欧洲和亚洲的价格下降，意味着将失去部分出口关税。

近半年过去了，原定10月前报总统能源委员会审议的方案现在音信全无，看来这个方案可能会再次无疾而终。

俄罗斯作为天然气资源最丰富的国家，产量世界第一的桂冠自从2009年被美国抢走后，就再也没能夺回，而且差距日益拉大。十年来其天然气新增储量几乎为零，而美国则将近翻了一番。这让人慨叹俄罗斯天然气江河日下之余也多了不少思考。

诺斯教授曾经警告说：一旦路径被锁定，除非经历过大的社会震荡，否则很难退出。这句话简直就是俄罗斯天然气工业的写照。

在俄罗斯，天然气可以作为政治手段、外交武器、民心工具，但其商品属性时常面目不清。这不仅让俄罗斯坐失大量国际市场份额，也让其在面对日益高涨的国内改革呼声时，同样进退失据。这对于中国即将再次起航的能源改革，无疑是深刻的警示与参考。

从巴菲特与马斯克对赌看美国电力转型[①]

沃伦·巴菲特（Warren Buffett）与埃隆·马斯克（Elon Musk）正在进行一场对决，这场对决涉及是否需要、何时进行及如何过渡到电力行业新时代，包括行业架构和监管架构。

截至2016年，电力行业已有136年历史，现在，一股聚合力量——包含技术、经济、商业模式及用户偏好等多个维度——正在从根基上动摇这个行业。遗留资产被迫与新生资产展开竞争，发展缓慢的体系正在被迅猛的创新颠覆，传统的公共商品正在受到强劲市场力量的冲击。

一、内华达"地震"

在这次对决中，巴菲特相信电力公司能够为电网提供比分布式的屋顶系统更便宜的太阳能电力。他旗下的内华达能源公司已经成功说服州监管机构停止"净电量结算政策"（一项在美国44个州实施的政策，即

[①] 本文原载2016年6月27日《财经》杂志，作者为卢安武（Amory B. Lovins）、约翰·克莱特斯（Jon Creyts），卢安武为落基山研究所联合创始人兼首席科学家，约翰·克莱特斯为该所常务董事。

屋顶太阳能用户能够将多余的太阳能电量以居住用电费率出售给电力公司），理由是这些分布式系统享受到了电网支持，因此它们应该与其他的集中式电源进行公平竞争。

修订后的政策规定，屋顶太阳能用户出售多余电量的价格必须与未交付批发电力价格一致，或与全国所有集中式发电厂（包括煤电厂、核电厂和天然气热电厂）向电网售电的价格一致。该政策使屋顶太阳能发电用户的收入降低了75%。除此之外，该政策还规定了由于这种历史上存在的价格差异而需要向电力公司支付的补偿，以及使用电网需要缴纳的新增固定费用。但最令屋顶太阳能投资者感到愤怒的是，这些政策变化是在他们的投资已经完成之后发生的。

作为这种愤怒声音的代表之一，马斯克严厉地批判了内华达州2015年年末的太阳能新政。他认为电网及其规则需要做重大改革，以适应如今广泛发展的各式新兴资产，包括经济性不断提高的屋顶太阳能发电、智能电器、储能电池及电动汽车等，因为它们能够提供给消费者真正需要的东西：清洁、便宜且具备弹性的能源服务。但所有这些新兴资源都没有得到内华达新政充分的支持，新政与更灵活、更智能、更以客户为中心的新兴能源解决方案已经脱节。

马斯克旗下的住宅太阳能开发公司SolarCity已经退出内华达州，并资助了一个旨在推翻电力公司委员会决定的项目。

内华达州政府的决定引发了一场政治地震。一项起诉州政府的集体诉讼集结了1.5万名原告，他们对电力公司向太阳能征税、没收太阳能发电电量并以高出三倍的价格转售等行为感到愤慨。内华达州亲商的声誉也因此受到了损害，硅谷的主要投资商明确地表示，对在内华达州进行的新投资项目持怀疑态度。

内华达州并非冲突的唯一发生地。美国拥有一套极其复杂且无序的机构架构。超过1.5万家能源管辖机构和3000家配电公司负责包括电力生产、监管、定价和交付在内的所有事务。这种多样性意味着实验无处不在。

二、电力行业的四个颠覆性趋势

从某些衡量指标来看，电力行业是世界上规模最大、资金最密集和最关键的领域。该行业面临正在全球扩散的四个主要颠覆性趋势。

1. 不断降低的价格

即使没有政府资助，可再生能源电力的成本也在急速下降，电价变得可与传统化石燃料供电方式竞争。平价的可再生电力在世界上的一些地方已经成为现实，而在剩下的大部分区域，也会在未来十年变成现实。

电力购买协议（PPAs）是一种能够让可再生能源电力开发商获得稳定收入流的长期标准合同，该协议在美国的有效期普遍为20—25年。这些有保障的现金流能够帮助开发商筹集项目所需的资金。在美国，可再生能源电价已经跌入波动的全国零售电力价格范围的低端，这说明风电和太阳能电力已经具备了成本优势。

图3-3右下角的星号显示的是2016年世界上无补贴光电和风电的最低价格，分别来自墨西哥和摩洛哥。随着生产效率的提高，其他国家的风光电价将会具备与如今墨西哥和摩洛哥风光电价同样的竞争力。更重要的是，可再生能源电力能够实现供电多样化、提高安全性、有利于清洁空气并创造数百万个新工作岗位。

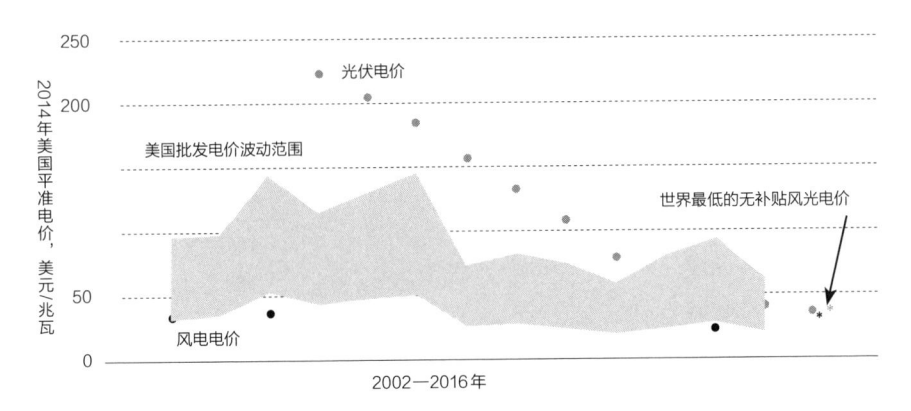

第三章 国家垄断or自由市场：各国电力市场现状与变革

图 3-3 可再生能源电价持续大幅下降

2. 更高的效率

在使用电力方面，美国能够以极具吸引力的投资回报率，将生产效率提高近 4 倍。美国总用电量自 2007 年起就一直保持稳定，而其经济总量则在 2007 年之后增长了 15% 以上。

生产力提高的原因有很多，更智能的科技和更高效的能源使用在其中的作用是显而易见的。例如，每 10 年，LED 照明灯的效率提高 30 倍，亮度提高 20 倍，价格降低到原来的 10 倍。LED 照明很可能在 5 年之内占据世界普通照明市场三分之二的份额，从而节约大量照明用电。

此外，其他并不显而易见的技术进步正在抵消或减缓世界上多数国家用电量的增长。这包括更高效的发动机、隔热效果更强的建筑外墙与窗户、更高效的供热与制冷系统，以及各种各样的节能电器。

3. 电网个性化

除了持续降低的电价，用户希望电力具有稳定性、可预测性、坚实可靠性和弹性，成为一种能够使空气更洁净、人们身体更健康、气候更安全的环保能源。而智能电网能够帮助用户根据这些属性定制自己的电

213

力消费。2015年，在美国新增的发电容量中，三分之二来自可再生能源。美国的企业用户购买了3.2吉瓦的可再生能源发电量（超过了装机增量的10%），以便享受可再生能源电力带来的特殊效益。所有这些信号都预示着电力购买正经历以服务为基础的转变，电力这个长久以来一直被认为是无差别的商品开始变得个性化。

4. 商业模式创新

新商业模式正在迅猛涌现。在美国，大多数屋顶太阳能发电装置是免费为业主安装的，由第三方提供融资，无首付要求，费用通过节省下来的电费来支付。太阳能电池板正在日益与电能储存装置整合为一体。有些设施甚至加装了控制装置，以便在电价最便宜时或可再生能源发电量最丰富时段使用电力。电动汽车也开始被用于向电网提供分布式储能和其他辅助服务。

所有这些颠覆性因素，均在这场于内华达州沙漠中进行的巴菲特的内华达电力公司与马斯克的 SolarCity 之间的对决中发挥着作用。

三、米高梅押注电力赌局

赌场巨头米高梅国际酒店集团从内华达电力公司购买的电量几乎占了该公司拉斯维加斯地区电力总销售量的5%。米高梅集团2016年也宣布脱离公用电力系统，将自行生产或购买其使用的电力。该集团为此需要支付一笔监管机构强制的、金额高达8700万美元的"退出费"。米高梅相信，其节省的电费能够超过这笔退出费，并能更好地满足其客户对清洁能源的需求。

这就是说，米高梅投注8700万美元，打赌可再生能源电价能够降得比垄断电网公司主要依赖的化石燃料电力价格更低。凭借其巨大的会展中心房顶安装的太阳能电池板，米高梅公司现在的日子很好过。而且，与内华达能源公司一样,它也能购进私人屋顶光伏发电,但无须支付相关的费用。

就像赌场业主包赚不赔一样,米高梅在电力赌局中也会胜出,并且很可能会有其他人效仿。接下来的问题是监管方会对相互冲突的压力做出何种反应。电力用户如何以最好的方式离开传统电力,过渡到更为廉价和洁净的可再生能源电力。

沃伦·巴菲特及其伯克希尔·哈撒韦能源公司因其令人印象深刻的可再生能源资源投资,以及其已经表达过的将投资额加倍的意向而值得赞誉,但是,巴菲特及其公司需要学习如何在开放的、竞争性的、以用户为主的状况下进行投资,这种状况随着时间的推移只会愈演愈烈。

随着技术大幅进步,而且不单单是可再生能源方面取得的技术进步,可再生能源击败化石燃料的概率在日益增大。负荷灵活的智能家电能够轻松地将用电集中到太阳能发电时间,价格日益低廉的储能电池技术能够将太阳能电力转移至夜间使用,所有这一切正在迅速地降低与电网公司并网的必要性。

四、进行中的实验

在美国,不同区域不仅在能源资源和需求方面有很大差异,在政治文化及监管环境上也不尽相同。

在加利福尼亚州,拥有强有力公众支持机制的州政府已经积极制订目标,旨在加速开发和推广符合实际情况的可再生能源解决方案,包括开发灵活的电网资源,以帮助管理由于接纳大量可再生能源电力而造成的电网运行波动性。

纽约州率先进行的监管制度改革,正在通过创建市场,使用户能够通过开发本地微电网、可再生能源及储能解决方案,来参与投资并获得收益，从而解决不断扩大的电力负荷峰谷电量需求差。

得克萨斯州始终保持结构简单的市场，仅对电力的能源属性进行定价。但他们也开始大力开发公共电网基础设施来连接偏远的可再生能源发电项目和人口密集的电力负荷中心，积极推进可再生能源产业的发展。

夏威夷州的热带岛屿广泛地使用昂贵的柴油发电机组，这使得来自太阳能的竞争像台风一样冲击着当地的电力公司，使其不得不对电网公司商业模式进行彻底的重新审视，这预示着不可避免的变革正在来临。

这些及其他行政辖区在如何开发优势，避免因可再生能源快速兴起而产生陷阱等方面提供了宝贵经验。

中国电力市场的情况在某些方面与美国大约十年前的情况相似。为支持充满活力的经济，两国都大量建设了集中式电网资产，都拥有过剩的常规发电机组，低成本煤电装机容量在发电容量中占主导地位，电网基础设施坚固。但随着国家向服务型经济转型，曾经强劲的电力需求量增长正在开始平缓，最好的可再生能源资源远离电力需求中心。

但二者也存在很大差异：中国的体系高度集中，发电厂的运行调度受配额制制约；两大电网和五大电力公司主导着电力供应网络；中国电力监管框架很少利用市场信号进行监管。

如今，中国电力体制正朝着绿色调度方向转型，目标是以最低的排放量和最低的成本经营尽可能多的发电厂，而美国在重构监管体制方面的经验教训，无疑是重要参考。

第三章　国家垄断or自由市场：各国电力市场现状与变革

美国放开售电侧后发生了什么[①]

绿山能源（Green Mountain Energy，GME）于1997年在美国佛蒙特州成立，起初是一家小型售电公司，通过批发购买可再生能源，再以零售价销售给工商业用户和居民用户获得收益。在美国电力改革初期，售电市场刚刚开放，佛蒙特州所有用户基本还延续电力改革前向垂直一体化垄断型电力公司购电的习惯，而且用户对售电公司还很陌生，对购买可再生能源电力也不甚了解。但今天，GME已经跻身美国最知名售电公司行列，并在2010年被美国最大电力公司之一NRG以高价收购。

为什么GME这样的售电公司能够抓住售电侧放开的机遇，成功将商机变成市场占有率？

总体而言，美国售电公司一直专注提高两大核心竞争力：减少电力采购成本并控制风险、积极争取和留住客户。但电力本身是一个无区别性商品，大多数用户主要关注价格。售电公司面临激烈的价格竞争，因此利润较低。故不少售电公司在近年来开始加强第三种竞争力，即提供

[①] 本文原载2016年8月22日《财经》杂志，作者为克莱利·伊（Cyril Yee）、柯毅，克莱利·伊为落基山研究所董事，柯毅为该所高级咨询师。

增值服务来实现差异化，以此避免单纯价格竞争。

一、减少电力采购成本并控制风险

燃料和现货市场价格波动无法转移到售电市场，这是美国售电公司面临的主要风险。它们需要在中长期批发市场和现货市场上买电，现货市场的电价波动性较大，上游燃料市场的波动还会传导到整个电力市场。而他们的售电合同一般是固定售电价格（特别是对居民用户，工商业用户的电会有更多的动态电价）。因此，批发价格意外波动将对公司盈利能力产生直接影响。

例如，在2008年冬天，天然气价格迅速上升，购电成本大幅度增加，在这样的情况下，四家位于得克萨斯州的售电公司因不能对用户提高价格而破产。

拥有发电资产也是售电公司规避价格波动风险的常用方法。像道明尼电力（Dominion Power）、美国联合能源公司（Constellation Energy）和NRG等大型电力公司，它们原本都是发电公司，在美国电改开始之际开设或收购售电公司，来辅助已经成功的发电业务。因此，它们可以同时在批发市场上售电和购电，这样可以对冲批发市场任何重大价格变动所带来的风险。但这并不是减少价格波动风险的唯一手段，**独立售电商可以通过远期合同、期货、差价合同和期权等金融工具来对冲购电风险**。有些独立售电公司会设立自己的能源交易部门，用来对冲风险，有些公司也会选择外包给专门的能源交易公司，而公司本身则专注在获取和接触用户业务方面。

另外一种控制风险的方法，是通过动态售电价将批发市场价格波动性部分转移给售电用户。在美国和中国，传统的售电电价多是固定电价，全年费率不变。而动态电价（其中售电电价随时间变化，反映批发价格变化）鼓励用户将用电负荷从电量需求高峰时段（电价高）转移到其他时段（电价低）。这将提高电网运行效率，并降低电网运行成本。使用动态电价能为售电公司规避现货市场风险，以较低的价格购买电力，并将节约的成本与用户分享。在美国，放开售电的州有更多的用户选择动态电价，而研究表明动态电价（以及其他形式需求响应）可以降低电力成本，同时支持可再生能源并网。

二、发展和留住客户的秘诀

除了控制电力采购的成本和风险，售电公司还需要积极获取用户，这是售电公司增加收入的主要来源，同时也是主要成本来源。在美国，一个新的居民用户的获取成本在75—150美元，而用户流失率（损失用户百分比）每年在30%左右。

保持低成本能够帮助售电公司获取新用户。 2013年的君迪（J.D. Power）电力行业居民用户满意度调查显示：选择新售电商的用户中，64%是因为更低价格。所以，确保能够为用户提供更低电费在电力市场竞争中就获胜了一半。

但低电价并不保证能成功获得用户。用户往往不愿意额外费心去转换售电商，而继续保持默认选择，从原有电网公司购电，这是售电公司需要克服的一大难题。因此，售电公司在用户获取方面投资了大量资金。

除此之外，售电公司还通过利用用户细分分析技术和方法，判定最有价值且最易改变售电商的用户类型，以提高用户获取率。比如在进行分析后，售电公司发现刚搬家居民用户更容易转换售电公司（售电公司30%新用户都是新近搬家居民）。细分用户以后，售电公司就可以针对不同的用户群来定制相应产品，精准投放给用户。

以 GME 为例，该公司是最早一批在互联网上面向居民用户投放广告的售电公司。其颇具感染力的宣传，成功为 GME 争取了大量用户。随着电动汽车拥有量增加，它又把目光投向这一群体，推出了和充电桩配套的"无污染电动汽车"的套餐，为充电桩提供 100% 绿电。近两年，Nest 智能高效恒温器在美国大热，让它又嗅到新商机，适时推出了名为"无污染高效家居"套餐，精准满足购买 Nest 的家庭对能效和支持环保的需求。

另一招是不提供默认售电商选项。比如，在得克萨斯州，所有用户都必须自己选择电力供应商，这迫使所有用户从不做选择的惰性中脱离，让他们思考自己在能源供应中最在意什么（环境、价格，还是降低风险）。这一政策设计，让参与得克萨斯州电力市场中脱离原有电网公司的用户比例达到全美最高。这使用户积极参与选择，并将这些信号传递到售电公司，从而影响他们在批发市场上的决策（与得克萨斯州政府推行这一举措的意图一致）。比如，30% 的用户都选择了购买高比例可再生能源电量的售电套餐，这就是一个明确的信号，让开发商建造更多风能和太阳能。

这也是电力改革要推动零售侧竞争的根本意义：用户需要的不仅仅是电力，他们可能更乐意要绿色电力；他们需要低价，也需要更高的可靠性（在经历桑迪飓风等严重风暴后，这成为推动美国许多电力公司发展可靠性电力的一大因素）。但是传统电网公司并未响应和满足这些用户需求。

零售电力改革，不仅为新的售电公司进入电力市场提供机会，也为它们给用户带来创新举措创造了条件。同时，对于用户而言，也是他们塑造一个满足其现在及未来需求的电力行业的机遇。

三、颠覆旧商业模式

近几年，为用户提供增值服务在售电公司中成为一种趋势。通过提供差异性产品，满足用户需求，美国售电公司可以规避单纯价格竞争，留住用户，并提高收益率。比较有特色的增值服务包括绿电、节能服务和能源托管。

一个零售电力企业最普遍的选择是为用户提供可再生能源。工商业用户和居民用户越来越意识到环保问题的重要性，并愿意为可再生能源支付略高价格。众多售电公司都开始为用户提供含高比例可再生能源电力的套餐。这些绿色套餐让零售电力市场放开的区域能有更多的绿电上网。

截至 2013 年，允许零售电力竞争的地区销售的绿色电力是传统管制地区的两倍，提供绿电的零售公司相对普通售电公司有更高利润和更高的公司估值。以 GME 为例，其电价略高而且用户的流失率更少。NRG 在 2010 年以高于普通售电公司 1.5 倍的估值收购 GME，单价为每个用户 1200 美元，业界均值是 450 美元。

除此之外，美国售电公司在提供差异化服务方面还进行了很多其他探索。一些售电公司完全从传统售电模式中脱离出来，专注提供一整套电力服务。Joule Asset、ERG home 和 Engie 都是其中代表。

Joule Asset 为用户进行一系列节能改造，安装高能效设备。用户再逐月通过电费形式支付改造成本。这种商业模式之所以可行，是因为节能通常比发电更便宜，尤其当用户端支付的电费中还包括输电和配电成本时。举例说明，如果一个用户的电费是 5000 美元 / 月，在 Joule Asset 为其进行节能改造，如安装高效空调和 LED 照明灯之后，能耗比以前降低 20%，电费变成 4000 美元 / 月。而 Joule Asset 和用户签订协议，在之后五年，用户每月支付其 4700 美元。则用户节省了电费 300 美元 /

月,而 Joule Asset 可以用每月 700 美元偿还节能改造投入并从中获利。这样的设计也增强了合同执行度,因为一旦用户不按时付费,售电公司可以停止供电。

通过节能获利的商业模式彻底突破了传统售电公司通过多售电来增加收益的模式(售电越多收益越高)。传统电网公司和售电公司的商业模式,与国家减少碳排放和提高能效的目标相矛盾。但在上述例子中,不仅实现了零售电力公司利润增加,而且能效降低了 20%,用户用能成本减少。通过将售电公司收入与为用户提供所需服务挂钩,而不是实际电量,售电公司就有动力大量推进节能手段,减少成本,而不是简单地希望为用户提供更多的电力。

而另外一个类似的案例则是丰田公司与 MP2 达成的交易。根据这一为期五年的协议,MP2 将为丰田在美国得克萨斯州的新总部提供 100% 的可再生能源。MP2 将安装 7.75 兆瓦的分布式太阳能,不足部分电量从当地风能和太阳能发电站采购,同时在合同期内可能逐步安排更多的需求响应措施。这种商业模式之所以可行,是因为由于技术、金融创新、光照丰富及政府补贴等多重因素,得克萨斯州的地面光伏电站发电成本已经低于传统的煤电和天然气发电,而且分布式光伏的价格也相对零售价格具备竞争力。MP2 的收益不仅来自从电网购买廉价电力然后销售给丰田,而且与其提供的价值密切相关。

虽然面临的市场情况不同,机遇和挑战也不同,但美国售电公司提升三大核心竞争力的方法值得中国同行借鉴。能够有效控制购电成本和风险,并针对用户需求定制差异化产品,通过为用户创造更多的价值来获取并保留用户的售电公司,必将成为售电市场放开后的大赢家。

第三章 国家垄断or自由市场：各国电力市场现状与变革

美国企业是如何爱上可再生能源的[①]

美国可再生能源的购买主力，已由强制可再生能源配额制度下的电力公司采购，转变为消费者偏好驱动下的企业主动采购。

一、谷歌称 2017 年公司全部使用可再生能源

近年来，苹果、通用汽车等美国企业可再生能源采购量逐年走高，给市场发出了积极的信号。2009 年，美国新建的可再生大型地面电站的产出几乎全部卖给了电力公司，自 2010 年以来，企业采购可再生能源电力的势头增强，到 2015 年，企业可再生能源采购占到了当年新增装机容量的 40%，其中，企业直购风电比重更高达当年新增风电总量的 56%。

由世界野生动物基金会 2014 年发布的 *Power Forward* 2.0 报告称，60% 的财富 100 强企业及 43% 的财富 500 强企业都制定了可持续发展目标，其中部分企业还承诺未来实现 100% 使用可再生能源电力。以谷

[①] 本文原载 2017 年 3 月 20 日《财经》杂志，作者为刘莎、李夕璐，刘莎为落基山研究所中国项目传播经理，李夕璐为落基山研究所咨询师。

歌为例，该公司披露其 2015 年消耗的电力约为 5.7 太瓦时，这相当于同一年旧金山整座城市的用电量。

二、美国企业历年可再生能源采购量

2010 年，谷歌首次进入可再生能源采购市场，与爱荷华州一个装机量 114 兆瓦的风力发电厂签订长期购电协议，购买了这一风电场的所有电力。2016 年 12 月，谷歌宣布通过购买风电和太阳能电力，将于 2017 年实现全球业务 100% 使用可再生能源。

1. 买方需求 + 政策刺激

美国企业可再生能源采购市场的迅速发展与美国社会重视环保的大环境相关。越来越多的企业意识到应对全球气候变化的企业社会责任，并通过制定和实施可持续发展目标来减少企业碳排放。企业在重视环境效益的同时也在追求经济效益，可再生能源的价格随着可再生发电设备成本的大幅下降而越来越具有竞争优势，从而让企业在做出采购决策时更加偏好可再生能源。

Lazard 2016 年平准化度电成本[①]LCOE10.0 报告显示，即使不考虑政府补贴，在美国地面电站规模的太阳能光伏和风能的发电成本普遍低于天然气和火电发电成本。国际可再生能源机构（IRENA）2016 年 6 月发布的一份报告称，2009 年以来，风力发电设备价格下降了 30%—40%，而太阳能电池组件的价格下降幅度高达 80%。该报告还预计到 2025 年，陆地风力发电成本较 2015 年水平将降低 26%，太阳能光伏发电成本甚至可能降低 59%。

美国有很大的优势来发展可再生能源。

---

① 指对项目生命周期内的成本和发电量先进行平准化再计算得到的发电成本。

首先，在美国实现这些环境效益和经济效益离不开一个大前提，那就是美国拥有充足的可再生能源优质资源。美国陆地风能资源非常丰富。AWS Truepower公司披露的数据显示，美国中部地区有近20个州年平均风速可超过6.5米/秒。美国风能协会（AWEA）2017年发布的数据显示，截至2016年年底，美国风能历史装机总量已达82200兆瓦，成为占比最大的可再生能源。

其次，相对成熟的市场监管机制及政府激励政策也在一定程度上刺激了美国企业可再生能源购买的快速发展。美国各州电力市场规则各不相同，超过半数的地区，诸如加州、纽约州、得克萨斯州等，批发市场及零售市场已经有不同程度的去管制，独立发电商和售电公司可以参与市场竞争，这为企业直购可再生能源电力创造了便利条件。只有少数诸如科罗拉多州、内华达州等地区，电力市场尚未放开管制，电力公司从发电、输配电到售电垂直一体化运营，从而导致企业用户无法直接与电厂签订购电协议直购可再生能源。

从政府政策来看，税收优惠是刺激可再生能源采购的手段之一。美国联邦政府早前推出投资税收抵扣（Investment Tax Credit，ITC）和生产税收抵扣（Production Tax Credit，PTC），刺激企业投资风电和太阳能光伏电力开发项目。

随着风电和太阳能光伏电力的价格优势日益凸显，美国联邦政府于2015年年底宣布将两项税收抵扣延期，但抵扣力度均逐年大幅减少。市场也预期可再生能源项目投资成本将继续下降，而且下降速度可能会快于政府税收优惠政策退出市场的速度。这也意味着即便没有政府的税收优惠政策，可再生能源的平均平准化电力成本也将会持续降低，继而在电力市场上也更具竞争力。

2. 便捷的采购环境

从制订可再生能源购买的目标到筛选项目,再到签约合同完成交易,美国企业在实施过程中各自面临不同的挑战。但正所谓"条条大路通罗马",企业面临的挑战和解决问题的方式虽有不同,但是通过购买可再生能源来节能减排的目标都不同程度地得以实现。

以微软为例,全球员工高达 12 万人的微软公司认识到企业内部支持可再生能源电力购买是实施这一目标的关键。因此,微软可持续发展部门在公司内部积极推广碳中和理念,不断输送信息强调可持续发展的必要性和使用可再生能源的益处,赢得了各业务部门及高管层的理解和支持,这为微软顺利签订可再生能源购买合同奠定了坚实基础。

另外,为顺利推进可再生能源采购交易,微软组建了专门的能源团队,招募了一批在能源行业有多年从业经验的专业人员来负责交易。得益于内部团队对可持续发展观念的认可、能源团队的执行力及外部合作伙伴的协助,2013 至 2014 年两年间,微软与伊利诺伊州和得克萨斯州的两家场外(Off-site)风电开发项目签约购买了共 285 兆瓦装机的风电供其数据中心使用,这两家风电场的发电能力可以满足近 12.5 万个美国家庭的用电需求。其中,第一笔可再生能源采购合同是在 6 个月左右成功签约的,第二笔交易开展得更为顺利,仅在 6 周内就完成了。

微软的案例属于美国企业在本土完成可再生能源采购,而通用汽车则实现了在本土市场以外的购买。2015 年 2 月,通用汽车与墨西哥 Enel 绿色能源项目签订了 15 年风电购电协议,购买该项目的 34 兆瓦风电。通过这个风电协议购买的可再生能源电力,可以直接抵消该企业在墨西哥境内各地工厂的本地电力消费。

之所以选择在墨西哥购买风电,部分原因是通用汽车计划拓展在墨西哥的生产规模,有长期稳定的电力需求。另外,墨西哥市场监管较为灵活，允许企业购买场外可再生能源电力。通过直接与可再生电厂签订购电合同，公司不仅在业内树立了良好的企业声誉，也节约了数千万美元的运营成本。

雅虎则通过直接跟风电场签署"虚拟购电协议"实现了金融对冲，从而控制电力市场价格波动对其运营带来的影响。2015年11月，雅虎与位于堪萨斯州中西部的亚历山大风电场签署为期15年的虚拟购电协议，从该风电场购买23兆瓦的风能。由于美国天然气的发电机组在总装机中占比较大，受天然气价格的影响，美国电价有很大的波动性。这次交易显著降低了雅虎接下来15年的电力采购成本波动风险。从可再生能源项目投资人的角度来看，也降低了他们的投资风险，确保该项投资有长期稳定的收入。而且，签署长期合同使得可再生能源开发商更容易获得融资，可谓皆大欢喜。

3. 可靠的中介服务

在这个蓬勃发展的大企业采购可再生市场中，购电企业依然面临很多挑战。对于企业买家来讲，尤其是首次进入这一市场的企业买家，在交易达成前，将面临经济性分析、财务法律及团队能力建设方面的挑战。

由于缺乏电力行业从业经验，企业很难预测批发市场电价的未来走势。同时，可再生能源采购合同比较复杂，在签约的过程中企业将遇到财务和法律方面的专业问题。要解决这些问题并顺利完成交易，企业还须斟酌是否成立专门的能源团队负责可再生能源采购事宜，以及是否需要外部合作伙伴的帮助。

对于希望在美国市场以外地区采购可再生能源的跨国企业买家来讲，企业长期处在一个缺乏详细市场信息的状态而找不到可以签约的项目。而且，很多其他国家的可再生能源市场发展尚处于起步阶段，致使有购买目标的跨国企业很难展开实际行动。

针对企业遇到的困难,企业可再生能源中心(Business Renewables Center,BRC)于 2015 年在美国成立。该中心通过搭建网上交易平台,发布企业买家需求和可再生能源开发项目信息,为买卖双方牵线搭桥。同时交易中心还为企业买家提供交易指导和培训,定期组织论坛或会议,将可再生能源发电商、企业、中间商、财务和法律顾问公司汇聚一堂,提供机会让各方分享经验,全面了解市场信息,提升各参与方之间的合作机会与信息透明度。2015 年美国公布的全年可再生能源电力交易总量达到了 3240 兆瓦,其中 95% 的交易中有 BRC 会员企业参与。

回望美国企业可再生能源采购的历史,这一当初被视为极其复杂的交易,在今天因为拥有众多企业买家的成功经验而变得清晰可循。随着全球应对气候变化意识的逐渐增强及对可再生能源开发项目的投资不断增多,可再生能源的经济性将更加凸显,市场竞争力会更大幅度提高,相信全球会有更多的企业加入可再生能源采购的行列中。

日本天然气改革：逼出来的市场化[①]

2015年，日本成立电力和天然气市场监督委员会（EGC），此后两年开始全力运行，前后召开了上百次会议，并频繁出访学习交流国际经验，2017年年底还发布了第一份监管报告白皮书。日本的天然气市场化改革看来这次要动真格了。

新一轮的天然气改革从2017年4月开始。按照一个渐进式的改革路线图，日本将重组传统的上下游一体化的市场结构，最终形成三个相对独立运行的部分：上游包括液化天然气（LNG）接收站及相应的进口贸易商，中游是管输服务，下游是天然气零售业务。从这一时间节点开始，按照新规，全部的天然气零售用户都可以自由选择供气商。为了让市场在天然气定价中起决定性作用，政府将逐步退出天然气市场零售价的制定。

一、接收站和管网强制性开放

为了实现市场化目标，政府大力推进天然气基础设施的第三方准入

[①] 本文原载2018年9月3日《财经》杂志，作者为杨雷，能源业资深人士，国际能源署署长高级顾问。

工作，包括LNG接收站和天然气管网的开放。按照路线图，第三方准入也将分阶段进行，最开始的工作重点从LNG接收站开始，新规要求全部现有的LNG接收站都必须对第三方开放，强制开放的不仅包括天然气公司的LNG接收站，也包括那些电厂和工业大用户专用的LNG接收站。如果现有的LNG接收站不提供第三方服务，必须向监督委员会提供合适的理由。新的政策要求所有LNG接收站必须向全社会公布他们接收站的年度使用情况及费率体系，政府有权来审议相关的商业条款，如果被认为不当，政府有权要求整改。改革也设定了管道业务分拆的目标，到2022年，三大天然气公司（东京燃气、大阪燃气和东宝燃气）的管道业务也要进行分离，从而进一步完善管道的第三方公平准入。

与之配套的是政府监管部门的加强。日本政府在原有电力监督委员会的基础上，新增天然气监管的职能，并且更名为电力和天然气市场监督委员会。该委员会主席由日本产业、经济及贸易部（通产省）部长任命。监管委员会在全国主要地区都设有监管办公室，在总部的执行局设立了三个部门，分别进行政策协调、市场监督及管网监督。该委员会还被赋予了协调及仲裁的职能，因此对市场主体有很大的约束力。

有意思的是，该监督委员会还为自己设计了一个寓意深远的LOGO（标志），官方的解释是像雄鹰那样以宽广的视角监督好能源基础设施。委员会是否会有雄鹰那样的一双利爪，行业也在拭目以待。

改革初见成效。新规发布后，截至2018年5月中旬，日本新注册成立了56家天然气供应商，主要从事民用天然气供应。据统计，约有4%的天然气用户变更了供气商。日本政府扶持多年的天然气交易中心也重新焕发了活力，这个设在东京商品交易所的天然气交易平台名为

JOE，已进行了一些 LNG 现货及金融衍生品的交易。按照日本政府的宏大愿景，JOE 将打造出亚洲的天然气价格指数，从而不仅与欧美的天然气价格体系抗衡，而且将继续引领亚洲天然气价格。

二、痛苦的"亚洲溢价"

日本是亚洲最早发展起来的天然气市场，天然气基本全部依靠进口。20 世纪 60 年代日本开始进口 LNG，多年来一直保持着世界上最大天然气及 LNG 进口国的地位。2017 年日本天然气消费 1200 亿立方米，约占其一次能源消费的 22%，是世界第五大天然气消费国。可以说日本是一个不折不扣的天然气消费大国。图 3-4 所示为日本天然气的主要用途。长期以来，日本天然气市场由少数寡头企业垄断。东京、大阪和东宝燃气拥有全日本约 70% 的天然气管网。

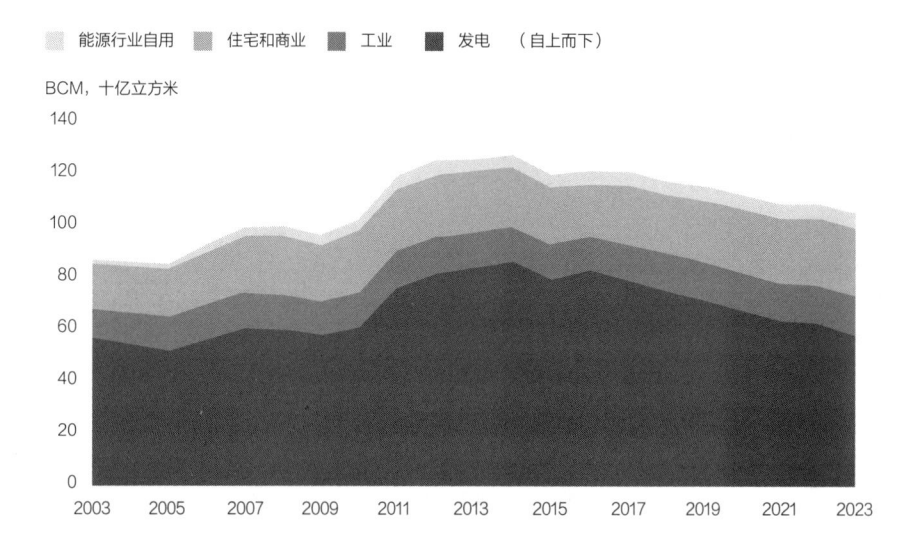

注：日本的天然气主要用于发电，其次是工业和居民
资料来源：IEA　制图：颜斌

图 3-4　日本天然气用途

日本天然气进口一直采用的是与油价挂钩的照付不议合同。这种合同有利于资源方锁定客户，从而获得融资，启动上游项目。日本依靠这样看起来似乎不太公平的价格体系，迅速做大了天然气市场，客观上获得了双赢的效果，也打造了这一价格体系。截至2018年，亚洲包括中国所签的大部分LNG进口合同也都是参照这个价格体系，甚至挂钩的油价也是日本的一揽子进口平均油价JCC。

但随着国际天然气市场规模的不断扩大，天然气上游项目越来越多，不同项目成本差异很大，气源之间的竞争也日趋激烈。在这一过程中，美欧在20世纪末及21世纪初先后进行了天然气市场化改革，逐步形成了消费端的市场定价。其中，最著名的是美国Henry Hub和英国的NBP价格指数，天然气日益像石油一样形成了独立的区域商品价格，消费者的价格话语权大大提高。

由于国际油价的上涨，采取油价挂钩模式定价的亚洲天然气价格长期远高于欧美，甚至一度是欧美价格的几倍之多，形成所谓的"亚洲溢价"。日本国内在指责这种不合理的价格体系时，也日益认识到这更多的是自己缺乏市场化定价体系所致。

日本的天然气改革最早可以追溯到1995年，当时规定年消费200万立方米的大用户可以自主选择供气商，随后在1999年、2004年和2007年分别将这一数字降低到100万、50万和10万立方米，以期形成市场竞争，但由于实际上的上下游一体化模式并未改变，因此国内天然气仍然是顺价销售给最终消费者。历经20多年的发展，天然气的市场竞争仍然非常有限，政府寄予厚望的天然气交易中心冷冷清清。身为天然气进口第一大国，对国际天然气价格指数却几乎没有什么直接的影响，这成为日本朝野的一大心病。

第三章 国家垄断or自由市场：各国电力市场现状与变革

三、逼出来的市场化

为什么日本政府这次看起来下这么大决心来强势推进天然气市场化改革？与其说是主动选择，不如说是形势所迫。

据国际能源署（IEA）预计，到2040年，天然气国际贸易会继续在目前7000多亿立方米的基础上增长70%以上。近年来，随着页岩气及LNG液化技术的快速发展，天然气供应总体充足，越来越灵活的合同和价格机制正在大行其道。LNG的现货也从一二十年前的微不足道到2018年已经占整个LNG贸易的三成左右，超过7000万吨。

据国际燃气联盟（IGU）统计，截至2018年，全球约44%的天然气采用天然气价格指数定价，2005年这一比例是31%。与油价挂钩的天然气已跌至20%左右。值得指出的是，余下约三分之一由政府管制的价格无论在哪个地区，都无法成为可以参照的国际贸易指数。越来越多的天然气国际贸易采用天然气价格指数定价，这已是大势所趋。

亚太将会是全球增长最快的天然气市场，却未形成可以代表市场需求并能主导合同签订的市场价格指数。日本及中国的天然气采购商在与美国天然气出口商谈判价格时，不得不采用美国的价格指数来定价，自然感到谈判地位不对等，但也无从选择。缺乏市场化的结构，就不能形成市场化的价格，这是一个基本规律，20多年来日本的经验非常确凿地证明了这一点。

如果能够建立自己的价格指数，就可以将国内市场的供需形势反馈到国际市场上去，通过价格指数影响现货价格，同时使采用这一价格指数定价的长期合同也能够随行就市，在国际上调剂余缺的能力自然会增强，这样不仅有消费者红利，而且有助于提高天然气安全保障能力。价格指数的形成也必然会产生本土的天然气金融衍生产品，从而进一步具备套期保值等能力，甚至提高本国货币的国际化程度。所以价格话语权这样的软实力，不仅可以和采购量这样的硬实力相提并论，而且有时候更好使。

天然气新一波发展潮流汹涌而至，然而市场并不会因为亚洲的规模而自然给予应有的价格权重。这是日本新一轮天然气改革的国际背景，也是几乎所有亚洲国家面临的共同局面。日本醒悟得不算早，但至少不是最晚的。

第三章 国家垄断or自由市场：各国电力市场现状与变革

菲律宾彻底市场化电力改革得失[①]

作为一个亚洲发展中国家，菲律宾无论是政治还是经济实力在国际舞台上都不抢眼，然而，2001年菲律宾国会通过《电力工业改革法》，启动了全面的电力工业改革进程，其深度和广度在亚洲发展中国家绝无仅有。相比中国正在深化的电力改革，我们想到的菲律宾已经做了；我们没打算做的，菲律宾也已经尝试了，其中的经验与教训值得关注。

说起来，菲律宾这场史无前例的电改是由一座"出师未捷身先死"的核电站引发的，我们就从这座叫"巴塔安"（Bataan）的核电站说起。

一、废核是电改导火索

1973年世界范围内的石油危机也波及了菲律宾这个完全依赖能源进口的国家。为了减少对进口石油的依赖，当时的政府决定以美国西屋压水堆技术在吕宋岛中部建设621兆瓦的巴塔安核电站，到1984年已经基本完工。

[①] 本文原载2016年5月30日《财经》杂志，作者为翟永平、多汉政，翟永平为能源业资深人士，现在国际金融组织任职；多汉政为能源咨询专家，现居澳大利亚。

1986年马科斯总统下野，同年发生了切尔诺贝利核电站事故，新任总统阿基诺夫人决定将这座尚未商运的核电站永久关闭，成为世界上最早"废核"的国家。

这座核电站的关闭对菲律宾的电力供应影响巨大，因为其装机容量大约相当于当年菲律宾全国总装机容量的十分之一。加上当时菲律宾的一些火电厂已经老旧、面临退役，而持续的干旱限制了水电厂的发电量，菲律宾在20世纪90年代初陷入了严重的电力短缺危机，每天的停电时间达8到14小时，对国家经济和人民生活造成了巨大的影响。

为了应对这场电力危机，当时的菲律宾政府决定大力吸引私人资本进场，给予独立发电商投资者各种优惠条件，包括提供燃料供应、发电量照付不议、固定汇率保障的担保条款。

这样，菲律宾很快就吸引了大量外资，新增独立发电商的总装机超过6000兆瓦（包括油、煤、天然气机组），电力危机得到了缓解。

但是1997年金融风暴横扫东南亚，菲律宾经济增长开始停滞，原本预计的电力需求增长也成为幻影。因此，菲律宾的电力供应几乎一夜之间从短缺转为过剩。可按照政府提供担保的供电合同，菲方必须按照合同付给独立发电商最低发电量费用。

在整个20世纪90年代，菲律宾的独立发电商电厂的平均负荷率只有36%，而合同的负荷率一般是85%，所以造成了国家电力公司的巨额亏损，其债务（其中也包括兴建核电站所欠的款项）到2001年累积到了164亿美元，相当于全国外债总和的三分之一，国家电力公司已经资不抵债。更糟糕的是，由于"照付不议"条款，电力供应过剩的财务成本最终被转嫁到菲律宾消费者身上，菲律宾成为亚洲电价最高的国家之一。

在此情况下，菲律宾政府决心实施（也可以说是"试试"）电力改革，并向总部设在马尼拉的亚洲开发银行求援。1998年亚洲开发银行批准了3亿美元的贷款,用以帮助菲律宾电改做前期的研究和政策准备。2001年6月,电改法案终于完成国会法律程序,正式生效。

从电改法的内涵来看,菲律宾的电改基本照搬了澳大利亚电改模式,把电力工业拆分为发、输、配、售四个环节,将国有的发电厂私有化,输变电环节交由私人部门特许经营,并建立独立的能源监管委员会。同时,建立电力批发现货市场,发电厂商竞价上网,并逐步实现售电竞争和自由选择。电改法还为最终引入售电竞争预设了四个前提条件:解除捆绑电价、废除交叉电价补贴、建立电力批发市场、国有电厂的私有化率达到70%。

二、十年求同,十年实施

由于电力改革的复杂性和电力工业与政治紧密相连的特殊性,建立共识是一个艰难而漫长的过程。从法案提出开始,经历了三届政府十年时间。国会组织了14次咨询会、28次技术小组会、20次公共听证会、6次众议院调查委员会会议和15次两院联合会议。

现在回顾,来之不易的菲律宾电改法的改革时间表过于乐观了:电力批发市场要在一年之内建立;三年之内,在吕宋和维萨亚达成70%以上的国有电厂的私有化,并且完成电网的特许私营,从而启动电网开放和售电竞争。

实际情况是,四年后的2005年年底,只有5座小型发电厂被成功拍卖,直到2006年6月才正式开始运行。

由于电改进展缓慢,加上政治干预阻碍发电成本的完全回收,到2003年,菲律宾国家电力公司的债务膨胀到223亿美元,已到崩溃边缘。菲律宾政府再次要求亚洲开发银行提供支持,以期给投资者信心来参与私有化进程。亚洲开发银行在2006年再次为菲律宾政府提供了4.5亿美元的政策性贷款，菲律宾电改终于迎来了一个转折点。

2007年，菲律宾输电网的25年特许经营权拍卖成功，由中国国家电网占40%的股份的联合体得标。到2010年，国家电力公司在吕宋和维萨亚的发电资产私有化率也达到了70%。在电力批发市场方面，到2010年6月也初具规模，已有30个登记交易商，包括18家发电公司参与竞价上网。

2012年9月，菲律宾能源监管委员会宣布电改法售电侧竞争开放的四个前提条件全部满足。最初的售电侧开放于2013年6月启动，负荷在1兆瓦以上的客户进入"可竞争"行列，可以自由选择供电商。

电网开放和售电竞争实施以来，市场反应良好，可竞争客户已经开始享受一定的电价折扣。从2013年到2014年，可竞争客户在电力批发市场上的有效结算现价从4.268比索/千瓦时降到了2.905比索/千瓦时，降幅约32%。在此基础上，菲律宾能源部在2015年6月发布了全面实施电网开放和售电竞争的时间表，2016年6月开始，可竞争客户的负荷门槛将降到750千瓦；到2018年，可竞争的客户负荷门槛要降到500千瓦。

三、拿什么衡量电改成败

菲律宾电改的历程表明，在发展中国家进行彻底的电改是可行的。但是，与发达国家相比，发展中国家有一些先天不足，比如基础设施欠缺、法律不够完善、投资环境不佳、政府管治能力不足等因素，同时从一个国家垄断的电力工业转变到一个市场化的体制，监管部门和私营企业都需要时间来学习和适应。所以电改实施应该考虑到平稳过渡的需要，制订切实可行的、分阶段而有重点的实施计划。

经过15年的改革进程，菲律宾的电力市场新体制已经基本建立，菲律宾政府在发电和输变电领域的主导地位和相应的市场风险都已经转移给了私人投资者，政府的角色转变为制定政策和实行监管。电力批发市场运作大体良好，电力供应大体稳定，输变电和配电电网受到新的激励性监管，售电侧竞争已经启动。不同类型消费者之间、各区域电网之间的各种交叉补贴已被逐步取消，增加了电价的透明度，使得电价反映供电成本，给了投资者正确的市场价格信号。

特别值得一提的是，菲律宾输电网的25年经营权在2007年移交后，以中国国家电网公司的技术和管理水平，这些年来菲律宾电网可靠性有了很大提高。百公里跳闸率连年下降并达到历史最好水平，电网频率和电压合格率从2011年以来一直接近100%。全国系统损失也不断减少。到2014年年底为止，系统损失从2002年的16%减少到9%。中国国家电网在菲律宾的投资也成为中国企业在海外效益最好的投资之一。

菲律宾电改在取得了很大成绩的同时，也存在严峻问题。20世纪90年代国家电力沉重的债务负担是菲律宾进行电改的主要原因之一，但15年后电力部门债务总额只减少了24%，国家财务重负仍在。

而且，在消费者看来，电价是否下降是衡量改革成功与否的唯一标准。菲律宾的电价在亚洲一直是最高的之一，改革进入第15个年头后，菲律宾电价在亚洲依然处于高位，仅次于日本东京。

从菲律宾的实践来看，电力改革不宜与电价的下降挂钩作为最终目的。 在改革进程中，政府和监管部门应该正确引导公众对电改的期待，不切实际的降低电价的承诺会增加政治风险，影响改革的进程。电改所引入的竞争未必意味着电价的下降，事实上，在引入成本回收原则和电价交叉补贴被取消后，包括化石能源的波动、可再生能源接入比例的提高、汇率的变化，终端电价特别是居民用电电价可能反而会有所增加。

回顾菲律宾15年来电力改革的历程和经验，我们可以用三句话来总结：（1）电改要有足够的内生动力，菲律宾的电改是被不堪重负的财务负担"逼上梁山"的，不得不去寻找可持续发展的新出路；（2）电改不可一蹴而就，而是一个根据国情"摸着石头过河"和不断调整的过程，在菲律宾经过了10年凝聚共识，再加上10年的逐步实施；（3）改革的成败，不宜以电价下降为衡量准绳，而是主要看能否保持电力供应的长期稳定，满足经济发展和人民生活水平提高的需要。

然而，正是在能否保持电力供应长期稳定的这个关键问题上，菲律宾面临着严峻的考验。气电占菲律宾全国发电量的四分之一，但天然气供应主要来自海上的马拉帕亚（Malampaya）气田，该气田预计在10年后逐步耗尽。菲律宾新总统杜特尔特已经表示愿意搁置主权纷争，联手中国共同开发南海油气资源。这无疑是一个明智的决定。

委内瑞拉与伊拉克：两个极端样本[①]

因经济极度困难而引发内乱的委内瑞拉近来经常登上媒体头条，各路专家对委内瑞拉的困境从不同角度进行了解读，其中，石油是回避不了的话题，也是解读的重点。

对比曾经长时间占据媒体头条但今天已了无声息的伊拉克，委内瑞拉的巨大反差让我们无法释怀。

一、石油市场两大风云国家

160年来世界石油工业历史无论如何都绕不开两个国家：委内瑞拉和伊拉克。

1. 两国都拥有丰富的石油资源，生产历史悠久

2018年1月1日，委内瑞拉探明石油储量为3032亿桶，占世界总探明储量的17.9%，居世界第一。同期，伊拉克探明石油储量为1488亿桶，排名世界第五，占世界总探明储量的8.8%。

[①] 本文原载2019年3月18日《财经》杂志，作者为王能全，能源业资深人士，中化集团经济技术研究中心首席研究员。

1913年，壳牌在委内瑞拉马拉开波湖一带勘探石油。1922年12月14日，劳斯巴罗索斯2号井发生大井喷，委内瑞拉由此拉开了石油开发的热潮。1929年，委内瑞拉石油产量达1.37亿桶，成为仅次于美国的第二大产油国；1960年，委内瑞拉石油产量为10.41亿桶，占世界石油产量的13.6%。

1927年10月15日，基尔库克西北的巴巴格格打出了第一口油井。1928年7月31日，壳牌、英波石油公司、法国石油公司和由几家美国石油公司控制的近东发展公司等，联合设立伊拉克石油公司，并分别取得了23.75%的股权，签署了著名的"红线协定"，对伊拉克和海湾地区的石油利益进行了瓜分。1934年，伊拉克石油投入商业生产，至第二次世界大战爆发前，石油产量每年维持在390万吨左右。

2. 两国都是欧佩克的缔造国

石油输出国组织（欧佩克）的缔造者，就是委内瑞拉的佩雷斯·阿方索。1958年1月，阿方索担任委内瑞拉矿物和碳化氢部部长，主张产油国政府不但要增加石油收入，还应控制石油生产和销售。

1959年4月16日阿拉伯联盟常设石油委员会在开罗召开会议，阿方索率领委内瑞拉代表团列席。会上，阿方索与伊拉克等国代表秘密聚会，达成"君子协定"，产油国保护定价体系，建立国营石油公司，争取利润六四分成，建立炼油厂，向石油业下游扩展等。这次秘密聚会和达成的"君子协定"成为欧佩克的雏形。

1960年9月10日，在伊拉克政府的邀请下，委内瑞拉、沙特阿拉伯、科威特、伊朗和伊拉克代表在巴格达聚会。9月14日，会议决定成立一个永久性的组织，并将其命名为石油输出国组织。

3. 两国石油政策长期高度一致，相互支持

1948年11月15日，委内瑞拉规定，政府至少获得石油生产净收入的50%。同年年底，埃克森同委内瑞拉政府签订了协议。这是世界石油史上产油国同大石油公司签订的第一个利润对半分成协议。

1961年12月11日，伊拉克收回了99.5%的租让区。1973年3月1日，伊拉克宣布实行石油国有化，国家取得对石油资源的所有权。

2000年8月10日，委内瑞拉总统查韦斯从伊朗以陆路方式进入伊拉克，与萨达姆举行会谈，萨达姆亲自为查韦斯驾车。查韦斯是第一次海湾战争结束后，第一位访问伊拉克的国家元首。第二次海湾战争战败后，萨达姆被抓，委内瑞拉公开反对处死萨达姆。

二、伊拉克：苦难中重新崛起

1980年9月22日爆发的两伊战争是伊拉克苦难40年的开始，在这场长达8年、未见胜负的战争中，伊拉克死亡18万人、伤25万人，直接损失高达3500亿美元。战前，伊拉克拥有370亿美元外汇储备，战争结束时外债为700多亿美元。

两伊战争结束后不到两年，1990年8月2日，伊拉克入侵科威特，由此引发了海湾危机、第一次海湾战争和第二次海湾战争，伊拉克人民迎来了更大的苦难。第一次海湾战争结束后，伊拉克的石油工业、交通等基础设施被摧毁，直接经济损失约2000亿美元，GDP下降到只有战前的三分之一，人均收入降至不足400美元。第二次海湾战争，萨达姆政府被推翻，伊拉克军队被彻底打垮，超过10万士兵和平民死亡，480多万平民沦为难民。

第二次海湾战争结束后，伊拉克处于无政府状态，成为恐怖活动的场所。2014年6月，极端组织宣布在伊拉克和叙利亚建立"伊斯兰国"。鼎盛时期，极端组织控制了伊拉克约四分之一领土。2017年12月9日，伊拉克宣布，政府军解放了被极端组织占领的所有领土。

库尔德问题一直是伊拉克政府长期头痛的重大问题之一。2017年9月25日，库尔德地区进行公投，希望组建独立的国家。就在公投的同一天，伊拉克议会通过决议，认定公投及其结果无效，要求在基尔库克等有争议的地区部署军队。2017年10月16日至17日，伊拉克军队夺回基尔库克省和基尔库克油田等被库尔德人占领的地区。

因入侵科威特，联合国对伊拉克实施全面制裁，其中，石油出口禁运从1990年8月6日开始至2003年11月21日结束，是联合国历史上实施的最为严厉的、时间最长的对石油生产国石油出口的制裁。石油出口完全被阻断，伊拉克陷入严重的经济困难，1995年民众的配给额已经降到了联合国规定的温饱线以下，每人每天的生活费不足1美元，50万至150万伊拉克平民死亡，婴幼儿死亡率大幅度上升，基础设施完全被摧毁，伊拉克退回到前工业化的状态并原地踏步。

为解决人道主义危机，自1996年12月10日起，联合国实施"石油换食品"方案，伊拉克完全丧失自己石油出口的管理自主权，石油出口由联合国管理。根据"石油换食品"计划，伊拉克累计出口了34亿桶原油，总价值655亿美元，其中，约460亿美元用于购买食物和药物等作为人道救援物资，援助了伊拉克60%的人口。

2003年5月22日，联合国安理会通过1483号决议，解除对伊拉克长达13年的全面制裁，伊拉克开始了战后经济重建工作，石油工业重建是其中的重点。

2008年6月30日，伊拉克政府宣布国有化以来首次对外国公司开放石油领域的招标。自此至2018年4月26日，伊拉克共举行了五轮油气田招标，开放了鲁迈拉、基尔库克等主要油气田，中国有关石油公司和英国石油公司、壳牌、道达尔、埃克森美孚、埃尼和卢克等国际大石油公司，主导了伊拉克石油生产的重建恢复工作。

第一次海湾战争结束后，伊拉克石油产量跌至30万桶/日的历史低位，2003年5月也只有90万桶/日。2012年，伊拉克石油产量增加到每天317.1万桶，接近历史最高产量纪录的1979年。2015年，伊拉克石油产量为403.1万桶/日，超过伊朗，成为欧佩克第二大石油生产国。2017年，伊拉克日均石油产量为440万桶，日均出口石油380万桶。

2018年1月，伊拉克的石油部部长宣布，石油生产能力已达到500万桶/日。2018年12月，伊拉克的石油产量为471.2万桶/日。根据计划，2020年，伊拉克石油生产能力将达到650万桶/日。

1980年，伊拉克的石油出口收入为260.96亿美元，GDP为535.86亿美元。1991年，伊拉克的石油出口收入跌至历史最低点，仅为3.51亿美元，1995年GDP下降到只有61.87亿美元，为1980年以来最低水平。随着石油生产的逐渐恢复，伊拉克的石油出口收入和GDP都不断提高。2006年，伊拉克的GDP增长到648.05亿美元，超过1980年的水平。2012年，伊拉克的石油出口收入达到940.9亿美元，为历史最高，GDP也增长到2195.6亿美元。2014年下半年油价暴跌后，伊拉克的石油出口收入有所下降，但仍保持在597.3亿美元。2018年1—7月，伊拉克的石油出口净收入为540亿美元，接近2017年全年的水平。

1991年和2003年，美国发动了两场海湾战争，推翻了萨达姆政权，国内外媒体和专家曾认为，美国此举是为了伊拉克的石油。2017年1月21日，在上任后的第二天，特朗普在美国中央情报局发表讲话时宣称，美国"应该占有伊拉克的石油资源……战利品属于获胜者"。但是，据公开资料统计，战后伊拉克历次石油招标中，中国是最大的外国投资者，中国石油是最大的单一外国投资公司。美国《纽约时报》认为，"美国打败了萨达姆，但中国赢得了伊拉克"。

2018年，伊拉克是中国第四大石油进口来源国，中国从伊拉克进口石油 3622 万吨；同期，伊拉克是美国第五大石油进口来源国，美国从伊拉克进口石油约 2750 万吨。

三、委内瑞拉：自己打碎金饭碗

和伊拉克不同，委内瑞拉没有战乱。但从 1999 年至 2019 年，委内瑞拉的石油产量跌去了三分之二，排名从世界第八位跌到了十五位之外。委内瑞拉也从"拉丁美洲的瑞士"变成了民众食不果腹的难民输出大国。

查韦斯上台执政后，在经济领域全面推行国有化，其中石油行业是重点。1999 年，委内瑞拉颁布了新宪法，对私营部门参与能源产业加以限制。2001 年 11 月，委内瑞拉颁布《碳化氢化合物法》，规定在与外国公司的石油合作项目中，委内瑞拉国有石油公司须占股份的 51% 以上。

从 2003 年 2 月开始，查韦斯宣布委内瑞拉进入石油国有化的第一阶段，即"石油完全主权"阶段。2006 年 1 月 1 日，委内瑞拉收回出售给外国公司的 32 块油田。2007 年 2 月 26 日，委内瑞拉将重油带的外资控制项目转为由委内瑞拉国家石油公司控制。2007 年 5 月 1 日，查韦斯宣布，奥里诺科河流域重油区全部油田收归国有，在能源领域实现了真正意义上的独立。为此，查韦斯亲自驾车到委内瑞拉东部的一块油井作业区，升起委内瑞拉国旗。

2009 年 5 月 8 日，查韦斯宣布，将 76 家外国石油服务公司全部收归国有。此外，政府还接管了马拉开波湖地区属于外国石油承包商的 300 艘船只和其他运输设备。

2008 年 4 月 15 日，委内瑞拉通过《石油高价特殊贡献法》法案，征收暴利税，规定布伦特月平均价超过 70 美元 / 桶时，征收高出部分的 50%；月平均价超过 100 美元 / 桶时，征收比例将提高至 60%。

2002年12月2日，委内瑞拉爆发了全国性大罢工，要求查韦斯下台，大罢工持续到2003年2月，全国有80%的行业加入，支持罢工的人数达1600万。

大罢工中，委内瑞拉国家石油公司4万名职工中有3.5万人参加，大罢工使委内瑞拉的石油工业陷入瘫痪。2002年12月底，原油产量从过去的每天280万桶下降到只有20万桶，不到罢工前的10%，炼油厂关闭，出口停顿，加拉加斯很多加油站已经无油可加，社会生活基本瘫痪。

石油出口是委内瑞拉政府收入的全部来源，国家石油公司被称为"委内瑞拉产金蛋的母鸡"。 大罢工结束后，查韦斯将国家石油公司1.8万名员工开除，约占员工总数的40%，并解聘了大量高级管理人员，将管理层换为自己的亲信。自此之后，曾经是世界最好公司的委内瑞拉国家石油公司，变成一家冗员充斥、严重缺乏技术人才的庞大无效率组织。2010年，委内瑞拉国家石油公司的员工人数超过了10万，比大罢工时增加了两倍多，2016年10月更增加到15万人。

1999年，委内瑞拉石油产量为309.5万桶/日，位居世界第八位。查韦斯执政的14年间，有9年时间委内瑞拉的石油产量维持在300万桶/日之上，2006年产量最高，为334万桶/日。2006年之后，其石油产量逐渐下降，2013年已下降到268万桶/日。幸运的是，查韦斯赶上了21世纪初油价的好时期，委内瑞拉的石油出口收入多年保持在高位。1999年，委内瑞拉的石油收入仅为209.63亿美元，2008年增长到890.34亿美元，2012年为935.69亿美元，为历史最高。

2013年3月8日马杜罗上台执政以后，幸运不再。委内瑞拉的石油产量直线下降。2016年，石油产量下降到215.4万桶/日，2017年下降到192.7万桶/日。2018年，石油产量逐月下降，全年日均只有134.1

万桶，12月份下降到116.5万桶/日。2019年3月10日前后，因大停电等影响，石油产量下降到只有50万桶/日。更不幸的是，2014年下半年油价暴跌，其石油收入随之大幅度下降。2016年，石油出口收入只有264.73亿美元，约为2012年的28.29%。2018年1—7月，石油出口净收入更是下降到只有160亿美元。包括汽油在内，委内瑞拉需要的一切基本全部依赖进口，不断下跌的石油收入使其国际收支不断恶化。2013年，委内瑞拉国际收支为入超46亿美元，但2015年已变为出超160.51亿美元，2016年仍为出超38.7亿美元。图3-5为伊拉克和委内瑞拉两国1980年以来的石油产量和石油出口收入走势图。

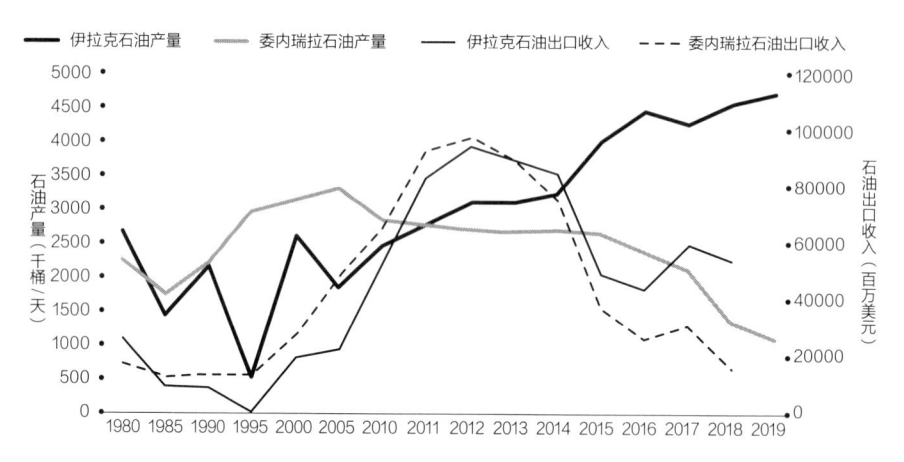

注：1. 2018年和2019年石油产量为原油产量，其中2019年为2019年1月；2. 2018年石油出口收入为2018年1—7月石油出口净收入
资料来源：1. 1980年至2017年石油产量：《世界能源统计评论》，英国石油公司，2018年6月；2. 2018年和2019年石油产量：《月度市场报告》，石油输出国组织，2019年2月12日；3. 2018年石油出口收入：《短期能源展望》，美国能源信息署，2018年8月
制图：颜斌

图3-5　1980年以来伊拉克和委内瑞拉石油产量及石油出口收入

与伊拉克不同，虽然查韦斯和马杜罗一直将反美作为自己对外政策的招牌，但时至今日，美国并未对委内瑞拉实施石油禁运，委内瑞拉国

家石油公司全资子公司雪铁戈，是美国第三大炼油和销售公司，在美国拥有6座炼厂、59座油库和13800个加油站。

综合公开资料显示，自2006年以来，中国给予委内瑞拉的贷款总额应该在500亿至600亿美元，委内瑞拉用于偿还的石油出口数量最低为10万桶/日，最高时为64万桶/日。据悉，委内瑞拉尚欠中国约200亿美元贷款。2018年7月，委内瑞拉经济和财政部部长称，中国向委内瑞拉提供2.5亿美元直接投资和50亿美元的特别贷款，用于石油生产有关项目。

2018年，委内瑞拉是中国第九大原油进口来源国，中国自委内瑞拉进口原油1663万吨；同期，委内瑞拉是美国第三大原油进口来源国，美国自委内瑞拉进口原油约3000万吨。

当前，经历40年苦难的伊拉克正在恢复稳定，不断增加的石油收入正在使人民生活日益向好；同时，国际能源署称委内瑞拉的石油产量下降趋势难以逆转，人民生活改善无望。之所以有如此天壤之别，就在于两国对石油产业采取了不同的政策——前者对外开放，大力引进外资，石油资源变成了财富；后者对外关上大门，虽然名义上完全掌握了石油资源的主权，但资源无法变成财富，不能造福大众。

第四章 全球能源转型和碳减排的推动力

第四章　全球能源转型和碳减排的推动力

第一节　资本的力量

美国的钻井基金：页岩油气的开发助力[①]

美国页岩气的成功是中小企业的成功。这些中小油气企业勘探开采所需的资本，来源大都是油气行业以外的金融资本。油气行业的独立生产商和金融资本的成功融合，是美国油气行业的重要特点，也是页岩气革命在美国出现和成功的重要原因。

在美国油气行业，油气产业资本和金融资本相互融合有几种形式，第一种形式是油气产业资本和金融资本设立合资公司，这种方式的好处是油气作业有公司实体的便利和公司的有限责任托底。

第二种形式是作业者公司与非作业者公司（包括金融投资者）通过联合体的形式，在获得矿权后通过契约方式进行合作，这种契约就是在国际油气行业里非常普遍的联合作业协议。作业者和非作业者在联合作业协议项下对相互的权利和义务做出约定，对作业的费用、风险承担和利益的分配比例做出约定。

在美国油气行业，产业资本和金融资本相互融合还有另外一种流行

[①] 本文原载2016年1月25日《财经》杂志，作者为张利宾，世泽律师事务所合伙人，北京大学能源法律与政策研究基地副主任、特聘教授。

形式，就是油气行业的钻井基金（Drilling Fund）。

这种模式的出现有其历史原因。1969年，美国用于油气行业勘探开发的资金大约是50亿美元，而石油公司自身赚的钱越来越不能满足日益增长的投资需求。钻井基金应运而生，并受到独立石油生产商的青睐。

在20世纪70年代，美国国内石油供应和需求之间的差距不断增大，使得美国不得不通过增加石油进口、提升油价和加大美国国内石油勘探和开采来增加石油供应。

在此背景下，油气行业以外的金融资本进入油气行业上游，于是钻井基金的数量急剧增加。从历史上看，美国的独立油气商一直依赖外部投资者满足其资本需求，而钻井基金恰恰为独立油气生产商解决了资金难题。

具体而言，美国钻井基金的快速增长可归结为以下几个原因：

第一，钻井基金作为一种风险投资具有很大吸引力；

第二，钻井基金作为一种高效的融资手段被大家接受，此前油气行业较难获得风险投资；

第三，美国证券交易委员会（SEC）要求钻井基金做出全面披露，这种基金的投资者能得到有效保护；

第四，美国市场对油气的需求不断增长；

第五，20世纪70年代美国人的收入和财富日益增加；

第六，这种基金依据当时美国的税法有税收豁免等好处。

一、钻井基金的架构和机制

什么是钻井基金呢？简单地说，钻井基金就是以某种商业组织形式（如美国的有限合伙企业形式），将油气作业者和一批投资人结合起来，共同进行油气勘探和开发的钻井作业运营。

作业者为一般合伙人（General Partnership，GP），适用高额税率的投资人为有限合伙人（Limited Partnership，LP）。如果投资人达到一定数量，就会构成基金的公开发行，依据美国证券法律需要在 SEC 注册，投资人则会受到美国证券法律的保护。

在美国的能源行业，有一种称作"master limited partnership"的有限合伙企业，其部分权益可以上市发行和交易，这种企业形式在近些年美国石油和天然气生产的黄金年代非常流行。

基金项目是如何架构和运行的呢？一家石油公司或者独立的作业者向他人承诺销售一系列钻井的权益给投资者，这些钻井地址由该公司选择，钻井是运用公司的地质师和工程师的专业知识和技能，而该基金的投资人或基金利益的购买人则同意为进行钻井作业提供所需要的资金。油气生产所获得的利益将在公司与投资者之间按照预先确定的利益分享安排来分配。

投资者将不时地获得常规报告，这些报告覆盖有关勘探信息、钻井进度、定期结果报告、会计信息和年终的纳税信息。

钻井基金能给作业者带来何种好处呢？首先，钻井基金能够提供用于油气勘探和开发所需要的风险投资。其次，钻井基金能够为项目的作业者提供额外的经济补偿。

通常，投资者和作业者之间签署的正式协议会对支付给作业者的酬劳做出事先规定，这种酬劳可能会包括：①正式开工前的分成费（Front End Percentage Charge）；②管理费（Management Fee）；③优先的提成权益（Over-riding Royalty Interest，即 ORI）；④净利润收益（Net Profits Interest）；⑤成本偿还后的利益分配权益（Back-in Interest after Payout）；⑥技术服务费（Charge for Technical Services）；⑦"交钥匙"工程承包的收费；⑧因促进成本减少和收益增加而收到的费用。

从财务安排上，钻井基金中作业者和投资人之间的结构安排各有不同，但大概可以分为以下三种。

第一种是"一直优先型"（Straight Override），即所有支出由承担有限责任的投资人（LP）支付，而作业者（GP）收取一定比例的优先提成权益（即 Over-riding Royalty Interest），通常是基金项目期限内油气产出价值的 10%。

第二种是"成本偿还后的利益分配权益型"（Back-in Interest after Payout），其意思就是，投资者在回收全部投资后，作业者才按一定比例分享所剩的收益。

第三种是"有形成本—无形成本"分担型的基金（Tangible-intangible Allocation），即投资者须支付所有钻探和开发的无形成本，作业者则承担所有有形成本和设施费用，而收益则按照预先约定的比例或者按照与费用成比例的方式进行分配。

基于上述分类，具体到某一类的费用和利益，金额和比例会因基金不同而异。

需要说明的是，不同的钻井基金风险不同，而判断风险的因素包括很多，主要因素是看这些基金所处的作业阶段是哪个阶段。

如果处在早期"盲目打井勘探"（Wildcat）阶段，则属于高风险型；如果基金的作业处于临近开发期或生产期，风险就相对小一些；有的基金所覆盖的钻井既有盲目打井型，也有生产型，因此这种基金的风险承担就更加均衡一些。

另外，由于作业者即使在作业失败的情况下仍然会得到各种收益（如管理费、高额的日常开支、作为作业者的总包收入和服务合同的收入），因此，作业者在油气开采中的态度与投资人相比会有所不同。

有时，投资人会发现自己陷入一个预先设好的局，被作业者充满故事的宣传所误导。为避免此类情形，一般情况下，钻井基金会要求作业者用其自有资金对合伙企业或联合作业提供少量出资。

二、对中国的启示

美国钻井基金的产生有其独特的历史背景，是油气生产商与金融资本相互融合的非常成熟的市场化合作模式。

2016年，中国的油气行业因为受到低油价的影响，三大国有石油公司暂时不再进行大规模的海外油气资产收购，前些年的大举海外收购也使得三大国有石油公司的投资资金紧张，但三大国有石油公司仍然是中国油气行业里唯一具有油气勘探、开发和生产作业综合能力的作业者。

但是，三大国有石油公司以外的国有企业和民营企业中也不乏资金实力雄厚者计划参与到油气上游的投资中。人们预期，中国将要公布的油气改革方案将会开放中国油气行业上游的勘探、开发和生产，放开市场准入的门槛，这就为作为作业者的国家石油公司和非作业者的投资者提供了合作可能性。

基于自身的经验和市场结构，我们对上述合作应采取何种形式仍然需要进行研究和尝试。在这方面，美国的油气行业上游的合作模式给我们提供了很好的借鉴。

我们既可以考虑将国家石油公司与其他参与的企业组成联合体，通过联合作业协议的形式进行合作，也可以按照中国的公司法，将国家石油公司与国内其他企业组成国内的合资公司，辅以必要的关联协议（如联合作业协议等）。

最后，我们也可以参照美国的钻井基金，将国家石油公司（作为作业者和GP）与其他国企或民营企业（作为投资人和LP）组成有限合伙企业，通过合伙协议和联合作业协议等关联合同，将各方的权利和义务予以安排和规定。

当然，对于上述合作，我们还需要根据中国的法律和国际成熟做法，起草适合中国的合同范本。

中国油气行业上游一旦放开，三大国家石油公司之外的其他国企和民营企业将会有机会与三大国家石油公司合作。随着合作经验的增加及人才的流动，三大国家石油公司之外的国企和民营企业也会逐渐培养出作业能力，具备未来担当油气项目的作业者。

为鼓励社会资本和金融资本参与中国油气上游的勘探和开发作业，我们还需要修改有关的法律法规，放开市场准入门槛，在油气矿权出让制度上做出创新。

例如，我们完全可以借鉴国际上油气行业的通行做法，允许中国企业组成联合体投标来获得油气矿权，在投标企业的资质要求上，我们应该区分作业者实体和非作业者实体，前者需要有技术和作业能力，后者则只需有资金实力即可。

在油气矿权招标过程中，我们可以鼓励不同的实体组成类似于美国钻井基金的有限合伙企业，同时给予 LP 一定的税收优惠，同时允许企业在合作模式上进行创新，从而在现有法律允许的范围内，尝试建立中国油气上游混合所有制改革的新模式。

PACE 融资机制：创新金融撬动美国建筑能效市场[①]

美国节能委员会及美国绿色建筑委员会两家机构的数据显示，如果现有所有商业建筑都可以做到 50% 的能效提升，每年可以减少 600 万吨的二氧化碳排放——相当于每年减少 100 万辆车的使用。

美国家庭住宅的能耗占全国总能耗的 25%，商业建筑能耗占全国总能耗的 19%。大部分建筑寿命为 50—100 年，一栋特定建筑会在这 50—100 年间不断地消耗能源、制造二氧化碳气体。

这个巨大的建筑能效市场，可为美国创造出价值约 2790 亿美元的投资机会。这些投资可在十年间创造约 1 万亿美元的用能成本节约——相当于美国年度电力消费的 30%。同时，如果所有的改造项目都可以被实施，可累计创造 330 万个新岗位。

提高能效既可以帮助业主或租户实现用能成本节约，也可以帮助政府实现减排目标，但能效项目往往需要巨额前期投资和较长回收周期，这超出了个体业主或租户的承受能力，单纯依靠政府扶持又会造成巨大

[①] 本文原载 2017 年 7 月 10 日《财经》杂志，作者为路舒童、郝一涵，路舒童为落基山研究所咨询师，郝一涵为落基山研究所部门总监。

财政压力。这些原因阻碍了美国能效市场的发展。

一、创新融资机制诞生

2008年的一天，美国加利福尼亚州伯克利市的一批市民联名请求市政府将现有的市政管线从地上铺设转换成地下铺设。地下综合管廊工程需要巨额的前期投资，但是为了回应市民诉求，并且实现工程融资，市政府决定通过发行债券的方式来支付项目预付款，受益的居民则通过物业房产税里的附加条目来逐年还清政府预支的项目款项。

融资过程中，当时市长办公室负责此工程的专员Cisco Devries（西斯科·德夫里）开始思索：市政项目与能效项目相似，都具有前期投资成本高、投资回报周期长等特点。伯克利市案例的融资机制能否用于建筑能效及可再生能源项目上？

Cisco没有止步于思考，而是以伯克利市的案例为基础创立了一个名为资产评估性清洁能源融资（Property Assessed Clean Energy，PACE）的绿色融资机制。

这个简单直接的机制可以帮助业主从第三方投资人处获得能效项目的前期投资，包括用于安装屋顶光伏板、升级供热制冷系统、改造水泵、增强建筑外围护等能效升级改造工程的全部费用。投资人与地方税务机关协调，在房产税账单上相应加上额外的还款项，并规定每期的还款金额及还款总时长。对于物业持有者来说，他们不需要经历烦琐的申报流程，便可享受低成本的专项贷款，以及后期能效升级所带来的用能成本节约和舒适度提升。

其实，PACE融资机制所采用的模式在美国有着悠久的历史。追溯到19世纪，为支持基础设施建设，在美国的一些地方涌现出了一批"特区"。以"特区"为单位，政府发行一系列免税的市政债券，为一些包括人行道、消防站、污水处理和路灯等公共事业进行融资。这些费用作为额外的资产评估项被加入"特区"居民的房产税中，用以偿还市政债务。

此类融资模式初期均采取了自下而上的发展形式，首先由地方政府主导建立"特区"、进行立法，之后随着其发展渐渐获得联邦政府的支持。加利福尼亚州在2008年率先通过了第一条PACE相关立法，并且联合伯克利市启动了名为Berkeley First的气候融资项目，为PACE的迅速发展奠定了良好基础。

不久之后，美国环保部为伯克利市提供了一笔补助金，支持其撰写《地方政府能效提升及可再生能源的使用指南》，并在该指南的指导下，实施了第一个PACE融资案例。第一个PACE案例向大众展示了一个成功的融资模式如何有效地减轻政府在建筑能效投资方面的压力，更好地撬动社会资金，从而将能效投资市场转变为一个更健康的、以市场为导向的成熟市场。

PACE在2009年正式获得了来自白宫的支持，其被采用率也呈飞速增长的状态。截至2017年，全美国有超过32个州通过了PACE立法——覆盖超过80%的人口。

二、多方共赢

PACE的出现突破了能效市场的发展壁垒，通过挂钩物业房产税，有效撬动了针对能效及新能源应用的社会资本的投资，降低了政府的财政压力。与其他已存在的融资机制相比，PACE的优势更明显。

第一，信用增级。以PACE方式进行融资，以地方政府房产税的形式来偿还能效升级项目贷款，PACE融资机制提供了更强有力的信用增级。PACE费用的征收是由地方政府授权机构来完成的，此类机构同时还负责征收被拖欠的房产税。业主拒不支付 PACE 费用基本等同于拒缴房产税。在美国拒缴房产税会触发强制措施，后果严重。而购买违约房产的新业主必须偿还被拖欠费用，并将继续按时偿还剩余还款。

因此，投资者的风险主要在于房产被毁坏，或在其丧失抵押品赎回权后未能再次售出。

第二，降低政府成本。通过政府设立贷款损失准备金来提供信用增级是常见方式，但这并未改变实际贷款违约率，而是将最高可与准备金金额相等的违约成本转嫁给政府。PACE 的不同之处是：资金完全来源于私有部门。在 PACE 机制中，地方政府的唯一职责就是运用其行政权力来为第三方投资者收集 PACE 还款，或将该权力直接下放至第三方投资者。

在 PACE 融资机制下，地方政府承担的成本仅包括少量行政成本。而地方政府能够通过收取管理费用，并以将其并入借贷成本的方式收回这些少量的管理成本。因此，地方政府仅仅是提供给第三方投资人一个接触税收系统的平台，自身并不承担任何违约风险。

第三，满足业主诉求。PACE 融资机制旨在提供针对能效提升及可再生能源应用的专项资金，可以用于支付能效改造工程所产生的全部增量成本。业主在不需要个人信用担保的情况下便可以从投资人处获得低成本的长期融资。

与传统房产税类似，PACE 评估与房产绑定在一起，在下一次房产税评估时转移给新的业主。因此，如果开发商在完全偿清绿色建筑能效升级投资费用前将建筑出售，则无须再承担剩余还款额。

第四，为各方提供更好的经济价值。通过落实建筑能效升级投资，PACE 融资机制能够降低建筑的运营成本、提高建筑的净运营收入和其资产价值。由于 PACE 融资机制能够在 15—20 年间分期偿还投资，因此每年的偿还金额将远低于节约出来的用能成本。

PACE融资还能够从应税资产收入中扣除能效提升技术应用（包括太阳能发电）的成本，从而提高净运营收入和资产价值。此外，PACE融资机制适用于各种租赁类型，包括租户支付用能成本和物业费的三净租约（即除了基本的房租之外，房客还负责所租赁区域的地产税、保险费和分摊公共区域维护费），以及业主支付所有物业成本的全服务租赁。

三、全美推广

自2008年第一例PACE融资项目开展到2016年近十年的发展中，PACE融资机制已为美国建筑行业能效提升及可再生能源项目提供了近41亿美元的融资，并以每年几乎翻倍的速度增长（详见图4-1和图4-2）。截至2016年，共有15.3万栋住宅建筑受益于住宅建筑PACE融资机制，融资金额总量为38亿美元，并在此过程中创造了4.5万个就业岗位。PACE融资机制在商业建筑市场也取得了初步成功，约1000栋商业建筑利用PACE机制融资进行节能升级改造及可再生能源利用，融资总额达4亿美元，并在此过程中创造了6000多个就业岗位。

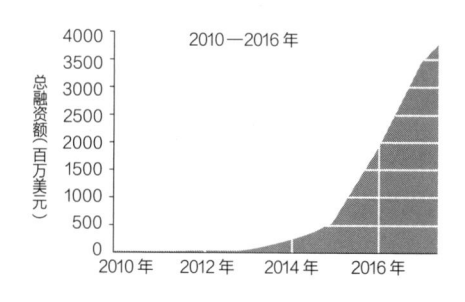

制图：颜斌

图4-1　住宅建筑PACE（R-PACE）融资

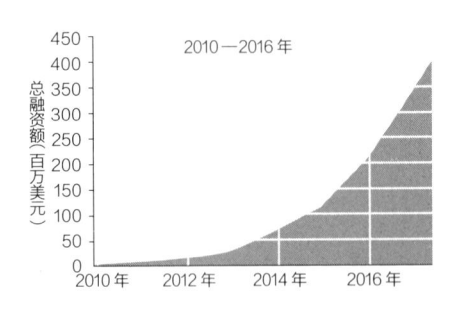

图 4-2　商业建筑 PACE（C-PACE）融资

除了为既有建筑提供创新融资机制，PACE 在新建建筑市场也进行了积极尝试。美国地方政府在 PACE 新建建筑市场推广过程中展现了强大的领导力及创新性。

科罗拉多州政府在落实 PACE 机制的过程中因地制宜，为当地新建建筑市场出台了全美领先的 PACE 融资地方专项计划，推动了 PACE 的本地化及二次创新。该计划能够为新建建筑的开发商提供最高达项目建设成本 20% 的资金，前提是开发商提供项目能耗预评估报告，通过建筑能耗模拟证明本建筑的能耗可以低至一定水平。

该计划一经推出就引发了开发商的浓厚兴趣，极大地推动了 PACE 融资机制在新建建筑市场的应用。

PACE 的成功离不开各级政府的大力支持。除了地方政府的创新举动，美国联邦政府也在 PACE 的推广过程中起到了积极作用。PACE 从一个地方政府的成功案例，逐渐在美国联邦政府的支持下推广至全国。

2010 年，美国能源部发布《PACE 融资机制示范项目导则》，为各州政府提供了实施层面的指导原则。该导则聚焦 PACE 机制的顶层设计，涉及消费者与借贷人保护条例、PACE 机制与其他现行能效相关机制的兼容性、供应商产品标准与运行标准、项目评价体系等各方面。

项目评价体系包含了成本效益分析、节能分析及社会效益等技术性量化指标。2016年年底，美国能源部更新了导则的细则，更加全面地为联邦与各州地方政府、PACE项目行政管理、供应商等利益相关方提供了翔实的指导原则。

同一年，美国住房及城市发展部（HUD）宣布，联邦房屋管理局（FHA）正式承认将PACE融资作为房产税的特殊评估项，为参与PACE融资的固定资产提供房贷保险，从法律层面上对PACE融资机制的性质进行了更清晰的定义，并明确了PACE贷款的清算优先权。

在各级政府、私营部门、社会资本及非营利机构的通力合作下，PACE融资机制在美国建筑能效及新能源领域完成了绿色融资创新，克服了物业持有年限不确定与能效投资回报年限过长的矛盾，使得原本无法得到融资的长期投资项目获得了低成本的贷款。

第二节 技术的加持

荷兰阿姆斯特丹的能源地图[①]

阿姆斯特丹是个美丽的城市,作为荷兰的首都和最大的城市,整个大都市圈人口差不多有 700 万,而且在不断扩大。如何实现能源的清洁和可持续发展,是一个非常现实的问题。在欧洲能源转型的推进过程中,阿姆斯特丹也是积极的响应者,采取了一系列措施来推进清洁能源技术的应用和研发。智能家居、屋顶船顶光伏、废物发电等都获得了越来越广泛的应用,在这一系列举措中,发挥重要枢纽作用的是能源地图。

一、开放式网上能源数据库

能源地图其实也可以看成一个开放的网上数据库,界面和普通地图差不多,不同的是它显示了大量的能源信息,普通市民也可以很容易看得明白。能源地图给大家传递的信息是,怎样让我们的城市变得更加低碳。

能源地图包含的内容很多,一共有几十张来分别表述各种信息,总

[①] 本文原载 2017 年 2 月 20 日《财经》杂志,作者为杨雷,能源业资深人士,国际能源署署长高级顾问。

体看来，它包括基本数据、能源情况和能源潜力三个方面的内容。

基本数据这一类和常规的地图差不多，不过信息非常全面，包括了人口分布、房屋类型、业主情况、收入分布等。基本数据里甚至还有一个空中热扫描地图，显示了每一家屋顶的保温情况。

这个扫描是在2017年2月进行的，这正是冬季供热的时节，热扫描显示蓝色的表示温度相对较低，而红色则表示温度相对较高。温度相对较高表示屋顶散热比较多，也就意味着保温不好。很多荷兰居民住的都是单家独院，可以在上面找到自己家的位置，自然会多一些亲切感。如果看到自家的屋顶显示红色，那就要考虑是不是该做一下屋顶保温处理了。同样，那些开展能源服务的公司，也可以按图索骥，上门推销自己的专项服务。

能源情况这一项包括了能源消费和基础设施两大类数据，分别显示了天然气、电力和冷热需求情况。荷兰是天然气大国，北海的格罗宁根气田不仅供应荷兰的天然气需求，而且是欧洲重要的气源，但阿姆斯特丹并没有因为资源的丰富而鼓励能源消费。

据统计，阿姆斯特丹的天然气消费中有四分之三用于供热，这也是他们希望改变的一个状况：减少天然气供暖，多采用可再生能源或者是余热。

能源地图还展示了已有的风电和屋顶光伏的分布情况，一目了然。根据这些数据，形形色色的能源服务公司可以减少不必要的重复劳动，再做一些基本的能源数据调研，就很容易寻找到自己的切入点。

能源地图中能源潜力这一部分是比较重要的创新，它展现了阿姆斯特丹本地能源的潜力情况。为了更加符合实际，这部分采用了理论潜力、可开发潜力和当前使用量三个数据。

本地能源潜力主要包括太阳能、风能、地热、储能、废弃物、余热等多个方面。在理想的条件下，一平方米的屋顶太阳能光伏一年最高可以发电 108 千瓦时，利用太阳能基本上就可以让一个家庭能源独立了。

为了更清楚地了解阿姆斯特丹的基本数据，作为智慧能源城市建设的一部分，阿姆斯特丹还曾在市民当中散发了上千套感测装置，这个叫作 smart citizen kit 的装置只有巴掌大小，但是可以测量光照、温度、湿度、二氧化碳、污染和噪声等。参与计划的市民只要将感测装置装在自家屋外的阳台或窗户外，这个装置就会自动检测环境数据，并将这些数据传送到云端服务器。这些基础数据的公开和共享，也大大提高了公众参与能源事业的积极性。

为了激发公众的参与热情，这个能源地图被设计成是可互动的，企业和个人都可以不断地在这个能源地图上更新数据。在这个地图上，你可以看到邻居和周边的能源状况。比如，阿姆斯特丹的信息产业非常发达，有多个数据中心，数据中心对于制冷要求很高，但也产生大量的废热，如果加上热泵等辅助手段，一个数据机房的废热可以给上万户居民供暖。如果数据中心离居民区不太远，那么一个商业机会就呼之欲出了，有心的企业甚至个人很快就能牵线搭桥，抓住这一互利双赢的商机。

为了更好地提供这样的整合机会，阿姆斯特丹能源地图还提供了很多规划中的信息，比如 2022 年前新建饭店的规划。这个规划显示了拟批准建设的酒店及休闲中心的大致位置，这样人们就可以及早开展能源整合的工作，统筹考虑与整个区域的衔接，找到最符合可持续发展原则的供能方案。

二、消费侧驱动

能源地图的尝试，其实也是欧盟宏伟的能源转型计划中的一部分。欧盟能源转型的目标，是从当前化石能源为主的能源供应消费体系转向一个更加低碳的可持续能源体系,其核心是提高能效、增加可再生能源的比重,这是欧盟力推的一项长期举措。

为了做好这项工作,欧盟首先选择了一些试点区域,给予资金和技术支持,阿姆斯特丹就是首批六个试点城市之一。他们选择在阿姆斯特丹东南部的商业区 Zuidoost 开始能源地图的试点工作,并成功推广到整个城市。

据统计,全球城市能源消费占到了整个能源消费的 70% 以上,而且这一比例随着发展中国家的城市化进程还在不断提高,因此,城市如何使用能源也是能源转型的重点。

近年来,区域能源的概念日益受到重视,着眼于区域能源而不再是单纯的供应和需求侧,是能源转型的另外一个革命性方面。这个转变简单说就是从供应驱动型的能源体系转变为消费侧驱动。从区域能源的角度出发,提出能源解决方案时,依据的是更加精细的需求侧评估,综合考虑电、气、热、冷等各个方面,而不再是互相独立的单一品种的能源供应,这样就可以从系统优化中获取更大的能源效率。有专家评估说,德国通过能源效率提高获得的减排效果,超过了可再生能源的应用。

在传统的能源系统中,用户基本没什么选择,但这样的弊端日益显现,比如集中式的供电模式下,即使最先进的燃气电厂,能效也只有 50% 多,加上线损和用户端的转换,其实一大半的能源被浪费掉了,而低能效就会导致能源消费的增加。

在现代区域能源体系中,不同用户的能源需求被更加详细地分类,从而使综合能源服务落到实处。一个分布式的天然气冷热电联供系统,可以提高能效到 80%。在一些案例中,加上热泵和新能源技术的应用,能效就可以接近 100%。目前大城市的存量能源设施都比较大,充分挖掘这些潜力既可以提高能效,也可以实现盈利。阿姆斯特丹的例子并不独特，很多大城市都可以实现。

在提供精细的能源解决方案时，小公司具有更灵活的优势，但是他们缺乏进行基础调研工作的能力。因此，公开透明的信息可以促进区域能源的发展，也可以降低小企业的创业成本。**如果说传统供能模式靠的是大企业，那么区域能源转型就要依靠人民群众的汪洋大海**。公开透明的信息无疑会大大促进这一能源转型进程，阿姆斯特丹的能源地图提供了一个很好的样本。

第四章　全球能源转型和碳减排的推动力

既是消费者也是管理者：
美国纽约州的分布式能源改革[1]

2012年10月，超级飓风桑迪伴随着12英尺高的巨浪袭击了整个纽约州，不但切断了美国这座金融之都的电力供应，造成了灾难性的后果，更重要的是，它同时暴露出了纽约州电力系统的薄弱环节。飓风切断了美国东北部地区超过800万人的生产生活用电，华尔街因此闭市，共计造成超过650亿美元的经济损失。自然灾害暴露出的电网基础设施弱点，给当地政府及有关部门敲响了警钟。

纽约州电力系统存在三个方面的问题：基础设施陈旧脆弱，峰值需求不断增长，技术创新接受速度迟缓。如何解决这些问题？纽约州政府果断地选择了创新与竞争之路。

2014年，纽约州出台了一项颇具雄心且影响深远的电力部门改革行动——能源愿景改革。自此，纽约州一举成为美国电力部门改革浪潮

---

[1] 本文原载2017年3月6日《财经》杂志，作者为Lena Hansen（莉娜·汉森）和Kate Chrisman（凯特·克里斯曼），Lena Hansen为落基山研究所常务董事，Kate Chrisman为落基山研究所项目经理。

中的领先者。以多方合作的方式，数百名利益相关方（包括分布式资源企业、用户组织及其他利益相关方）参与了一系列工作组、技术研讨会及讨论会，帮助纽约州完成了能源愿景改革行动的规划与决议。

能源愿景改革行动的一个中心原则就是将分布式能源资源，如需求响应、屋顶太阳能、能效、微电网等这些尚未完全开发的重要资源充分利用起来，结合传统资源，优化电网运行，改善电网应对断电情况的弹性服务能力，使用户能够更灵活地管理自身能源使用情况。

要开发这些分布式资源，需要让它们成为电网规划与运行中不可或缺的工具。能源愿景改革行动需要开发现代化电网（这既促成了分布式资源的整合，也是分布式资源整合的结果），并活跃分布式资源市场来优化投资。此外，这一行动还需要为州内电力公司提供经济可行的财务模式来推广这种发展模式的应用，逐渐摒弃传统商业模式。

一、将分布式资源纳为电网资产

与燃气或燃煤电厂等传统电网资源不同，分布式资源规模小，用户分散，并且一般由用户而不是电力公司持有和运行。过去，分布式资源的这些特点使电网规划和运营者很难预测在何时何地怎样可靠地利用它们。然而，随着技术进步和清晰价格信号的出现，整合起来的分布式资源可以以三种形式向电网提供价值，这也是能源愿景改革行动希望实现的。

首先，分布式资源能够降低纽约州的峰值用电需求。比如运用需求响应等策略将用户的用能需求无缝转移到电网整体需求量较低的时段。通过使用智能恒温控制器和建筑整体能源管理系统等技术，用户能够在不中断服务的前提下降低用电需求，为电网带来可观价值。例如，通过运用分布式资源来降低每年用电需求量最高的100小时的用电需求，纽约州能够延迟系统升级并降低能源成本，预计每年可节约资金12亿——

17亿美元。通过充分发挥分布式资源的潜力，纽约州能够改善负荷系数，从而改善基础设施利用率，减少过量投资的同时保证系统可靠性。

其次，分布式资源不但可以整合起来，延迟或替代发电厂建设，而且能够延迟或替代其他传统电网的投资，如输电线路和变电站。纽约州的电力公司已确定了14种所谓的非常规发电方式替代方案，有望利用分布式资源替代已规划的特定电网投资。其中被人熟知的项目是在纽约市的布鲁克林区和皇后区。

据预测，到2018年夏季，那两个区的用电需求将会超出电网容量几乎70兆瓦。当地电力公司联合爱迪生（ConEd）最初计划投资12亿美元升级一座变电站，但该电力公司最终与纽约市政府合作开展了"布鲁克林、皇后区用电需求管理项目"（BQDM），以此寻求非传统、更清洁、更具弹性且更经济可行的方式来满足不断提高的用电需求。

在该项目中，联合爱迪生承诺投资2亿美元用于基础设施和本地分布式资源建设——还不到预估成本的20%——从而延迟对12亿美元变电站升级的需求。在提出这项替代方案时，联合爱迪生积极响应监管部门对于"能源愿景改革"行动政策方向发出的信号，并承诺项目不但能够为用户带来经济价值，还能提供重要的案例经验供参考。

截至2016年，这个为期四年的项目开展已有两年，联合爱迪生已投资2400万美元（其中1200万美元作为用户参与补助），资助了多个能效计划，以创新的竞拍方式购买22兆瓦装机的需求响应资源，并采用新的手段吸引用户参与。为了让项目对电力公司有吸引力，监管部门批准通过了表现奖励机制，电力公司能够通过满足特定结果（如分布式资源的多样性）来获得高额回报。

"布鲁克林、皇后区用电需求管理项目"是纽约州该类项目的首创，开启后整个纽约州都在测试这类项目的效果。例如，联合爱迪生在其另一个示范性项目中，通过整合分布式太阳能光伏资源和电池储能资源，创建了一座"虚拟电厂"。它与一座传统电厂的运营方式一样，向电网提供诸如容量和调频等重要服务。联合爱迪生与两家私营企业合作，将1.8兆瓦太阳能光伏发电设施和电池储能系统安装到了300个用户家中，并加入了云技术，保证电力公司能够直接控制这套整合系统。除了为用户提供价值（降低用电成本，并在系统断电时仍能保证电力供应）外，也能为电网带来真正的益处。在纽约，用电需求高峰一般出现在下午5点之后，但此时太阳能发电量已经开始下降。如果电网能够将太阳能电力保存在分布式电池储能系统中，然后在晚间用电高峰期将储存的电力释放，即可大大减轻电网的压力。同时，对这些资源的直接控制进一步提高了电网公司运行的可靠性。

最后，分布式资源可以提供支持电力系统日常运营的各项服务，包括提高电网弹性。在超级飓风桑迪之后，一些重灾区由于处在长岛长距离输电线的最末端而被孤立，而另一些纽约市的市民则因为地铁系统停电被困在了曼哈顿。各个相关组织和部门如今正在计划通过修建拥有互连分布式资源的微电网系统来提高电力系统的可靠性。作为"能源愿景改革"行动的一部分，纽约市启动了共计4000万美元的"纽约大奖"竞赛，截至2016年，已资助了83项微电网可行性研究。一旦建成，这些微电网不但能够在电网服务中断时为"孤岛"供应电力，还可以被整合到更大电网的日常运营中，为其提供常规运营支持服务。现在"能源愿景改革"行动研究的一个基本问题是如何最佳地协调、货币化和补偿这些运营支持服务。

二、创建分布式资源市场

如果说加利福尼亚州（另一个领先开展电力部门改革的州）采用的

是强制性手段整合可再生能源和分布式资源,那么纽约州则更倾向于采用市场化手段解决问题。阻碍分布式资源进一步普及的关键问题是缺乏有效的机制来协调和定价小型分散资源对电网带来的效益。

基于此,纽约州创建了一个新型的弹性竞争平台——分布式系统平台(DSP),从而货币化系统价值和鼓励用户与私营企业参与。作为分布式系统平台,电力公司将拓宽其角色,整合分布式资源,并在批发电力系统和越发多样化的零售市场(包括各种用户负荷水平和新型能源服务)之间发挥桥梁作用。纽约州是第一个将分布式系统平台类型市场制度化的州,这里的用户将不再只是电力的消费者——他们将积极参与电网的健康和稳定运营,并帮助降低碳排放。

分布式系统平台的一个主要目的就是支持将分布式资源向电网提供的价值定价,并补偿用户使用分布式资源的行为。当分布式系统平台模式投入运行后,这些价值将有可能通过市场力量决定。与此同时,纽约州的利益相关方采取了一种合作方式,更直接地将价值货币化。

分布式系统平台将创造一种市场机制,向纽约民众发出信号,指明分布式资源的价值并鼓励人们采用。这一举措改变了消费者的角色,将其曾经的被动变为主动,消费者的身份变成了通过分布式系统平台或第三方提供能源服务的服务商。纽约州的电力公司正在研究如何应用分布式系统平台,这显然需要电网基础设施和通信方面的同步提高。例如,电力公司和私营企业要一起研究如何提高信息透明度,从而使用户能够做出明智的投资选择,投资能够提高电力公司和用户分布式资源之间交流效率的智能基础设施和电表。

创建分布式系统平台市场和实施"能源愿景改革"行动的其他措施能够为电力公司带来新的收入流,并最终成为稳定的发展模式。在"能源愿景改革"行动下,电力公司收入将取决于非传统因素:相对于单纯依靠资本投资收益的传统模式，基于可能会出现的更多"奖励机制"，它们将能够依靠提供系统效率、能效、改善数据获取方式和信息互动等服务的能力创造收入。

而当分布式系统平台完全得到应用后，电力公司还能够开发新的"平台服务收入"，如向私营企业收取交易服务费等。通过鼓励提高系统效率，电力公司能够发现过去不存在或很难实现的分布式资源的价值，这使得"布鲁克林、皇后区用电需求管理项目"和纽约市"虚拟电厂"等项目不但成为可能，并且具备经济回报能力。

与传统发展方式不同，这种模式具备实在的可持续性。因此，纽约州"能源愿景改革"行动正在设计新方法以最大化利用创新、高能效的清洁资源，并运用这些资源为用户和电网公司等利益相关方带来经济回报。

第四章　全球能源转型和碳减排的推动力

热电联产技术对丹麦零弃风的贡献[①]

弃风弃光是当下风电和光电产业发展面临的最大挑战之一。造成弃风弃光的典型原因是电网灵活性不足，这有时是不可避免的，也常常被用来解释为什么可再生能源利用率较低的国家，想要在电力系统中大幅增加可再生能源发电比例非常困难。

但流行的解释未必就是对的。事实上，许多已建设备本可以实现更具灵活性的运营，但因为没有动力去做技术改造而作罢。本文以热电联产系统应用较为成功的丹麦为例，展示了丹麦如何通过不断克服"技术局限"，提高电力系统整体灵活性，从而大幅减少弃风弃光现象。其中的关键，是丹麦监管当局通过重塑电力市场结构，刺激电厂积极开发新技术和管理解决方案，从而提高其运行灵活性和利润最大化。

这一举措使得丹麦拥有了世界上最高的风电比例，同时将弃风现象减少到可以忽略的水平。

[①] 本文原载 2017 年 9 月 18 日《财经》杂志，作者为 Dan Wetzel（丹·怀特兹）、刘一格，Dan Wetzel 为落基山研究所部门总监，刘一格为落基山研究所咨询师。

一、热电联产灵活性不足带来弃风弃光

几十年来，丹麦很大一部分电力是通过被公认为最缺乏灵活性的热电技术提供的，即热电联产（Cogeneration，Combined Heat and Power，CHP）。顾名思义，热电厂具有同时向用户提供热力和电力的双重职责，这也正是其缺乏灵活性的原因：当热电厂提供热力时，就必须同时生产电力。因此在冬季，当热电厂为了提供热力而持续运行时，它也在不断向电网输送电力——无论电力需求是否存在。因此，当电力需求量很低，风电充足，而热电联产机组又必须运行时，电力系统运营商必须优先满足供热需求（即优先使用机组同时生产的电力），不得不放弃更具经济性的风力发电。

由于具备超高的能效，热电联产技术对于许多国家实现减排目标至关重要，尤其是处在寒冷气候带的国家。由于热电联产技术将发电过程中产生的余热（通常是被浪费的）用于供热，相较于分别生产电力和热力，热电联产技术能够节约30%左右的化石燃料，提高了整体的能效。

中国热电联产技术在灵活性方面的欠缺对可再生能源并网带来了极大的挑战，导致了在供热需求较高的东三省地区弃风弃光现象比较严重。2015年和2016年，中国全国弃风弃光率分别达到了17%和10%，相当于浪费了风电和太阳能电力行业341亿元人民币的营收。虽然丹麦的风电装机及发电比例远超过中国一些因热电联产而弃风现象严重的省份（如2016年风电比例达到17%的吉林省），但其电网2016年的弃风率仅为0.2%（吉林省2016年的弃风率为30%）。

二、市场机制刺激技术升级

丹麦在其风电比例尚未达到如今的高度时就意识到了热电联产缺乏灵活性的问题——用户的电力需求常常与供热需求并不一致，尤其是在

夜间，温度骤降（供热需求升高，因此热电联产电力产量也升高），但企业停工、居民入睡（电力需求降低）。经过深入研究，丹麦人逐渐开发了一系列得以广泛应用的技术解决方案，帮助解决供热与电力需求不匹配的问题：

（1）存储热力供以后使用，这意味着电力生产可以摆脱供热需求的影响；

（2）在电力供应过剩而供热需求未被满足时，电热锅炉和热泵可以将电力转换为热力；

（3）作为最后的手段，以降低综合能效为代价，可以打开旁通阀让热电联产机组将蒸汽导向涡轮四周，从而只生产热力而不生产电力，这比原来同时生产热力和电力时燃烧更少的燃料。

虽然这些技术解决方案十分关键，但丹麦人更重要的创新在于他们部署这些技术的方式。丹麦并没有强制推行这些技术解决方案，而是依靠市场的力量，激励运营商改造热电联产设备并调整它们的运营，使其更具灵活性。

丹麦早在1999年就引入了竞争性电力市场，当时并未将热电联产电厂并入这些市场，因为他们将热力供应视为公共福利，认为这种供应不应受到市场力量的控制。对电网来讲，这意味着供热需求在任何时刻都控制着来自热电厂的最低水平电力供应，限制电网使用其他成本更低的发电方式。虽然热电厂能够提高其出力水平，但出力水平的降低程度是受技术限制的。由于热电联产的优先级高于低边际成本的风电和太阳能电力，电力系统必须选择并网优先级别高的热电联产生产的电力，因此造成了弃风弃光现象的发生。简而言之，热电厂被认为是"必须运行"的发电机组。

但随着新的技术解决方案的出现，"必须运行发电机组"的概念受到了质疑。丹麦决定分解对热电联产的调度决策：热力供应继续作为受监管的公共服务，但对电力生产则开始引入市场机制。这意味着热电联产的热力供应将与过去一样，按照用户实际使用的热量，以规定的费率得到补偿，但热电联产的电力生产必须在批发电力市场中收回成本。

这一变革的结果是：对于燃烧的每吨煤炭而言，来自热力的收益只能收回燃料的部分成本。热电厂生产的电力必须接受市场价格，这意味着在电价较低时（风力资源丰富及需求量较低），热电厂将无法回收他们的全部边际成本，但当电价较高时（电力市场价格上升反映了电力供应的不足），热电厂则能够获得更高收益。在这个系统中，热电厂必须更具灵活性才能获得最大收益：在低电价时段尽量降低电力生产，而在高电价时段最大化电力生产。

价格波动仅由需求波动决定时，热电厂提高灵活性的经济意义并不大，但随着丹麦国内风力发电比例持续上升，低电价时段越来越多，热电厂提高灵活性的利益动机就越发强烈。

热电厂开始通过优化当前运营方式来提高灵活性，当电力需求较为稳定、电厂以高效且平稳的水平出力时，经验边界值（特定供热水平下的最低必需发电量）被认为是难以逾越的技术局限。这种看法使运营商认为热电厂无法同时实现高效、有效且灵活的运营。但在灵活运营的利益动机激励下，这些运营商开始发现电厂其实能够稳定地实现这样的运营并保持可控的设备磨损度。丹麦热电联产产业得以进一步降低最低运行率，减少开机时间和成本，并提高快速爬坡能力。如今，丹麦的热电厂在快速调整出力方面已达到世界最高水平。

在优化了当前运营方式后，运营商们开始考虑具备成本效益的改造项目。例如，按照2010年丹麦市场价计算，储热罐与旁通技术改造的折现回收期大约是三年。热电联产运营商首先保证地区热力站现有储热罐得到最大化利用，随后开始加大投资建设大型上游储热设施。而大型电力存储技术成本仍然较高（虽然已在快速降低），相比之下，热力存储的性价比更高，尤其是它能够被用来最大化低价时段和高价时段的整体收益。

为了进一步提高热电厂的灵活性，电厂接下来开始使用电热锅炉或热泵，在电网收到降低电力生产的经济信号时，通过利用富余电力生产热量来补充热力供应。与热电联产技术的热力生产相比，电热锅炉一般成本高昂且效率低下。但当电力价格因风电生产量大而非常低（甚至是负值）时，电热锅炉就成为更具吸引力的投资选项。

例如，按照2013年市场价格和税收制度计算，在典型热电厂加装一套75兆瓦的电热锅炉，每年能够为热电厂节约大概300万欧元。

这就是说，当许多国家正在通过购置天然气调峰电厂和电池存储设施等高成本方式来中和大量增加可再生能源所带来的电网波动时，丹麦则以更低的成本实现了这种运营灵活性，将风险从用户转移至发电者，从而激励后者承担责任，通过创新在市场中保持盈利。

三、新的挑战

在整个丹麦能源系统中，选择改造的电厂、提高灵活性的热电厂能够实现更高的经济回报，而其他纯冷凝或未改造电厂则丧失了竞争力，逐渐退出市场。2000—2016年，丹麦约有2吉瓦装机的热电机组退役，另外1吉瓦则处于长期待机状态。虽然这些市场淘汰是难以避免的，但将热电厂纳入电力批发市场的做法本身也存在诸多挑战。例如，随着越来越多低成本可再生能源并网，即使是经过改造的热电厂，也只能维持微薄的利润。未来，随着市场电价进一步降低，热电厂可能不再有利可图，被迫退出市场，从而威胁到稳定的供热能力。

这些挑战和问题的确需要重视,但监管者无须因此恢复保护热电联产的监管制度,这将破坏在这一转型过程中已经取得的成绩,更不用说传统电力批发市场在设计中已考虑到了火电厂的非零边际成本。恢复对热电联产的保护机制,将造成电网电价长时间保持接近零的水平,从而使可再生能源无力回收成本。这一问题向丹麦或中国乃至其他所有国家提出了新的挑战,即如何设计电力市场来适应未来主导我们能源系统的发电技术,包括风电和热电联产等。

要完全摆脱化石燃料,我们就必须实现所有部门的电气化,包括交通、烹饪、供热,等等。长远来看,热电联产技术也将被取代。尽管如此,现阶段还有大量热电联产设施在运行,而且具备很高的能效和经济性,它们也同时以牺牲风能资源为代价在运转。而电力供热技术的能效仍然较低,要实现大规模应用还为时尚早。

2030 年 100% 电动车：印度靠啥实现宏伟目标[①]

机动三轮出租车（俗称"嘟嘟车"）在印度街头随处可见。嘟嘟车司机 Arjun（阿尔俊）刚刚经历了繁忙的一天，不到下午 2 点钟，他已搭载了 12 名乘客，而他嘟嘟车上的两块 1.5 千瓦时电池的电量已基本耗尽。与大型长续航电动汽车不同，这种嘟嘟车续航里程仅为 80 公里。

许多出租车司机都会为电动汽车充电时浪费时间和损失收益感到恐慌，但 Arjun 已使用了一种变革型技术：电动三轮车可更换电池。这种电池组件续航能力不强，但足以应付一般的市内行程，并且其轻量设计使得操作更简单。仅仅几分钟时间，Arjun 就已经在电池更换站换完电池，驾驶着他的零排放嘟嘟车重新上路。

可更换电池技术和商业模式是上述情景能够实现的关键所在。电动车使用较小的电池组件，但可便捷更换新电池组，整个过程与燃油汽车在加油站加油的过程一样。这一商业模式在当今的印度已经具备了经济

[①] 本文原载 2017 年 10 月 30 日《财经》杂志，作者为 Clay Stranger（克莱·斯特兰杰）和 Robby McIntoh（鲁比·麦克伦托），Clay Stranger 为落基山研究所董事，Robby McIntoh 为落基山研究所部门总监。

可行性，并将加速印度实现 100% 电气化出行目标的进程。

一、印度出行模式的变革

目前印度经济仍然处于初级发展阶段，但该国在清洁出行上目标宏伟。2016 年 3 月，时任印度电力部部长宣布，力争在 2030 年前，实现印度境内路上运行车辆 100% 为电动汽车。

由于印度具备的一系列优势，该国有机会利用新型商业模式和成熟技术实现其目标。印度有条件跳过私人汽车保有模式，直接打造共享型、互联型电动客运出行系统。这些优势条件包括：非机动车出行方式的利用率高，私人汽车保有量低，出行服务产业高度发达。

（1）截至 2016 年，非机动车出行方式（步行与自行车）和公共交通出行方式能够满足印度全国出行需求的近 70%。美国这一比例是不到 10%。

（2）虽然从 1950 年至 2016 年，印度私人汽车保有量已增长了 472 倍，但其整体水平仍然很低。印度每千人的私家车保有量仅为 18 辆，美国是近 800 辆。这使印度有机会利用新兴科技和全新商业模式，为民众提供比私家汽车更方便、更经济的出行服务。

（3）共享出行方式在印度已经被大众熟知并得到广泛应用。嘟嘟车能够灵活地接送乘客往返于其他交通方式无法通行的线路，而印度的约车服务也正迅猛发展。

印度面临的挑战也很巨大，如私家车保有量不断上升，交通拥堵和空气污染越来越严重。因此，三轮车可更换电池技术为印度提供了一个以经济可行的方式实现一大部分共享出行细分市场电气化的机遇，支持印度实现 2030 年 100% 电动汽车销售的宏伟目标。

二、换电电动车将在全国推广

什么是可更换电池技术？它与电动汽车快速充电技术有何区别，又有何优势？简而言之，可更换电池技术就是将标准化、模块化的电池组件应用于电动汽车，使其能够方便地在电池更换站更换蓄满电量的新电池。

对于应用轻便电池的小型车辆而言，更换过程可以由司机本人或其他有限的人力来完成。而对于巴士或大型四轮汽车的较大电池组件而言，需要机械协助完成电池更换工作。整个电池更换过程可在几分钟内完成，从而保持与当前加油站设施同等的便捷水平。

作为一种新兴的商业模式，可更换电池技术能够克服电气化出行规模化发展的三大障碍：高昂的前期成本投入、用户对续航能力的顾虑，以及快速充电设施给电网带来的高负荷压力。

大型电池的高额前期成本常常是电动汽车行业发展的一大主要障碍。而将电池成本转化为租赁式的小型可更换电池模式，意味着将高昂的前期成本分摊到了电动车的整个使用寿命中。由于电池常常会占到一辆电动车价格的三分之一，上述模式能够使电动车成本降至与内燃机车相当，甚至更低的水平。

购买电池意味着用户需要在前期一次性支付电池十年使用寿命的全部运营成本，而电动车用户可以通过租赁电池这种服务模式，按每公里或每千瓦时支付使用电池系统和消耗电量的成本。这与当前内燃机车司机按实际消耗量支付燃料使用成本的模式类似。试想一下，如果内燃机车司机必须在购买车辆时一次性支付未来十年所需的燃料成本，将会是什么样的情景！通过将成本分摊开来，电动车的前期成本能够降低到比内燃机车更低的水平，并且其每公里运营成本也比后者更低。

优先发展高能效车辆能够延长续航能力，提高可更换电池组件的经济性。传统电动三轮车每行驶1公里大约需要80千瓦时电量,而通过与汽车制造商合作,印度政府已设定了要将每公里用电量降低至45千瓦时的目标。目前,车辆每公里耗电量已经降至53千瓦时,并且能效水平还在不断提高。

辐射范围广泛的电池更换网络能够让用户不再为电动车的续航能力担忧。多数私家车每天的行驶距离不会超过30公里,但在购买电动车时,用户常常因为偶尔出现的长距离驾驶需求和电动车有限的续航能力而犹豫不决。快速电池更换站的出现意味着电动车可以满足任何距离的驾驶需求,从而克服这一阻碍电动车普及的主要因素。

电动车用户需要大型电池的原因是他们担心电池电量会很快耗尽,即使这种情况在传统的城市驾驶条件下很少出现。而如果电池能够在电量耗尽时很方便地更换,用户就将不再需要长续航能力的大型电池组件。另外,他们也不想因为等待电池充电而造成经济损失。在电池更换站出现后,可更换电池技术能够提高特定细分市场的经济性,尤其对两轮或三轮车而言。

与充电系统不同,可更换电池技术不会像快速充电技术一样给电网带来大负荷压力。虽然续航能力是其不足,但这在城市环境中不会造成问题,因为城市中遍布方便的电池更换站,并且市内行驶距离一般相对较短。

综上所述,在实现2030年100%电动汽车销售目标的道路上,可更换电池技术可以成为印度未来出行模式的可行方案。这种未来方案已经在那格浦尔市(Nagpur)开始试点,并计划在全国范围推广。

三、电池产业迎来机遇

两轮车和三轮车约占印度国内车辆销售总量的80%,其中,两轮车更是印度城市交通最主要的出行方式,在 50 万到 800 万人口规模的城市中,两轮车占整体出行方式份额的 24%—29%。每天印度都有近 6 万辆两轮车注册上路。对于印度这一主要交通细分市场,标准化的可更换电池技术能够快速实现其电气化进程。

2017 年,印度政府已计划在短时间内于全国范围内部署 10 万辆配备可更换电池的电动三轮车。印度能源、环境和电信基础设施解决方案提供商 ACME 集团已在那格浦尔市设立的 4 个试点电池更换站中部署了超过 50 个充电点。通过与印度国内拼车服务商 Ola 公司合作,该项目将为印度打造最佳的综合充电和电池更换站发展模式。未来,这种模式将得到进一步改善,以更好地满足各种车辆类型的需要。

电池将在变电站附近的中心充电站完成充电,然后被分配到各个电池更换站。这种模式将创造大量的小型商业机遇,很多路边商店都可以成为电池更换站,提供电池更换服务,这与之前手机尚未普及时,为大众服务的公共电话亭模式非常相似。

全球电池生产能力正飞速增长,许多企业和国家都公布了在未来建设更多超级电池工厂的计划。

落基山研究所通过建模预测,如果印度要在 2030 年实现 100% 电动汽车销售目标,至少需要建造 20 座超级电池工厂,每年生产 0.7 太瓦时到 1.6 太瓦时的电池。这将给印度电池市场带来巨大变革。彭博新能源财经报告显示,在做出全国性电动汽车发展承诺之前,印度 2030 年电池产业产能的预测值仅为 1.3 太瓦时。

印度的出行系统正在变革,并将自然地选择成本最低的市场解决方案。要完成 100% 电动汽车市场的转型,印度需要在各种科技和不同车辆类型中找到正确的平衡,从而满足所有用户的出行需求。

当然,不存在适用于所有情形的万能商业模式。可更换电池、快速充电、慢速充电技术，以及私人和共享的两轮、三轮、四轮车都将发挥各自作用。印度正努力打造一个综合性、互联性的出行系统，其最大优势就在于多样性，能够在不同情境下应用正确的解决方案。

此外，可更换电池应在多种车辆型号中实现标准化，否则它们将过于依赖消费者对车辆的选择。为了使可更换电池模式成功在印度规模化发展，电池与电动车的标准化至关重要，而这需要与电力公司进行紧密的合作与规划。

第四章　全球能源转型和碳减排的推动力

正在改变世界的储能梦之队[1]

2020年6月，Form Energy公司宣布将利用一座风力发电厂和长效电池的结合来替代美国中西部地区的一家1吉瓦装机的褐煤电厂，Form Energy将替代方案称为"双向电厂"。制订这一计划的是一支梦之队：来自中国台湾的麻省理工学院教授蒋业明、蒋教授的一位美国商业伙伴及学生、一位来自加州的农民的儿子和一位意大利软件工程师，他们共同创建的Form Energy是一支多元文化的团队。

作为首个以"可再生能源加储能"方式替代运行中燃煤电厂的大型项目，如果此项目能得到经济和技术的双重证明，那么全球各地的电厂在十年内就将面临该技术带来的激烈竞争。Form Energy的项目代表着一种正在美国兴起的趋势——新建可再生能源项目的经济指标不但优于新建燃煤电厂，也优于运行的现有燃煤电厂。

明尼苏达州电力公司Great River Energy宣布，Form Energy的1兆

---

[1] 本文原载2020年7月20日《财经》杂志，作者为Danny Kennedy（丹尼·肯尼迪）和Kitty BU（卜洋），Danny Kennedy为New Energy Nexus公司的CEO，Kitty BU为欧洲气候基金会新能源顾问。

瓦试点项目能够满负荷放电长达 150 小时。Great River Energy 公司在公告中透露，Form Energy 的独特技术是一套"水系空气"电池系统。在美国、中国、澳大利亚和全球其他地方，锂离子电池组满负荷放电时长一般最多只能达到 4 小时。150 小时完全是另一个量级。

这基本上可以使可再生能源成为"基础荷载"。

作为 Great River Energy 公告中计划的一部分，该公司将在淘汰燃煤电厂的同时，建造一座 1.1 吉瓦装机容量的风力发电厂，并在风力资源不足时使用这种长效储能系统作为补充。整个项目将基本实现零碳电力供应，其成本远远低于当前通过褐煤发电的运营方式。

Great River Energy 是美国明尼苏达州第二大电力供应商。这里的人们需要忍受越来越长的夏季热浪和冬季寒潮，当地的供热和制冷负荷也因此激增。为了平缓风电的波动性，Great River Energy 主席兼首席执行官 David Saggau（大卫·撒高）认为，"长效储能将成为未来极端天气状况下维持电网可靠性的必要手段"。

在这种情况下，他们选择了与 Form Energy 合作。在达成合作前，考虑到当地天气条件和其他因素，双方花费数年完成了复杂的联合优化分析，研究如何替代南达科他州多年来运行状态欠佳的 1.15 吉瓦装机 Coal Creek Station 燃煤电厂。这些分析确保了在保证可靠性、低平准化能源成本和高投资回报的前提下使用波动性的风电替代煤电。

外界目前还不清楚 Form Energy 的储能系统究竟是用什么材料制成的。在与 Great River Energy 合作的试点项目中，该系统将被安置在混凝土板围墙之后，其模块化的基础单位容量为 1 兆瓦。外界猜测其水系空气电池中使用了化学元素硫，因为那正是蒋业明教授创立的上一个初创企业的研究重点。

蒋教授是多家在储能领域备受关注的公司的幕后核心，例如 24M

和 A123，蒋教授还创建了 Baseload Renewables 公司，并与美国能源部合作研究可实现比锂离子更长效的电网级储能技术。与此同时，Mateo Jaramillo（马泰奥·加拉米洛）离开了特斯拉。开始独立研究长效储能领域的重大挑战，并且他考虑的是季节性规模的储能技术，而不仅仅是数天或数周的充放电。

原本二人有各自的融资渠道，但 Jaramillo 决定与蒋教授及 Ted Wiley（特德·威利）合作，后者是海水电池公司 Aquion（该公司的大部分产品都部署于美国，但在 2017 年不幸破产）的联合创始人。这两个强大的团队决定联手合作，而不是相互竞争，以破解创建和销售电网储能解决方案在科学和商业方面的困难挑战。

构成团队最后一块拼图的是意大利软件专家——持有两个博士头衔的 Marco Ferraro（马可·费拉罗），他能够在几乎所有电力市场上对波动性的可再生能源建模分析，从而以极低的单位兆瓦时成本提供稳定功率的电力供应。

其他的公司可能具备其中的某些能力，比如强大的分析建模能力或交易软件或他们的特殊化学技术，但各种能力的结合才使 Form Energy 脱颖而出，具备强大竞争力。并且他们都是经验相对丰富的企业家，尤其是 Jaramillo，他曾组建了特斯拉的储能业务部门，该部门改变了储能行业的格局。如今，**这些开路先锋们正联手解决可再生能源应用领域的下一个重大问题：管理风电、光电的波动性，以经济可行的方式发挥它们的作用。**

美国在储能的尝试上并不是一帆风顺的。虽然特斯拉在内华达州建造了超级工厂，但是特斯拉并不代表美国的电池生产制造产业的实力。实际上，美国的先进电池制造或生产能力十分有限。锂产量很低，原材料精炼能力也很有限，所以其电动汽车和电网储能严重依赖于亚洲厂家生产的锂电池。随着这两类终端应用在美国的强势增长（甚至在新冠疫情时期也是这样），这里的初创企业们迎来了新机遇。

加州对"二手电池"的强烈兴趣就是其中一个很好的例子。与中国类似，加州有时也不得不大幅减少数日甚至数周的风电与光伏发电，但他们并不想浪费掉这些过剩产能。使用全新的锂离子电池来存储这些电力目前仍是昂贵的，但用从电动汽车中取出的二手锂离子电池来储能仍然具备相当的经济可行性，一些技术类型的企业正在专注将其变成现实。

Rejoule 是一家加州大学戴维斯分校的衍生企业，Jae Wan Park（朴在琓）教授在这里研究电动汽车特性已有十年。**该公司能够在电动汽车使用寿命终结之后将其电池取出（剩余容量通常是额定容量的 80%）并重新组装。重新装配的电池可被二次应用于电网储能领域。该公司的关键技术是能够快速测试每块电池（仅需 1 分钟，通常这种测试需要 1 天的时间），替换掉已失效的电池，从而快速地重新组装完整的电池组。**图 4-3 所示为电动汽车电池循环经济路径。

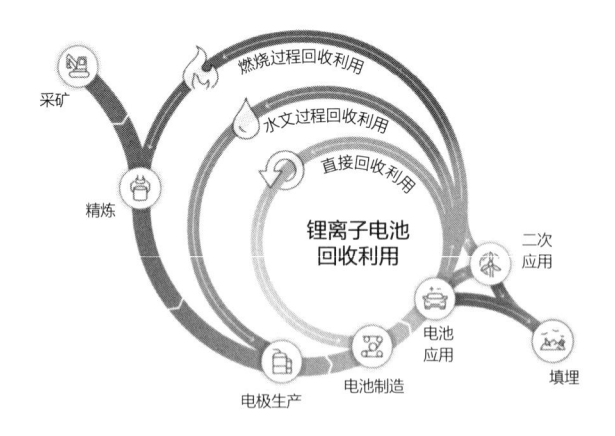

资料来源：Recell；Argonne National Laboratory

图 4-3　电动汽车电池循环经济路径

第四章　全球能源转型和碳减排的推动力

该公司正在解决的另一个问题是安全性和使用他人的二手电池带来的感知风险。为此，Rejoule正在打造一套起火探测和灭火系统，在不损坏任何电子元件的前提下，避免二次利用电池时温度过高。这种检测即时故障并将电池冷却的能力将有助于打消用户和投资者的疑问，使他们更容易接受二手电池。

另一个加州大学的相关衍生企业名为Smartville，它来自加州大学圣地亚哥分校的能源研究中心。该公司关注的问题是，得到许多不同种类的电动汽车电池及它们各自的不同电池单元，并将其重新应用于电网储能领域。他们在研究如果将不同型号、不同类型车辆中的不同电池捆绑在一起并接入电网进行储能会发生什么。他们已经设计出了功率转换器和一个状态调整过程来测试这些电池组并使其适用于电网部署。因为测试过程需要数周或数月的时间，他们利用测试中的充电和放电循环向电网出售服务，从而在产品出售前增加自身收入。

在二次利用二手电动汽车锂离子电池潜力方面，Rejoule也许算是知名度最高的企业。该公司利用他们的全寿命周期思维和从一开始就着手设计二次利用的方式，可能会带来整个电池制造行业的革命。他们的电池测试和管理软件可被安装于电动汽车中刚开始使用的全新电池组，并持续性记录电池的实时健康状态。这意味着在汽车电池的质保期末不再需要进行额外测试协议，就可快速完成电池从一次利用到二次利用的转变。锂离子电池再利用的速度和最小阻力很可能将成为它们在应用中是否会优于全新材料电池的决定性因素。Rejoule将是其中的关键。

这三家公司都收到了来自加利福尼亚州能源委员会的数百万美元补助。而美国联邦政府通过国家可再生能源实验室也同样热衷于这一课题，以减少出行和电网应用对新锂离子电池持续供应的依赖。

由于锂是一种可重复利用的材料，而不是像化石燃料一样不可重复利用的资源，一个国家应该尽可能地增加它的利用次数。如果美国本土锂资源和其他电池材料得到显著发展，美国就能降低对进口的依赖程度。

锂离子并不是美国在储能领域关注的唯一课题。储能初创企业们也正在研究利用其他化学手段解决主要由风电和光伏发电提供电力的电网的可靠性问题，它们有可能改变美国甚至全世界的可再生能源市场，这也再次证明了多元化企业对美国的巨大价值。

第四章 全球能源转型和碳减排的推动力

区块链技术将变革全球电力行业[1]

电力是支持所有行业的动力来源，但用户对自己工作或生活所用电力的来源几乎一无所知。这背后的一个原因是电子流动的物理特性极其复杂并随时变化。每一次电灯或电机的开关、每一阵风刮过、每一朵云飘过或每一次电厂调整出力都会改变电力的流动状态，这让人们了解电力来源变得更加困难。

历史上，我们能够做到的最多只是以平均水平管理电力系统。虽然用电成本和用电行为对空气质量、电网稳定性及弹性，以及能源安全的影响在不同时段差别巨大，但用户仍几乎没有动力去考虑或试图改变自己使用电力的时间。

如果我们有机会多多少少改变电网中的这种现状，用精确的操作替代平均水平的运行会发生什么？如果我们允许任何地点的电力用户决定自己使用何种来源的电力，并向他们提供工具来根据市场价格信号来自

---

[1] 本文原载2017年11月27日《财经》杂志，作者为Jesse Morris（杰希·莫里斯）和Jon Creyts（乔恩·克莱伊兹），Jesse Morris为落基山研究所董事，Jon Creyts为该所常务董事。

动改变其电力消费习惯，从而优化成本、提高清洁度，又会带来哪些影响？

区块链技术——这种加密电子货币比特币背后的协议机制——可能成为实现这种改变的关键。

一、区块链技术在能源行业的早期应用

区块链技术旨在将计算协议去中心化以完成一个主要目的：将信用商品化。比如，你、我、我们的家人或企业为了完成资金或信息的交易，付费给一些机构建立信用，这些机构包括律师、保险公司、银行、金融数据储存库、Facebook、Twitter、微信、微博、电力公司等。我们通过向这些机构付费或授权其获取我们数据的权利来建立我们参与使用的信用平台。区块链技术则另辟蹊径，将高级密码学、行为经济和网络协议结合起来，在很大程度上自动化完成今天"信用建立者"的这些功能。

此类技术能够对能源行业带来巨大的影响。为更好地理解区块链技术的工作原理及其作用，我们以今天的系统为例，考虑如何帮助用户了解他们的电力来源，以及我们如何调整这一系统来充分利用这一科技带来的优势。

随着大众对空气污染日益关注，更多企业开始制订其可再生能源使用目标，以及政策驱动的可再生能源目标不断提高，越来越多的用户都在尝试从特定的发电商如太阳能和风力发电厂那里采购电力。对于电力用户能够自由选择发电商的市场而言，如何真正提供设想中的服务颇具挑战。中国也在这类市场之列，也已于2017年7月启动了可再生能源绿证交易。今天，太阳能和风力发电厂的电表将信息记录在数据表格中，并将这些数据表格分享给监管部门，由后者将这些信息录入另一个数据库。之后，认证机构依照该数据库手动签发"可再生能源证书"，而市

场中介商（也就是"信用建立者"）使用这些信息将买方与卖方联系起来。完成一笔交易的整个过程也许需要数月的时间，但这还不是唯一的问题。

此类系统由于涉及许多人为因素、流程、"信用建立者"及不同的数据格式，因此会有诸多缺陷或不足，包括数据在不同参与方之间传递时出现的无意识计算错误、证书的重复计算、网络安全攻击及另一个更普遍的问题：在现今复杂的监管和法律系统下，大多数电力用户都无法进入市场。图4-4描述了目前典型的"可再生能源证书"购买流程。

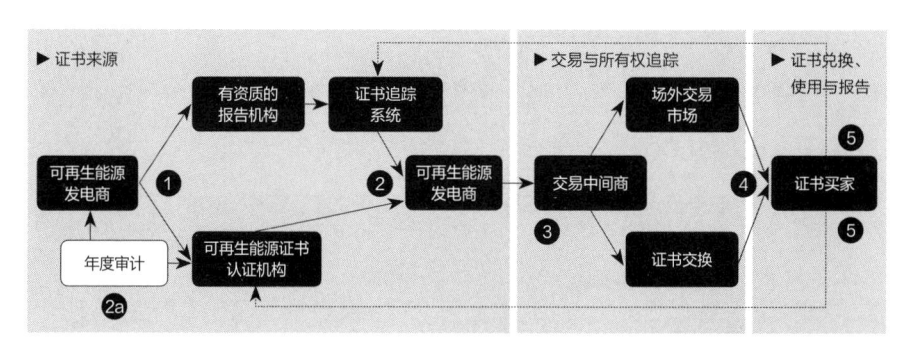

资料来源：落基山研究所　制图：张玲

图4-4　典型的"可再生能源证书"购买流程

区块链技术提供了重新设计这一系统的全新方式。在以区块链技术为基础的系统中，电表直接与区块链相连。区块链能够起到通用的"公共账本"作用，这取代了在一系列不同表格中填写数据及在不同参与者之间人工传递的过程，所有利益相关方都根据这些共享数据行使各自的职责。因为区块链技术使用去中心化计算机网络处理数据并实时存储数据，这样的系统不存在单一节点的缺陷或系统故障点，所以这些信息几乎不可能被破坏。

能源列国志

通过确保发电厂直接在可信且安全的区块链上输入信息，我们可实现目前系统大多数过程的自动化，并通过保持所有相关信息不可变更的特性而提高市场透明度。这样的设计（如图 4-5 所示）还能够通过省去一些中间环节和审计来让更多用户更容易地进入这一市场。

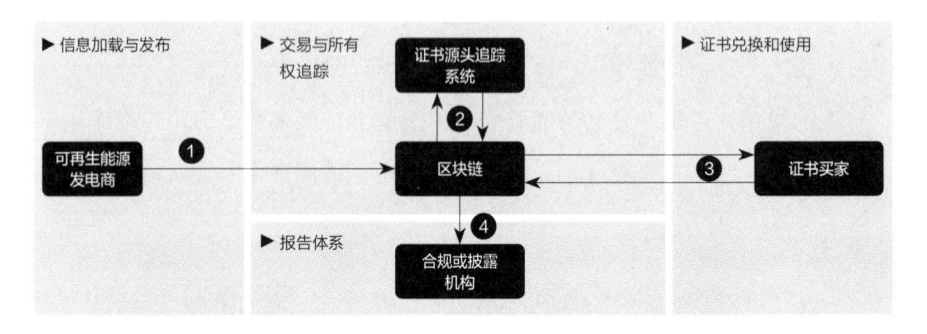

资料来源：落基山研究所

图 4-5　典型的基于区块链技术的"可再生能源证书"市场

二、不仅是简单的会计核算

重塑电力核算系统，让用户更容易地选择和了解他们所用电力的来源，这将极大地丰富用户的选择，并提供电力市场"去商品化"的能力。但区块链技术的作用远不只这些。

例如，如果除发电机组外，我们的建筑和用能设备都直接与区块链相连会发生什么？想象一下，一套"物联网"系统通过安全的区块链互相传递物理与财务信息将会怎样？在这一结构下，我们可以想象接近实时发送的价格信号将直接传送至恒温控制器、冰箱、电机、LED 照明，以及储能电池、屋顶太阳能和电动汽车等用能设备上，使其能够自动调整它们的用电量来帮助平衡电网负荷。将在预设参数范围内运行的许多电器的微小操作整合起来，可能为电网创造相当规模的资源。相比于当今依赖于大型集中式热电厂，通过自上而下模式人为操作管理电力供应来回应电力需求变化的电网运行机制而言，区块链系统有很大的不同。区块链技术具备的关键特性将低成本交易、网络安全及智能合约等特点集成在一个功能强大且快速发展的平台，能够将物联网的未来变为现实。

三、未来的颠覆性应用

从银行业到医疗行业再到可持续农业，各个产业都在大肆宣传区块链技术，多数拥护者都希望以这种技术实现全球经济所有部门的完全非居间化。这种宣传也是截至 2017 年区块链技术项目通过首次代币发行机制（Initial Coin Offering，ICO）募资超过 20 亿美元的原因之一。然而，区块链要达到宣传中的水平并在能源行业及其他行业发挥其全部潜力，需要解决以下几个关键问题。

• 可扩展性：比特币和以太坊等公共区块链当前每秒只能处理 7 至 30 笔交易。如果全球所有电力消费和生产设备都实现数字化并按分钟级以下单位追踪活动，我们则需要每秒处理数百万笔交易的运算能力，而这是当今的区块链技术无法实现的。

• 安全互连：要使电网运营实现更高的数字化和自动化水平，我们需要一种安全的方式大规模完成与区块链相连设备的认证、注册和监控。

• 监管改革：必须让许多市场的监管部门参与进来，设定新的标准来达成区块链如何清算交易的协议，这在区块链领域被称作"共识"。

在能源行业，市场正在迅速行动解决这些问题。我们希望更多试点项目及能够证明区块链技术在能源行业巨大潜力的概念会在明年出现，而这也预示着会有更多区块链技术的颠覆性应用在今后五年中在全球市场实现商业化。这将是一次值得关注，也许也是首次真正全民参与其中的重大转变。我们所有人都参与电力市场的机遇正随着软件开发的飞速发展而迅速到来。我们期待着利用区块链技术来回答"我们的电力从哪里来"这一问题，并且在不远的将来解决更多处于现货和财务市场交界处的其他难题。

第三节 政策与市场的双驱动

市场机制：欧洲可再生能源大发展的关键[1]

可再生能源——尤其是风电和光伏——在欧洲发展迅速，2020年其发电量占比已经近40%，这与欧洲对可再生能源的激励政策密不可分，其中，2009年发布的可再生能源指令和欧盟的能源气候目标起到了很大的作用。

总体来看，欧洲各国可再生能源的激励政策，经历了从大规模的政府补贴到市场竞价的发展过程，推动可再生能源逐步深度参与电力市场，通过市场机制实现高效消纳。

一方面，可再生能源快速发展，通过集合竞价商参与电力市场，为电力市场带来了变化，导致日内市场愈发活跃，交易品种也更加精细；另一方面，边际成本几乎为零的新能源拉低了电力现货市场价格，但补贴在消费端体现，零售电价被推高。

随着新能源成本降低、补贴退坡，以及越来越多的公司提出碳中和目标或强制公布绿电份额，长期购电协议（PPA）日益壮大，成为当前

---

[1] 本文原载2021年2月1日《财经》杂志，作者为秦炎，路孚特首席电力与碳分析师、牛津能源研究所客座研究员。

新能源进一步发展的常见市场机制，推动了无补贴新能源的发展。

欧洲可再生能源参与电力市场的发展历程表明，随着成本下降，退补和提高市场化程度是可再生能源发展的必然趋势。同时，健全完善的电力市场机制是实现高比例可再生能源消纳的有效保障，电力现货市场是能够反映可再生能源发电极低边际成本优势的有效机制。

但是欧洲从溢价补贴到拍卖补贴和PPA的兴起，也说明了这个过程是逐渐发展的，扶上马再送一程，仍然需要有力的政策支持。在企业纷纷出台碳中和目标和提高绿色电力比例的大背景下，长期购电协议（PPA）在欧洲越来越流行，对推动无补贴新能源项目的发展起到了积极作用，值得参考。

一、补贴在欧洲各国陆续退出

欧洲新能源的发展同样离不开补贴。各国实施的补贴机制包括配额制、绿证、固定上网电价、差价合约、溢价机制、招标电价等，在可再生能源发展的不同阶段，分别采取不同的补贴政策，大方向是逐步向市场化演变。

以英国为例，2015年起英国陆续停止了新建风电光伏项目的配额制，也称可再生能源义务机制。并在2017年完全进入以招标确定价格、依据市场价格灵活调整电价补贴总需求的差价合约（Contract for Difference，CfD）政策（如图4-6所示），即可再生能源发电企业通过竞价参与电力市场，并与政府成立的差价合约交易公司签订购电协议，确定执行电价（Strike Price）。

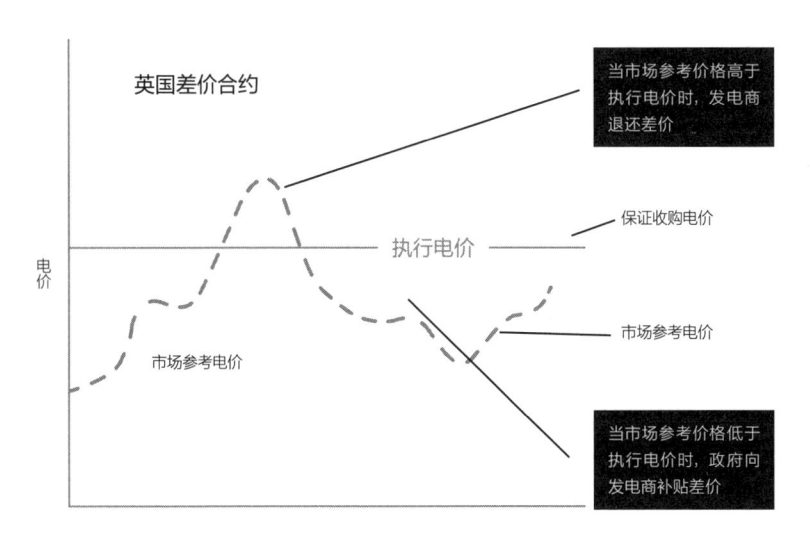

图4-6 英国可再生能源差价合约示意图

当市场参考电价低于执行电价时，由政府向发电商补贴电力售价与执行电价之间的差价；当参考电价高于执行电价时，发电商需要向政府退还差价。市场参考电价不一定和电力交易的实际价格完全一致，但是大致反映了市场价格走势。在此机制下，可再生能源发电商会尽量以接近参考电价的水平竞价，从而获得差价合约的收益。

虽然电力市场价格每日波动，但差价合约机制可以确保可再生能源发电企业的实际收益为固定的合同电价。同时，因为招标机制引入了竞争，所以合同价能比固定补贴的配额制更好地体现真实发电成本，有助于降低可再生能源补贴和消费者的总支付费用。

英国之前把陆上风电和光伏归类为成熟技术，排除在 CfD 竞标之外，只包括海上风电这样的新兴技术。但是为了助力"净零排放"目标的实现，英国宣布 2021 年 CfD 招标重新向陆上风电和光伏发电开放，预期将拍卖 12 GW 新项目。

和英国类似，德国通过陆续修改可再生能源法，来改变补贴政策：先实行固定上网电价，然后在 2012 年对光伏发电开始实施市场溢价机制，再陆续扩大范围。这一机制下，可再生能源企业的收入包括市场溢价补贴和电力市场售电的收入。

2017 年，德国正式结束基于固定上网电价的政府定价机制，全面引入招标补贴制度，中标项目将享有 20 年竞标电价补贴费率。主要原因是可再生能源的规模增大，使得补贴资金连年上涨，增加了消费者电价支出，以及风电、光伏等技术日益成熟，项目成本日益降低，企业自身的竞争力不断提高。

德国的招标补贴机制自实施以来，广受欢迎，投标十分激烈，平均中标价格也逐年下降。这体现出拍卖将可再生能源进一步推向市场，电价补贴能更准确地反映市场需求及真实的发电成本。2020 年的可再生能源拍卖也都成功举办，并未受到疫情的影响。尤其是光伏项目大受欢迎，部分也是因为疫情和供应链的中断提高了用户对能源安全的重视。在 2020 年 12 月举办的一轮拍卖中，最终有 400 MW 陆上风电项目中标，电价在 0.0559－0.0607 欧元 /kWh。中标的 264 MW 光伏项目的电价在 0.0488－0.0526 欧元 /kWh，比 2015 年下降了近一半。

德国出台的 2021 版可再生能源法，计划 2021 年起每年拍卖至少 8GW 的可再生能源项目，实现在 2030 年光伏装机总量翻倍到 100GW，陆上风电为 71GW，海上风电为 20GW，生物质能发电装机增加到 8.4GW，届时可再生能源占发电比达到 65%。而其他国家也不甘落后，纷纷承诺了拍卖，这显示了在欧盟绿色新政及有力的气候政策框架的推动下，成员国政府对可再生能源的大力支持。

二、灵活多样、实时高效的电力市场

可再生能源在欧洲参与电力市场的方式也随着补贴机制逐渐演变。

在发展初期，可再生能源成本较高，直接参与电力市场没有价格竞争优势，欧洲许多国家主要采用固定电价机制，由配电网运营商以固定价收购可再生能源，由输电网运营商统一纳入现货市场。随着补贴机制不断演变，欧洲各国的可再生能源参与电力市场的程度越来越高。因为边际成本很低，几乎接近于零，所以可再生能源在日前市场通常是最优先竞价上网的电源。差价合约和溢价等补贴机制都鼓励可再生能源发电商直接参与电力市场，利用其低边际成本的价格竞争优势，提高新能源消纳能力。

欧洲电力市场相对成熟，中长期市场、现货市场和平衡市场协调配合，共同应对风电、光伏波动性出力特性对电力系统的冲击。同时，欧洲高效互联电网链接统一电力市场，跨国输电发达，实现了更大范围之内配置可再生能源。

电力市场也不断发展，来更好地适应波动性较大的可再生能源发电量的逐渐增加。除日前市场外，日内交易市场近年来逐渐活跃，交易产品种类也从拍卖和小时合约扩展到更细分的15分钟和30分钟交易，使得市场参与者能够在实时电力平衡前最大限度地调整风电和光伏出力的预测误差。

以欧洲最大的电力现货交易所之一EPEX SPOT为例，其日内市场交易量近年来遥遥上升，也反映了可再生能源参与电力市场的程度越来越高（如图4-7所示）。2020年日前市场交易量为510.4TWh，覆盖德国、法国、英国、荷兰、比利时、奥地利、瑞士和卢森堡八个国家，其中德国份额最高。日内交易量达到了111.2 TWh，同比2019年上升21%。而在日内市场的各种产品中，15分钟和30分钟短期交易产品的交易量也逐渐上涨,也主要以德国为主。

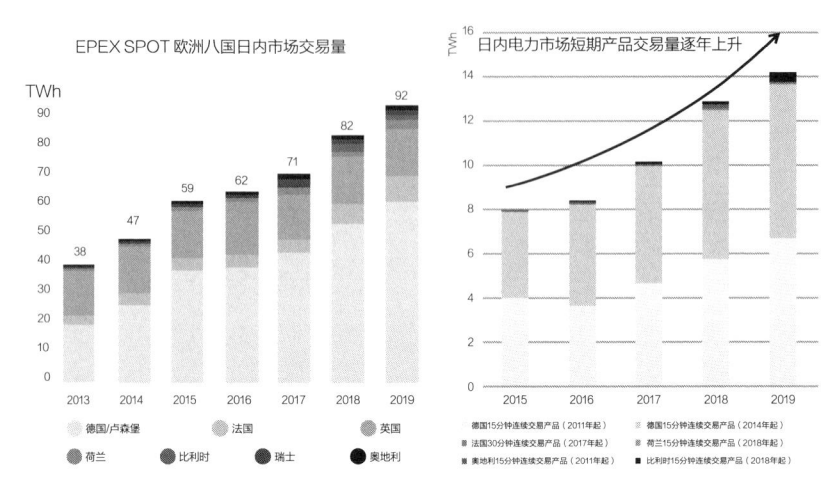

资料来源:EPEX SPOT

图 4-7　EPEX SPOT 日内市场年交易量及 15 分钟和 30 分钟短期产品年交易量(TWh)

EPEX SPOT 交易所目前约有 300 名会员参与交易,大致可以分为发电企业、金融机构、用户、电网运营商和集合竞价商(Aggregator)等。交易所一般都设定一定的准入条件,而集合竞价商的引入,便利了小型可再生能源发电商参与电力交易。作为他们的代理,集合竞价商协助如小型风电场等在市场售电,管理平衡其成本风险。

集合竞价商可以和多个发电商签订集合的代理合同,确定售电收入曲线,以及每兆瓦时电量的代理费用。然后在电力交易所参与日前日内市场等,获取收入。一般来说,集合竞价商会尽量代理不同类型的多个发电商,比如新旧风电场都有一定的数量,来提高效率降低风险。图 4-8 为欧洲电力市场示意图。

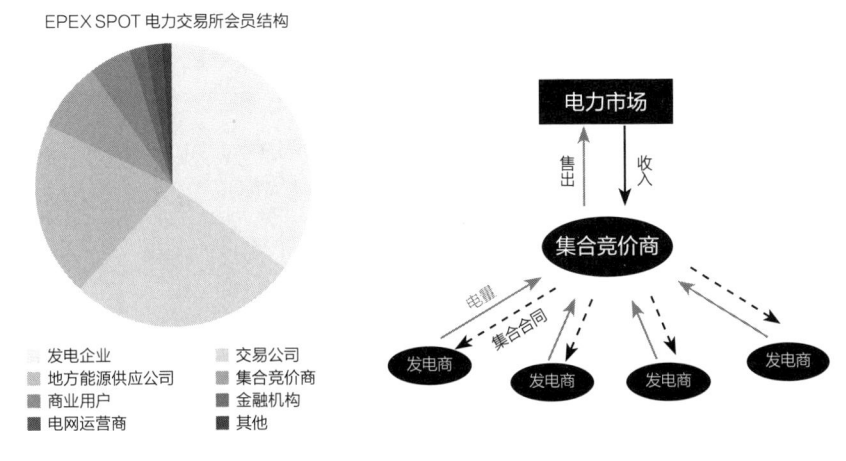

第四章　全球能源转型和碳减排的推动力

EPEX SPOT 电力交易所会员结构

- 发电企业
- 地方能源供应公司
- 商业用户
- 电网运营商
- 交易公司
- 集合竞价商
- 金融机构
- 其他

资料来源：EPEX SPOT

图 4-8　欧洲电力市场示意图（以 EPEX SPOT 为例）

从德国电力交易量数据也可以看出集合竞价商代表的可再生能源发电商参与现货市场的动态走势（图 4-9）。2012 年德国引入"直接市场交易"模式之后，集合竞价商在日前市场的交易量激增，每月可以达到风力发电的 70% 以上，说明大多数风电场参与了交易。每月的风力发电量从 2010 年的 3TWh，随着风电装机的增加持续上升，在 2019 年达到了 16TWh。日前市场出售风电（浅灰实线）的投标量和风电出力趋势（黑实线）也大致一致。同时，可再生能源发电商再利用日内市场（深灰实线）继续调整预测误差（黑实线和浅灰实线之间的差值），减少潜在的不平衡费用。

能源列国志

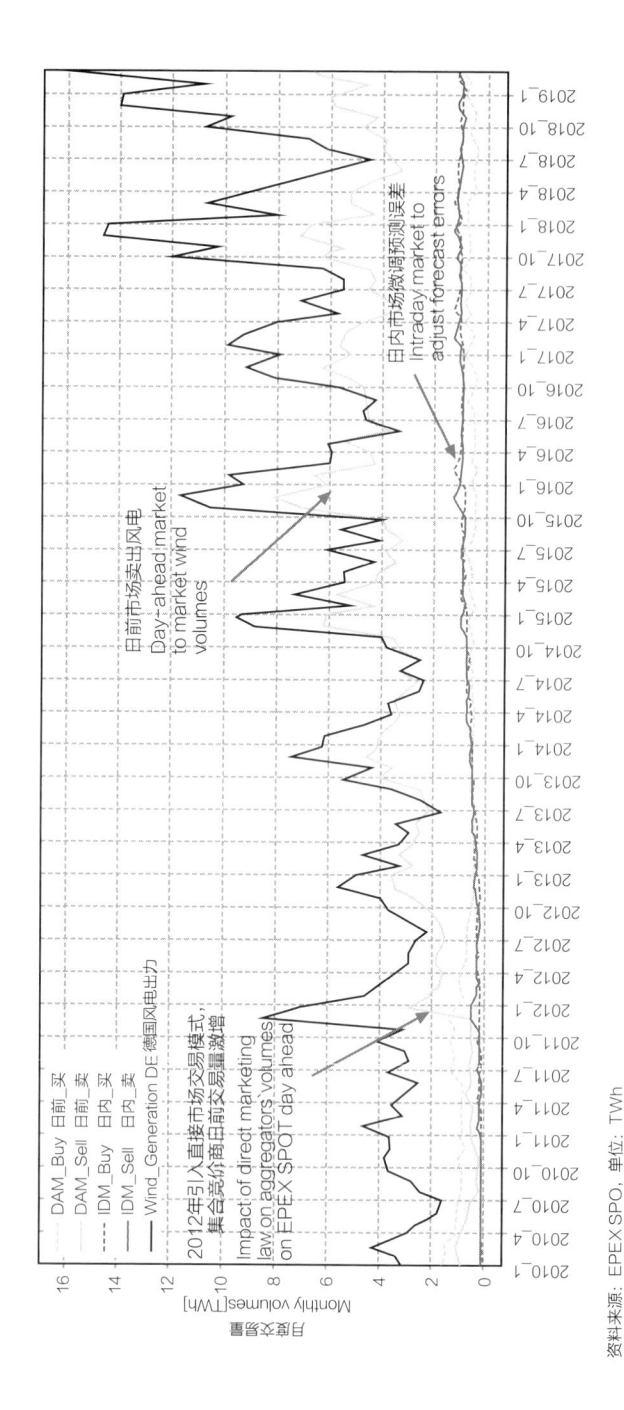

图 4-9　2010—2019 年德国电力现货市场集合竞价商月度交易量及风电出力

资料来源：EPEX SPO，单位：TWh

三、批发电价走低，零售电价升高

可再生能源在电源结构中所占比例越来越高，其边际成本又接近于零，对以成本决定出清机组和价格的电力市场也有影响，主要表现在会陆续拉低现货电价。第一，白天光伏出力表现最为充分，更容易替代原本作为调峰机组的成本较高的气电和抽水蓄能机组，压低峰值负荷电价。2019年日前市场峰值负荷年均价为40.5欧元，比2011年降低了16欧元。第二，可再生能源作为优先机组先被调度，在风电、光伏出力较大再遇上负荷较低的时段，容易引发负电价，这就拉低了年度平均价格。

2013年德国全年只有64个小时为负电价，后陆续增加，在2020年则突破了200小时。德国最新通过的可再生能源法，提出如果连续15分钟为负电价，那么可再生能源发电方就不再享受补贴。这一新规则只适用于2021年后新建的项目，已运营的项目仍然按照之前的"连续六小时负电价取消补贴额"规定，但是这一规则有可能会略减负电价的小时数。

虽然高比例可再生能源会降低现货电价，但是日益增加的可再生能源补贴会逐渐反映在消费端，这从欧洲各国的零售电价可以反映出来。（如图4–10所示）居民电价较高的德国和丹麦，以及西班牙和英国，都是风电、光伏比例较高的国家，部分也因为本来税费占比就高。

同时，可再生能源的波动性也会对电网安全约束造成影响，需要更多的灵活性机组。英国最新研究报告指出，**尽管近年来电力现货市场平均电价走低及负电价频发，英国电力系统的平衡成本随着波动性可再生能源比例的提高已经比之前增加了20%，平均约为5英镑/MWh，高于前些年的1英镑的水平**。2021年1月初，因为寒潮影响叠加风电出力低，英国电力供给紧张，电网一周内两次发布缺电警告，1月8日的平衡市场晚高峰价格飙升到4000英镑/MWh，这些增加的成本都或多或少会转移至消费者账单。

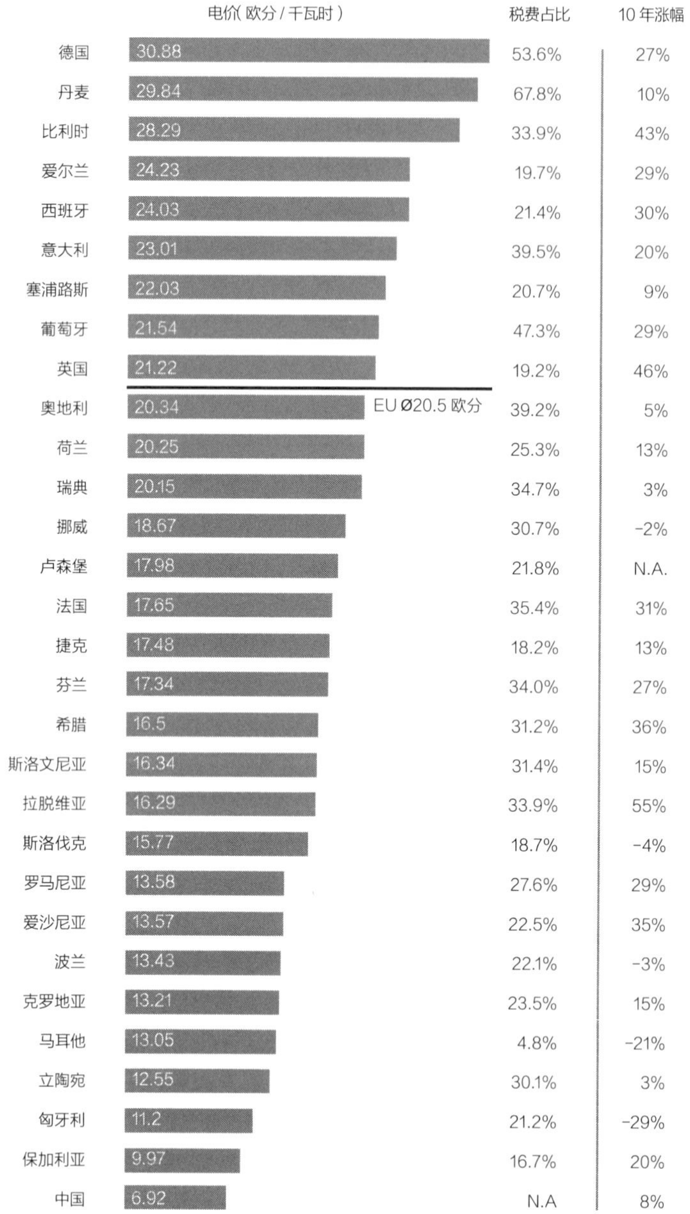

能源列国志

国家	电价（欧分/千瓦时）	税费占比	10年涨幅
德国	30.88	53.6%	27%
丹麦	29.84	67.8%	10%
比利时	28.29	33.9%	43%
爱尔兰	24.23	19.7%	29%
西班牙	24.03	21.4%	30%
意大利	23.01	39.5%	20%
塞浦路斯	22.03	20.7%	9%
葡萄牙	21.54	47.3%	29%
英国	21.22	19.2%	46%
奥地利	20.34　　EU Ø20.5欧分	39.2%	5%
荷兰	20.25	25.3%	13%
瑞典	20.15	34.7%	3%
挪威	18.67	30.7%	-2%
卢森堡	17.98	21.8%	N.A.
法国	17.65	35.4%	31%
捷克	17.48	18.2%	13%
芬兰	17.34	34.0%	27%
希腊	16.5	31.2%	36%
斯洛文尼亚	16.34	31.4%	15%
拉脱维亚	16.29	33.9%	55%
斯洛伐克	15.77	18.7%	-4%
罗马尼亚	13.58	27.6%	29%
爱沙尼亚	13.57	22.5%	35%
波兰	13.43	22.1%	-3%
克罗地亚	13.21	23.5%	15%
马耳他	13.05	4.8%	-21%
立陶宛	12.55	30.1%	3%
匈牙利	11.2	21.2%	-29%
保加利亚	9.97	16.7%	20%
中国	6.92	N.A	8%

数据来源：Eurostat 2020、中国国家电网公司

图4-10　欧洲主要国家与中国居民电价比较

四、长期购电协议越来越受欢迎

越来越多的项目达到电网平价，以及政府补贴的逐渐降低，推动了可再生能源项目的市场化，无补贴可再生能源购电协议（PPA）在欧洲越来越受欢迎。也因为越来越多的公司提出了碳中和承诺，加入 RE100 全球可再生能源倡议，或者在法律上被强制要求公布其可再生能源在能耗或电耗中的占比，所以进一步推动企业可再生能源 PPA 采购。

2013 年，欧洲只有 3 个国家开发了 PPA 项目，2020 年增至 13 个。欧洲企业 PPA 采购累计装机容量从 100MW 上升到 2020 年年底的 11GW，145 个项目中的 70% 为风电项目。西班牙和德国的采购量遥遥领先。这大力推动了无补贴的商业可再生能源项目的发展。

PPA 项目大受欢迎，连煤电大国波兰都紧追直上。2020 年 1 月 28 日德国光伏巨头 BayWa 宣布签订了波兰第一个无补贴的 PPA 光伏项目。位于德波边境的 65MW 的 Witnica 光伏电站将提供绿电给海德堡水泥集团下属波兰的 Góraźdźe 水泥厂，计划在 7 月接入电网，合同期为 10 年。BayWa 表示，其目标是未来 5 年内在波兰发展超过 1GW 的光伏和风电项目。

PPA 即长期购电协议，企业与独立的电力生产商、公用事业公司或金融公司签署协议，在约定期限内以固定价格承诺购买一定数量的可再生能源电力。大的工业用户也会签一些直接购电协议，以锁定长期电价，规避风险，这同时保证了绿色电力消费。实际上，PPA 的种类有很多，可以分为实体 PPA（Sleeved or physical PPA）和虚拟 PPA（Synthetic or virtual PPA）。合同条款包括合同期、电量、电价、绿证价格、交割期、交割点等，成为买卖双方电力购售和银行融资的基础。

实体 PPA 就是售电方和购电方直接签订，然后售电方再和电网公司沟通将电力输送给购电方，一般两者会在同一个市场区域，协议通常为15—20年，该方法的劣势在于协议条目繁多冗杂。而虚拟PPA则是一种由企业和售电方签署的金融差价合约，企业通过合约给定价格购电，售电方需要一份与电网公司签署的独立的授权管理合同，通过此合同来获得即期付款。

虚拟合同能够使得跨国企业可以签订风电、光伏PPA项目，比如德国企业采购北欧国家或者西班牙的绿电，推动了PPA的快速发展，不用拘泥于本地发售用电。这既借助于欧洲统一电力市场和丰富的电力金融产品，绿电来源证书（Guarantee of Origin，GO）也起到了很大的作用。

虚拟PPA合同机制下，售电方和用电方不需要位于同一电网甚至同一电力市场竞价区域，灵活性很高。上文提到的波兰光伏电站PPA就是虚拟合同。固定价格的虚拟PPA近似于差价合约。购电方支付固定价格给售电方的风电场或光伏电站，收入则为电力现货市场价格及绿证。

售电方和用电方还可以同时参与电力市场，前者售电，后者从供电公司购电。相比之下，实体PPA虽然也可以参用电力企业向购电方收取中介费用的方式，来把售电侧的波动电价转为平滑的固定价格曲线，同时售电方提供绿证，但是灵活性还是不如虚拟PPA（如图4-11所示）。

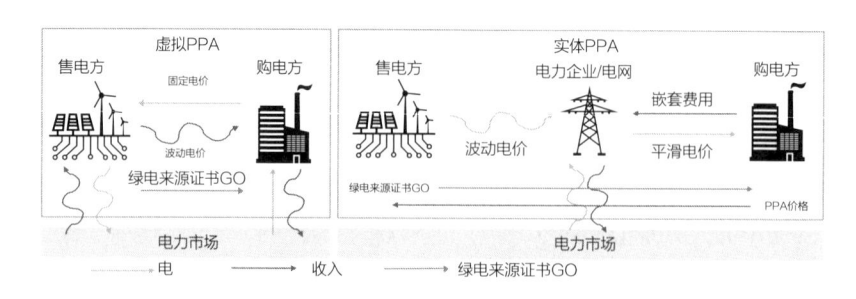

资料来源：KYOS

图4-11 两种常见的绿电PPA合同类型比较

第四章　全球能源转型和碳减排的推动力

美国加利福尼亚州全面转型可再生能源的经验[1]

位于洛杉矶西北 300 公里加州黄金海岸处的 Diablo Canyon 核电站是加州唯一的核电站，也是最大的单体发电厂，提供加州 8.6% 的用电量。但在 2016 年 6 月，加州最大的电力公司太平洋气电公司（Pacific Gas and Electric Company，PG&E）宣布该发电厂将于 2025 年关闭。

过去，关闭一家大型发电厂通常都会伴随一座新发电厂的建造。但随着科技进步，经济形势变化，以及加州州政府对使用可再生能源的要求，情况变了。通过提高能效和发展可再生能源来取代大型、集中式的传统发电厂是蓬勃发展的趋势，关闭 Diablo Canyon 核电站只是这一趋势的一个缩影。在加州和其他地区，需求侧资源／分布式能源正在迅速成为电力系统规划的重要组成部分，并创造着令人激动的新商机。

---

[1] 本文原载 2016 年 7 月 25 日《财经》杂志，作者为 Cyril Yee（克莱利·伊）和 Daniel Wetzel（丹·怀特兹），Cyril Yee 为落基山研究所董事，Daniel Wetzel 为该所高级咨询师。

一、建立低碳能源系统

十多年前，美国各地的电力公司对可再生能源和用户侧资源都持怀疑态度，有些甚至抱敌对态度。如今，他们正逐步认识到风电与太阳能电力、能效、需求响应、太阳能和储能电池的价值。PG&E首席执行官Tony Early（托尼·厄尔利）预测："加州集中式电厂供电的比例将持续降低。"确实，分布式发电设施已经在加州电力系统中占据了重要位置，而类似的情况也将在世界其他地方发生。

加州的案例为我们展示了一条从旧能源系统转型为更清洁、更具经济效益的新能源系统的路径。在加州，为了加快这一转型，监管部门出台了强势的政策，使电力公司加入转型中，监管部门与电力公司和竞争市场紧密合作，将新技术和新经营模式推向市场。向更清洁的分布式发电方式的转变将对气候带来巨大影响，而其中蕴藏的商机则更大。

落基山研究所发现，未来的机遇首先源自经济效益。**长久以来，在满足新用电需求时，能效都是获取价格优势的首要考虑因素。**在满足峰值用电需求方面，需求响应作为建设集中式发电资源的替代方案，也具备类似的强有力优势。风电和太阳能发电技术的成本持续快速下降，用传统发电方式新建的电厂中只有燃气发电（因为美国天然气储量丰富、价格便宜）的成本可与它们相比。此外，电力公司也开始发现储能电池能够为电网提供真正的价值。虽然储能电池仍是价格高昂的技术，但其成本正在快速下降。

这些资源（能效、需求响应、储能、可再生能源）并不是新发现，只是电力公司刚刚开始利用它们。许多资源，尤其是能效，虽然具备经济优势，但仍未被广泛运用。因此，加州政策制定者通过设定清晰的发展方向来推动该州实现低碳发展。具体有两个办法：第一，提高能效和加强可再生能源采购的强制性措施；第二，加快一体化资源规划进程。

二、用强制性措施发展新能源

加州要求电力公司在 2030 年前实现 50% 电力来自可再生能源,并将能效提高一倍。虽然强制性措施是有效的,但政策制定者必须出台配套机制协助电力公司完成这些目标。例如,要求电力公司提高能效可能会影响其收入(一般来说,电力公司售电越多,盈利越多)。这会导致电力公司可能只完成强制性的能效水平,而不会帮助用户最大限度降低能耗。但在加州,监管方将售电量与公司收入脱钩,令电力公司不再担心提高能效会降低收入。监管方为电力公司制定了一个公平的收益率,电力公司获得这些收入并不取决于售电量的多少。

为进一步强化激励政策,加州通过针对特定行业的强制性措施来支持整体能效目标的达成。加州对在州内出售的所有新电器实施了严格的能效规范,并通过了比国家标准更加严格的建筑能效规范,促使制造商和建筑行业应用新的标准。

应用新标准后,随着电器和能效建筑售价的提高,买家能快速地收回成本(一般在 3 年之内)。这些技术已经具备了经济效益,缺少的仅仅是能够推动市场前进的催化剂,而加州明智的政策正起到了这样的作用。

提高建筑和电器的能效标准将带来巨大商机,这使得新的、更高效的产品能够进入市场,挑战传统行业领导者(正如 LED 照明在全世界市场应用一样)。此外,绿色建筑已经被证明更能吸引租户,售价可以更高。

三、一体化资源规划

在加强激励和强制性机制后,加州利用一体化资源规划(Integrated Resource Planning,IRP)进程,帮助电力公司进一步提高能效和发展可再生能源。在一体化资源规划中，电力公司要研究未来用户电力需求，决定需要使用哪些新资源来满足这些需求。电力公司必须证明他们已评估了所有选择（包括能效、可再生能源和需求响应），并选择了其中成本最低的资源。这个进程能够保证电力公司投资的明智性，同时确保用户电价保持低水平。

一体化资源规划着眼于长远发展。在加州，正是这一进程帮助 PG&E 公司做出了 2025 年关停 Diablo Canyon 核电站的决定。

PG&E 一体化资源规划显示，由于能效提高和屋顶太阳能的发展，用户用电需求不会进一步增长，所以电力公司不需要增加更多装机。此外，加州的可再生能源强制性规定并不包括核电，这意味着 Diablo Canyon 核电站并没有帮助公司完成州内强制性要求。

PG&E 一体化资源规划证明了：能效、可再生能源、需求响应和储能技术的综合利用能够满足用户的用电需求，并且与继续运行 Diablo Canyon 核电站相比，这种综合利用的方式更有经济效益。这令 PG&E 可以放心让装机量 224 万千瓦的 Diablo Canyon 核电站退役。

PG&E 一体化资源规划具体措施如下：

首先，在 Diablo Canyon 核电站关闭前，将集中优势专一发展能效技术；

接下来，在 Diablo Canyon 核电站关停后，将发展温室气体净零排放资源（最可能的情况是综合发展能效，需求响应和可再生能源发电）；

最后，将根据州强制要求和自愿目标评估公司成绩，确定为了实现最终目标所需的采购。此外，如果需要任何其他温室气体净零排放资源的一体化投资（如储能），这些资源也应被采购。

这种阶段式的方法帮助 PG&E 更好地调整公司发展路径。在加州的另一个核电设施 San Onofre 核电厂于 2013 年因维修安全隐患的成本问题关闭时，该方法的实用性已经得到了证明。当 San Onofre 关闭时，电力公司找到了 140 万—180 万千瓦的发电资源来替代关停的装机容量。

电力公司没有要求开发商提交某一个特定项目的开发计划（如一个太阳能发电厂或风电项目），而是在具体装机容量未被确定时使用了报价请求（RFOs）方式，允许所有形式的技术（储能、能效、需求响应、生物质等）参与竞争，满足电力公司的需求。

为了保证报价请求过程符合高标准的减排要求，电力公司规定在所需的总装机容量中，有 15 万千瓦电量必须来自"优先资源"，即分布式净零排放资源。加入"优先资源"的规定帮助南加州 Edison 公司（发明了该模式的电力公司）提高了他们的工作效率。这同时也保证了新兴技术获得专有的报价请求机会，使电力公司能够采用这些新方法来满足用户需求。

四、保证经济性

报价请求的方式令许多新晋技术公司得以进入市场，填补关闭 San Onofre 留下的空白。最值得注意的是，如 Nest（制造可编程恒温器）、Stem（运营储能电池系统）和 Opower（开发行为效率的用户参与平台）等公司已在全美各地完成了许多类似项目。

与建设新发电项目相比，这些公司服务能够以更低成本更快地投入应用，因为他们都是模块化的，更容易被纳入已建电网。这些新公司如今都具备了非常强的竞争力。

与此同时，中国也在规划对其集中式、结构化的电力部门进行类似转型。北京近期宣布将停止核准新建燃煤电厂，这一举动向外界发出清晰信号：将电网规划过程与国家低碳发展及用能峰值目标相匹配是十分关键的。中国要全面实施一体化资源规划尚需时间，而中国领导人也担心低碳转型可能影响经济发展。

应对这个担心，报价请求方式是十分有效的办法，它能够降低技术应用成本，刺激私营部门创新。报价请求方式还能够促进新企业发展，帮助他们进入竞争激烈的电力市场。这些企业能够快速地发展其业务，为各州创造新的就业岗位，并积极拉动当地 GDP 水平。

在加州，清洁技术革命为经济带来了巨大利益。在 2014 年，加州吸引了全球一半的清洁技术风险投资额（57 亿美元）。这积极推动了美国体量最大的高级能源产业的发展，已提供 43 万个工作岗位并且岗位还在持续增加。

当然，这个案例不仅仅是关于经济增长的，随着 Diablo Canyon 核电站的关闭，许多人会因此失去工作。为了解决这一问题，PG&E 计划对 Diablo Canyon 核电站员工提供再培训和再就业服务，并为实施补偿机制弥补损失的地方减免税收。这些细节工作虽然与提供电力的技术可行性没有直接关系，但对于任何周密计划的转型过程都至关重要。

在任何新能源发展中，无论是大型核电或水电设施，或用户端能效或太阳能发电板应用，地方领导人的支持都是关键性的，能使任何转型都变得更加顺利。

美国得克萨斯州是如何从油气州变成风电光电州的[①]

在中国辽阔的土地上，西部地区拥有丰富的风、光资源，地下蕴藏着大量化石燃料，但土壤贫瘠、人烟稀少。而在东部沿海地区，光照和风力资源较少，但城市人口与工业发展飞速，电力需求也不断增长。因此，政府必须采取措施将西部电力输送到东部，美国得克萨斯州（简称"得州"）的情况跟中国很相似。

两者的相似之处不仅仅体现在地理上：中国和美国得克萨斯州都建设了高度独立的电网（与美国其他地区不同，得克萨斯州并不向邻近的其他州电网购买或出售电力），两者都敢于实践创新的市场解决方案，并追求更加稳定、低廉和清洁的电能。

一、解除管控

20世纪90年代得州就开始大胆改革，解除对电力部门的管控。过

[①] 本文原载2016年9月19日《财经》杂志，作者为乔恩·克莱伊兹（Jon Creyts）和凯特·克里斯曼（Kate Chrisman），乔恩·克莱伊兹为落基山研究所常务董事，凯特·克里斯曼为该所高级咨询师。

去，这里的消费者无法自由选择电力供应商，电费高低与燃料成本密切相关。但到了2002年，情况突然发生了改变，对电力部门实施去管控化的新立法出现了：

• 分解电力服务的各个方面，将过去一体式电力公司分为发电企业、输电企业和电力零售企业；

• 为发电企业创造了一个电力批发市场，用简单的容量计价方式补偿基于动态供需关系销售的能源；

• 保留了对输电网络的管理，保持稳定的电力输送并协调大规模基础设施建设需求；

• 允许零售电力企业通过价格和服务竞争，促进新企业进入市场，并鼓励消费者选择最适合自己的服务供应商。

解除对市场的管控并不是简单地放任自流。得州制订了积极的发展目标，包括提高可再生能源利用比例、控制能源价格、通过州内独立系统运营单位得克萨斯电力可靠性委员会（ERCOT）为2400万人民提供稳定的电力服务等。

为了鼓励发展更多可再生能源，得州在1999年签署了可再生能源配额制度法案。该法案要求电力公司逐步购买更高比例的可再生能源电力。伴随而来的是风力发电企业为了满足法案的蜂拥而至和输电设施发展的滞后。由于得州西部电力无法被送往东部，2002年风力限电比例高达32%。在得州的某些区域，风力发电装机几乎是输电设施输电能力的两倍。

因此，得州需要研究如何建造新的输电线路。过去，只有在原有输电线路被新增装机满负荷使用时，才会建设新的输电线路。而风电发电企业并不情愿自己出资修建这些线路，并且随着风电装机增加，（由于限电问题）被浪费的能源量也在增加。

相对于研究某一特定项目是否应批准建设新的输电线路，得州则着眼于电网整体稳定性。通过研究新的输电线路是否能够对电网整体带来积极的影响，个体风力发电企业不再需要证明一条线路是否能够被充分利用或自行出资建设。

这一改变促成整个得州投资了70亿美元建造新的输电系统，新增线路总长接近5800公里。这部分投资通过向州内电力消费者征收监管部门核准的输电费来收回。随着更多高压输电线路的投入使用，风电限电情况从2009年的17%降低至2014年的0.5%，与此同时，风电装机却几乎翻了一番，从9GW增长到了16GW。

二、风能大发展

在20世纪中期，当美国天然气价格上涨，州内人口不断增加时，为了满足工业部门急需的大量电能，得州兴建了一批燃煤电厂。与煤炭相比，更清洁的天然气价格在2008年后开始骤降：从2008年6月的12.69美元/百万Btu[①]降至一年后的仅3.8美元/百万Btu。现货价格也一直保持较低水平：2008年7月仅为2.82美元/百万Btu。这使得同样作为化石燃料的天然气，在较短一段时间内成为满足新用电需求的首选发电方式。

但硬成本不断下降的太阳能和风力发电方式正在挑战燃煤和燃气发电的经济优势。由于得州启用的是经济调度制度，即可变成本最低的发电厂优先运行，可再生能源电力不出意外地战胜了化石燃料电力，获得了优先调度。

与煤炭和天然气不同，风能几乎是免费的。中东的紧张局势，华盛

---

① Btu，即British thermal unit，英热单位。

顿的政治波动或油气网络管道某处发生的爆炸等事件并不会影响风车转动的成本。相反，随着科技不断进步，设备越来越便宜，硬成本还在不断下降。而随着创新的商业模式的出现，软成本（如安装成本和融资成本等）也在降低。

从 1995 年到 2013 年，得州关闭了超过 2GW 装机容量的燃煤电厂。同样，具有类似装机容量的燃气电厂也被封存。自 2002 年起，还有 1.26GW 装机燃气电厂退役。而曾经保证过会带来高额回报的新建燃煤电厂计划也在糟糕的经济和政治压力影响下销声匿迹了。

随着燃煤和燃气电厂运行时间减少或被关闭，得州的可再生能源市场开始爆发。从 2000 年到 2015 年，风电装机容量增长了 90 倍，达 17.7GW。与美国其他地区相比，该数据十分突出。在 2000 年，得州的风电装机仅占全美风电总装机的 7%，是加利福尼亚州（美国清洁能源发展最积极的地区之一）风电装机的十分之一。但 2015 年，得州的风电装机贡献达到了全美总量的 23%，比加州风电装机高出 2.8 倍。此外，还有 5GW 装机的风电项目正在建设当中。

市场去管控化和增加基础设施的政策将得州西部充足电能输送到东部人口密集地区，并使得州自 2006 年起多年来一直享有"美国最大风力发电地区"的美誉。此外，得州的太阳能发电装机排名前列。而得益于为风电而建设的高压输电线路网络优势，将会有更多大规模电力公司太阳能发电场在得州西部拔地而起。

随着化石燃料向清洁、可再生能源转型，实时批发电力市场也得到了飞速发展。相对于需要为每度发电量花费燃料成本的燃煤和燃气等高边际成本发电方式，实时批发电力市场更欢迎风电和太阳能电力等低边际成本发电方式。

得州通过市场设计克服的另一大障碍是如何解决可再生能源的可

变性。通过将电力市场常见的 15 分钟增量窗口缩短至 5 分钟，可再生能源发电者能够通过实时天气观测技术更准确地预测可再生能源发电变化，从而更好地参与市场竞争。这种模式不但保证了持续的系统可靠性，还有利于复杂的竞争方式及可再生能源吸纳管理方式的开发。

虽然得州电网相对独立，但联邦政策仍然会影响这个市场。在去管控化之后，得州批发电力市场上出现了一系列的价格变化。美国联邦可再生能源电力生产税减免（PTC）政策对每兆瓦时风电提供了最高 15 美元的税收减免福利，这是全美风电市场的一个利好。但在得州，在低需求但强风时期（即供大于求），有时现货电价可能成为负值。

这种现象完全颠覆了电力市场：与传统的生产电力获得回报不同，发电企业甚至宁愿向系统运营者支付费用来使其所发电力能够上网。从经济学和市场规则设计方面来看，这是可以理解的。但当这个现象发生时，对于市场参与者而言，却是令人震惊的。这种现象虽然有利于风力发电企业，但它进一步压缩了其他形式发电企业的利润空间，因为它们在现货电价为负值时，无法获得联邦基金的担保。

三、零售部门大发展

各种发电方式比例和输电基础设施的显著变化在电网基础设施侧不断发生，消费者用电方式转变的影响也丝毫不亚于前者。通过细致的市场设计，得州的电力零售企业对争夺消费者的竞争将比美国其他任何地区都激烈。

得州电力零售市场的去管控化为每个家庭和企业创造了直接竞争机会。以消费者为中心的企业推出了定制化服务，而不是单纯售电。这些零售企业以中间商的角色，从去管控发电者处购买电力，再通过电网基础设施将其销售给消费者。新的零售企业与消费者直接对接，销售具备不同可靠性特点的更清洁的电力，并且电价可以根据消费时段的不同而发生变化。

与其他服务相关联的创新电力服务方式也随之产生，比如需求响应或可中断电力、电动汽车、分布式发电和标准化电费账单等。对于消费者而言，这些是极大的利好。例如，在2002年去管控化政策刚开始适用于普通家庭用户时，可供达拉斯-沃斯堡地区住宅用户选择的只有来自10家零售商提供的11种价格套餐。而到了2012年年底，这些消费者的选择面已经扩展到了来自45家零售商提供的258种不同价格套餐。

要想使更多新企业参与竞争，繁荣市场，需要政府制定创新的市场规则。在去管控化的初期，得州颁布了一项定价保护措施，确保新晋服务零售商能够获得合理的利润，而不被具有强大市场能力的原有电力公司踢出市场。竞价底限（PTB）机制是一项促进竞争市场形成的关键创新。因为大部分电力公司都是固定成本企业，已经拥有大批用户的老牌零售企业较容易承担短期亏损，将价格降低至新晋企业无法承担的水平，从而留住客户。

PTB机制为州内所有现存电力公司设置了最低基准电价水平，但允许新的市场参与者设置比基准水平更低的电价。该基准电价经过精确计算，能够确保新晋企业的定价合理且符合平均电力服务成本。这电价保护机制持续了五年，给予市场足够发展时间，并让消费者能够明智地选择电力供应商。

到2007年，一个繁荣的竞争市场已经成型，越来越多的电力零售供应商都能够实现利润。而在消费者一边，从2002年去管控化制度开始到2016年，已有超过五分之四的商业及工业用户及超过五分之二的居民用户至少更换了一次电力供应商，这说明消费者在积极地根据自身需求选择服务供应商。

四、区域竞争力提升

解除电力市场管控、优化和扩展州内基础设施、制订可再生能源发展目标、促进零售竞争及利用联邦税务减免红利等措施,帮助得克萨斯成为美国最具活力的电力市场之一和电网包容清洁能源方面的领导者。

但这个转变并未立即给消费者带来更低的电价。由于在基础设施建设方面的投资和见利抛售行为的发生,得州电价在2003—2009年与美国平均水平相比有所升高,导致得州电价从低于全国水平上涨到了高于全国水平。

不过,在度过初步转型和投资期之后,由于加强竞争和纳入低成本可再生能源等措施,得州的优势开始凸显,到2015年,这里的电价已比美国平均水平降低了17%。

电力零售企业和消费者并不是市场去管控化获得成功的唯一受益者,可再生能源的蓬勃发展也带动了清洁能源产业的大幅增长,为靠近城市中心的区域提供了更多本地工作岗位。在得州,有2.4万人(截至2016年)工作在风电领域,高于美国其他任何州。并且越来越多的清洁能源企业和创新者(从研发中心到生产商再到零售商和融资人等)都将业务发展到了得克萨斯,来支持当地产业发展。

从20世纪90年代起,得州在制造和销售电力方面就开始了深度的改革。去管控化引入了更多竞争,使消费者能够在传统电力公司和新晋电力零售企业之间进行选择,鼓励零售企业大胆创新,并推动该州成为全美可再生能源的领头羊。

随着得州跻身去管控化的成功案例,它还为如何能够高效解决各种挑战提供了宝贵经验——保持批发电力市场的精简,将公共基金投入电网来保证私有企业竞争,为创新的零售商创造受保护的生存空间,以及预判国家政策对区域市场的负面影响。得州的案例还告诉我们,电力市场转型过程中，在电价真正下降之前会发生成本的暂时性上升。

截至 2016 年，可再生能源发电装机容量只占得州发电总装机容量的 10%，因此，向清洁能源经济的转型还远未完成。但改革已经开始，新的电力系统已经建立了坚实的市场基础，在此基础之上将会出现更多的风电场、太阳能电场、零售电力企业及满足消费者能源需求的创新解决方案。

几乎没人会预测到美国最重要的石油产区有一天会成为世界上清洁能源市场发展最快的地区。得州电力转型所经历的历史和挑战与中国当今的处境明显相似。但其中一个重要的不同是：得州当时并没有一个基于市场的可再生能源转型案例可以借鉴。

第四章　全球能源转型和碳减排的推动力

美国加利福尼亚州电力监管的特色与启示[①]

电力行业因对社会福利、经济和环境的影响重大，通常会被政府严格监管。在美国加州，多个州政府监管机构协同负责电力行业的基础设施规划和投资流程，并允许公众参与。

加州一直是美国充满活力的创新型经济体，也是美国环境和清洁能源政策的领导者。20世纪90年代末，加州进行了电力市场改革试验，对电力行业放松管制，结果好坏参半。加州的各个州政府机构分工，又与美国其他州不同。因此，加州模式既不一定是最佳模式，也可能不适合简单移植到其他地区，但其演变过程能够为世界各地的电力改革提供诸多有益启示。

20世纪大部分时间里，电力服务具有"自然垄断"的特征，也就是说，在特定区域内由单一服务商提供电力服务是最有效的。慢慢地，随着技术和经济发展，在批发及零售等电力系统的某些环节，引入竞争成为可能。尽管如此，因电力产品核心特征、输配环节的垄断性及电力

[①] 本文原载2016年7月11日《财经》杂志，作者为林江、周大地，林江为美国劳伦斯－伯克利国家实验室科学家，周大地为中国国家发改委能源研究所原所长、研究员。

市场潜在的恶性竞争，电力行业在世界各地均受到政府监管机构的严格监督。

美国的电力公司，一般由州政府机构监管，加州也不例外。监管目标是为了确保电力行业符合公共政策的多重指标，其中包括成本效益（即长期成本最小化）、可靠性、公共健康及环境绩效等。常规流程分三个步骤，一是资源规划，二是项目审批，三是定价或采购合同审批。每一步都有专门的州政府机构负责规划流程及审批决策。

一、三大监管机构分工协作

加州电力监管流程，主要涉及三个机构，即加州公共事业委员会（CPUC）、加州能源委员会（CEC）和加州独立系统运营中心（CAISO）。

加州公共事业委员会每两年进行一次长期采购规划程序（LTPP），负责审批最终由电费支付者支付的、私营电力公司开展的投资或签署合同。加州能源委员会主要负责每两年提供一次长期电力需求预测，同时还负责审批装机容量在5万千瓦及以上的火电厂和输电、燃料供应管线、水管等设施。加州独立系统运营中心则负责代表所有本地公共事业公司，运营加州整个电力系统，包括调度并负责年度输电规划流程（TPP）及电力市场。

三个机构管理层还成立了联合机构指导委员会（JASC），组建了由其规划人员组成的机构间技术团队，及时协调监管流程，希望以更具成本效益的方式实现雄心勃勃的加州气候与清洁能源目标，回应需求侧和供应侧技术的迅速发展。

每年秋季，三大机构的工作人员合作开发用于预测和规划的假设条件与研究情景，用于来年的长期采购规划流程和输电规划程序。加州公共事业委员会的工作人员将在四季度公布假设条件草案，公开征求意见。在审议和采纳公众意见后，发布最终的假设和研究情景。

二、长期采购计划

加州公共事业委员会负责监管私营电力公司、天然气公司、电信公司、自来水公司、铁路公司、城市轨道交通公司和客运公司。委员会服务于公共利益，保护消费者，确保以合理的价格提供安全、可靠的公共事业服务和基础设施，同时承诺改善环境和维护健康的加州经济。2003年，委员会恢复了之前因向竞争性市场过渡而中止的公用事业的电力采购。2004年开始，委员会负责指导两年进行一次的长期采购规划，其中包括两个步骤：评估电力投资需求、批准采购合同。

长期采购计划，是基于资源综合规划的原则。该计划强化了竞争，为所有电源的上网请求提供了指南，解决了成本回收问题，并开始将可再生能源采购与一般性采购相集成。该计划从保证资源充足性出发，对电力服务机构采购容量提出要求，确保能在需要的时间和地点为加州独立系统运行中心提供电力，促进了基础设施投资。

长期采购规划运用统筹方式，综合考虑了委员会的全部电力采购政策和项目。2002年，《公用事业法454.5》将AB 57法案规范化，将事后审查的模式转变成事前标准，即只要满足标准，就可确保投资者拥有的公用事业（Investor-owned Utility，IOU）的采购计划得到批准。为了满足这些标准，IOU必须展示其提议的采购将按照加州的政策，在电费支付者最小成本下，安全可靠地提供电力。

公共事业委员会的需求评估，是为未来十年期间的系统需求、当地需求和灵活性需求提供预测。评估需求时所用的"假设"，三家机构一同确定。在进行简化分析时，采用负载与资源表方式，将电力需求与现有的装机容量加新增装机容量减淘汰容量相比较。在进行更加复杂的分析时，工作人员能够运用"假设"对整个电力系统的可靠性需求、对有输电局限性地区的可靠性需求、对系统的灵活性需求（如整合可再生资源时所需的资源）进行模拟。这些"假设"每两年修改一次，以反映资源结构和加州政策的变化。公共事业委员会的网站会公布当前的假设。

除了预测资源需求外，评估需求过程还能开发出满足加州政策目标的其他替代途径，如推广分布式发电或增加能效支出。这一过程的每个步骤都要征询和采纳利益相关方的反馈意见。

确定需求后，公共事业委员会将以《委员会决议》的形式批准采购。最近的例子是通过了 D.14-03-004 决议，批准了 SCE 和 SDG&E 区域内的采购活动，以确保圣奥诺弗雷核电站意外关停的情况下电力供应的可靠性。最近几年的批准文件内容越来越具体，比如《圣奥诺弗雷核电站决议》就要求投资者拥有的电力运营商在最有利于电网的变电站采购优先指定的资源和储能服务。加州长期采购计划流程见表4-1。

表4-1 加州长期采购计划流程

1. 评估电力投资需求
a. 预测未来十年期间的系统需求、当地需求和灵活性需求
b. 资源需求 = 现有装机容量 + 新增装机容量 − 淘汰容量
c. 模拟系统可靠性需求、输电局限性和灵活性需求
d. 每两年一次修改和重构假设
2. 批准采购：与加州能源委员会合作，确保当地颁发和遵循批文

资料来源：加州公共事业委员会

三、预测、建设、审批、规划

加州能源委员会在其两年一次的《综合能源政策报告》（下称《报

告》）中提供未来十年期间的能源需求预测。该《报告》为所有基础设施规划活动提供了参考，包括加州公共事业委员会在其长期采购规划程序中开展的活动。需求预测每年更新一次。

《报告》预测模型，基于经济和人口驱动因素，预测不同地区的需求增长，还考虑了各种需求调节因素，如能源效率、需求响应、用户侧分布式发电等。委员会在偶数年份仅使用经济与人口驱动因素进行有限更新。2015年《报告》涵盖了能源效率、电力行业脱碳、战略输电规划、低碳交通运输体系、未来十年期间的电力预测、天然气、干旱和气候变化研究等主题。

1. 电力设施建设和运营审批

能源委员会负责颁发建设和运营电力设施的批文，包括装机容量在5万千瓦及以上的火电厂和输电、燃料供应管线、水管等设施。申请人一旦获得许可，就有权按照申请中的内容，建设和运营电力设施。该许可不向项目授予任何经济或运营上的保证。委员会批文涵盖了各联邦政府机构、州政府机构和当地政府机构对电站投建前提出的所有要求。委员会还与可能为项目颁发许可的所有联邦政府机构协调其审批流程。

从2010年至2016年，加州能源委员会批准项目19个，终止/拒批项目7个。获批项目中包括13个天然气发电厂、5个太阳能项目及1个太阳能蓄热项目。

发电厂选址评估包括地点、设计、施工，以及对公众健康、安全、环境和公众福利的影响等方方面面。选址审批原则包括：确保只建设确实需要的电站；由在公共健康与安全、环境科学、工程和可靠性方面拥有专业技术的独立人员对项目进行评审；所有州政府机构和地方政府机构同时审核和全面参与，并与联邦政府机构进行协调；只有一个管辖性批准；在规定的时间框架内做出决策；提供机会让公众和利益集团全面参与。

然而，容量在5万至10万千瓦以内，且不会对环境造成太大影响的小型电站可享受豁免，无须经历上述审批流程。委员会负责对项目进行初步研究和批准。项目获批后，开发商负责获取建设和运营电站所需的任何地方批文、州批文或联邦批文。开发商需提交《AFC证书申请》，申请费用为268709美元+537美元/兆瓦。所有获批项目以后还须交年费26872美元。提交小型电站审批豁免申请的项目将按照委员会的实际审批费用收费。

委员会接受申请后，将指派一个专门工作组负责审批流程。工作组提供推荐意见，供公开听证时考虑。委员会和专门工作组的审批、听证和决议须公开发布通知，并在公开会议上进行。审批过程中，专门工作组的工作人员作为独立的一方，有责任从环境、工程等角度对每一份申请进行技术评估，公开通知并举办研讨会，与相关各方分享其分析结论，全面充分地、前后一致地、尽可能快地对电站申请进行审批。

希望正式参与选址审批流程的公众、团体和机构成员，可向选址专门工作组提交《介入申请书》。一旦获批，申请人就成为介入者，拥有该项目参与者的所有相关的权利和责任。

2000年，加州曾发生震惊世界同行的电力危机。吸取当年的教训后，如今加州电力需求预测每年都在更新。这样，就有充足时间来抓住最新趋势并融入决策中。

此外，加州电力危机很大程度上是人为造成的。原因包括不健全的市场设计和监督、较大市场主体（如安然公司）操纵市场等多重因素。尤其是，当时零售价格被监管锁定，但批发价格是由市场决定的，并且不允许当地电力公司通过长期采购来锁定电价。这一系列错误导致了PG&E等大型电力公司破产。**危机带给我们最大的启示之一，就是好的**

电力采购方式要结合长期购买和短期购买,而不能仅依赖于短期采购来提供100%电力。

2. 年度电网规划程序

加州独立系统运营中心负责年度电网规划程序。偶数年份的流程与奇数年份略有不同。在偶数年份,运营中心对系统需求、地方需求和灵活性需求进行技术研究。所有这些研究结果可在长期采购规划程序的第一阶段为加州公共事业委员会进行资源需求评估提供依据。在奇数年份,运营中心只进行输电规划研究,并帮助加州公共事业委员会在长期采购规划程序的第二阶段做出采购决策。表4-2为加州电力设施建设和运营审批流程。

表4-2　加州电力设施建设和运营审批流程

1. 预提交阶段:信息共享
提交:a. 意向通知;b. 提交证书申请或小型电站豁免申请
2. 数据充足性审核阶段:确定申请中提交信息是否完整
3. 证据显示阶段:a.交换数据需求;b.公众参与;c.确定重大问题
4. 信息分析阶段:分析项目和相关事项
5. 听证阶段:创建事实记录、证明和证据
6. 决策阶段:审议
7. 最终决策:能源委员会全体的最终审批或拒批

资料来源:加州能源委员会

四、结语

由于对社会福利、经济及环保方面有重大影响,电力行业受到政府监管机构的严格监管,在世界各地的市场经济体中皆是如此。监管流程的目标是确保电力行业符合公共政策的多重指标,包括成本效益(即长期成本最小化）、可靠性、公共健康及环境绩效等。长期成本最小化应确保包括考虑需求侧管理条件下新建项目的必要性和系统优化。

在加州，多个监管机构合作，共同负责基础设施规划和投资流程。整个电力规划和采购流程公开透明，并允许公众参与。综合考虑供电及需求方的资源，使得加州电力行业向高效、低碳、可持续的方向加速转型。预计到2030年，加州非化石电力将占70%以上。加州模式不一定是最佳的，而是一种考虑了其历史及地方特点的有效模式。比如，加州的电力约90%是通过双边合同采购，只有不到10%是通过短期电力市场。

中国当前的电力改革所面临的经济转型和煤电过剩的挑战，加州电力监管模式的他山之石可能给我们带来一些新的启示和借鉴。

第四章　全球能源转型和碳减排的推动力

美国煤城柯林斯堡何以成为减排标兵[1]

洛杉矶的雾霾曾与好莱坞齐名，这座美国第二大城市制订了到2025年比1990年减排45%温室气体的目标，到2013年，这个目标几乎已经实现一半。在美国第一大城市纽约，这里的建筑贡献了全市碳排放的3/4，一项自愿减排计划正在当地的企业、大学、酒店和住宅建筑中实行，十年间，碳排放和能源使用降低了30%。虽然每个城市各具特性，但它们都面临着一些共同的挑战，即如何制定科学的规划，如何团结利益相关方，如何寻找新的资金来源，以及如何动员市民积极采用低碳技术。

有效解决这些挑战对制定和实施低碳发展战略起着至关重要的作用，但本文的叙述对象不是洛杉矶或纽约这类明星城市，而是一个严重依赖化石燃料的中等规模美国城市。该市通过设定雄心勃勃的碳排放目标，迅速成为对抗气候变化的国际领头羊。

---

[1] 本文原载2016年11月14日《财经》杂志，作者为Jon Creyts（乔恩·克莱伊兹）和Kate Chrisman（凯特·克里斯曼），Jon Creyts为落基山研究所常务董事，Kate Chrisman为该所高级咨询师。

一、柯林斯堡的全新减排路径

柯林斯堡坐落在科罗拉多州落基山脚下，这座以啤酒酿造而闻名的美国大学城制订了一个颇具雄心的目标：到2050年实现温室气体比2005年减排80%。对于这座严重依赖化石燃料的城市（95%的能源供应来自煤炭、石油和天然气）来讲，这似乎是不可能完成的任务。在这里，煤炭相关碳排放占电力碳排放的99.5%和全部碳排放的55%。2012年，柯林斯堡又开始设想他们是否能够超越之前设定的目标，通过制订积极的低碳发展计划获益更多。对于一个几乎完全依赖于本地开采廉价煤炭来发电的城市来说，这的确是一个极具雄心的计划。

第一步：制订科学规划

在柯林斯堡真正开始设定具体目标和运用工具以超越先前目标之前，该市需要了解哪些举措是技术和经济上都可行的。该市委托研究机构进行了一项模拟常规发展情景和加速发展情景的研究，来计算该市未来可实现的减排量。多方专家参与了本次研究，但要使各利益相关方都认同他们的设想极具挑战性。

在一些关键设想达成共识后，研究组发现柯林斯堡能够提前20年实现碳减排目标，即在2005年水平基础上，到2030年实现减排80%，2050年减排100%。而且，该市能够在2030年降低建筑能耗31%，建成一套碳中和电力系统，并降低交通部门能耗48%。该情景分析列举了一些有助于实现此目标的举措：

（1）学习其他城市（如加州帕罗奥图市）的做法，通过购买可再生能源税收抵免资格（RECs）来减轻当地经济对化石燃料的严重依赖；

（2）使用城市外部风力、太阳能和水力资源实现电网脱碳化；

（3）投资本地能效提升和可再生能源。

第一个举措几乎不需要采取其他新的行动，但因为该市将在未来十年关闭一些运行周期结束的火电厂,必须建设新的发电厂,所以这个举措无法满足这一关键需求。第二个举措,城市购电的来源有可能远在美国的西北海岸,因此该计划无法创造本地发展机会。第三项举措的挑战在于,该市的电力基础设施依赖于本地开采的煤矿,而煤炭价格低廉,选择此举意味着屋顶太阳能和能效必须具备同样低的价格,否则采用率将会很低,计划将会失败。最后,电力公司需要探索新的营收方式。

第二步:团结利益相关方

除最具经济性以外,第三个举措还有助于团结利益相关方。与常规发展情景相比,柯林斯堡每年能够在采购发电用煤和天然气上节约1600万美元,而在本地能效、分布式太阳能电力、智能电网及其他能源资产上的投资需求是每年2000万美元。这种从外地到本地资源的投资转变还能够为柯林斯堡创造更多就业机会(虽然采煤工作消失了),为支持本地清洁能源提供更充分的理由。

另外,柯林斯堡已经有一个良好的开端。尽管拥有低价的煤炭资源,但本地电力运营商意识到了人类在电力生产和消费上的巨大变革,因此希望寻求更适合未来发展的经营模式。还有一系列不同因素都在助推该市开展变革,这些因素包括:受到良好教育的劳动力人群(该市相当一部分人口都在当地大学工作);由于当地发生过毁灭性的火灾和洪灾,因此当地居民对气候问题日益重视;专注于绿色发展策略和技术的企业不断涌现等。

然而,整个变革还需要更多人的支持,经济和技术上的可行性并不意味着变革会必然发生。变革的成功需要整个区域努力降低成本,快速采用能效和可再生能源技术,建立有吸引力的融资机制,并促进公共机构和私营机构有效合作。

因此,了解并解决利益相关方最关心的问题至关重要。为了将技潜力转变为实际行动计划,并明确电力公司在变革中所起到的作用,该市成立了一系列工作小组开展规划工作,并将问题转化为能够获得资金支持的实际项目。

由于柯林斯堡制订了加速实现减排目标的时间计划,因此按部就班地采纳新技术是不够的,他们需要优先发展能够实现最大成果且能够迅速规模化的项目。专家们提出了各种策略建议,并为每一个大型能源消耗部门都制订了减排目标。例如,该市设定目标将人均车辆行驶距离降低30%,并把重点精力放在智能增长和停车策略所带来的最大节约潜能上。

第三步:寻找新的资金来源

利益相关方的认可对一项有效的计划得以开展至关重要,并且是融资机制的重要组成部分。但用能效服务来替代供电服务需要解决两个关键问题:一是电力公司需要找到新的补偿机制,二是用户需要相信电力公司能够提供与供电服务同样低价的能效服务。

这些问题能够通过商业模式创新来解决。新商业模式与传统电力供应模式不同,它提供的是能效服务和分布式能源(社区规模太阳能和屋顶太阳能)。屋顶太阳能和能效服务的挑战是需要让用户看到与传统电力相似或更低的价格,否则用户将缺乏动力参与其中。

创新的商业模式将以电费账单的形式向用户收取能效升级(例如在住宅或办公建筑内安装超高能效窗户)或屋顶太阳能的服务费用。因为能效提高或太阳能发电能够显著降低用户用电量,所以电费会有所下降。这种方式是受美国移动电话公司采用的商业模式所启发,即用户通过每月支付电话账单的形式购买手机。这样就规避了向大批用户提供能效升级"贷款"带来的较高风险,虽然这也是一种可行方案。

如果电力公司将提高建筑能效作为其商业模式的一部分,就能帮助城市解决另一大需求方对化石燃料的依赖,并节约从其他城市购买燃料的成本,这就是供热。该市大部分建筑的供热都来源于购自外地的天然气。研究表明,作为天然气的替代资源,空气源热泵将在未来10—15年内成为经济可行的技术。与此同时,如果电力公司能提高建筑能效,就能降低对天然气的需求,而过去支付给外地热力供应商的资金就可以流入本地电力公司。对于电力公司而言,这是一种探索新商业模式并开发除售电以外其他盈利方式的途径。

通过有效结合新商业模式、能效技术与可再生能源,柯林斯堡找到了一条既方便融资又颇具经济效益的绿色发展之路。市民与企业不再需要在经济发展、电力服务和美丽环境中做出选择——他们可以在使用更少能源的情况下实现更大的经济发展,同时保持家园的美丽。做到这一点,只是因为更智慧地使用了更清洁的能源。

第四步:动员市民

在柯林斯堡,用户对能效和可再生能源的采纳率决定着新模式的成败,因为毕竟这些方案都是自愿的。尽管它们具备经济可行性,但仍然需要市场推广。要想实现2030年的减排目标,这座城市需要实现比其他地方更高的能效和可再生能源采纳率。通过有效利用被市民高度信赖的市政电力公司来推进大部分工作,柯林斯堡推销新模式的成本并不高昂。此外,电力公司还拥有用户熟悉的能源交付模式,能够利用其强大的购买力实现个体规模无法比拟的效率。例如,电力公司能够一次性大量采购太阳能板,从而降低成本。

除电力公司的购买力外,柯林斯堡还利用了两个主要策略来动员市民:利用传统社交网络,以及将城市划分为不同的小规模街区。第一,利用学校、俱乐部、工作圈等传统社区网络,能够有效地提高公众的认知度和采纳率。同时,传统的关系纽带也意味着信息来源更具可信度。

第二，街区划分，将城市分割为若干小型街区，这些不同街区内的住户可能有一些共同点，这样可以让电力公司批量购买能效产品，而且相同特点的街区常常可以采用相同的能效提升方案，从而降低成本。

区块化带来的社交压力也有利于加速新技术采纳。例如，当一个邻居完成了能效升级或安装了屋顶太阳能设备后，其他邻居都有可能会效仿。专注于小型街区，而不是将整个城市作为目标，有助于加速提高用户采纳率。Nest 和 Opower 等科技公司正是利用了这种策略成功地在全美各地降低了能源消耗。

二、更多城市开始行动

柯林斯堡成为低碳发展引路人的策略是其他城市可以借鉴的。在美国城市中，设立到 2050 年实现减排 80% 的目标的城市已不再罕见，如威斯康星州的麦迪逊、佛蒙特州的伯灵顿、伊利诺伊州的芝加哥都制订了积极的减排目标。堪萨斯州格林斯堡已经重建所有市政和商业建筑以符合 LEED 铂金认证标准[1]，并通过在市郊投资一个大型风电场避免了该市所有电力相关的碳排放。

市场已经证明了新兴技术的可行性，这会让下一个城市更容易采纳新技术。积极参与碳减排和碳达峰的城市最终将为市民创造更宜居的环境，而那些未采取行动的城市将面临更多挑战，技术持续落后的同时，还将承担高额的传统能源发电成本。

---

[1] LEED 绿色建筑评估体系包含九大方面及若干指标，从整合过程、选址与交通、可持续场地、节水等方面对建筑进行综合考察，评判其对环境的影响。此认证分为四个等级，从低到高依次为认证级、银级、金级、铂金级。

第四章　全球能源转型和碳减排的推动力

美国货运油耗是如何奇迹般降低的[1]

美国运输统计局数据显示，2009 年，卡车承载了全美国 60% 的货物运输需求，443 亿加仑的燃油消费量占到了美国交通行业油耗总量的 26.3%。

在全部的卡车类型中，7 级和 8 级卡车（重型卡车）虽然占比不到全美国卡车数量的一半，却消耗了将近 80% 的燃油，这意味着巨大的燃油效率提升潜力。面对持续走高的油价，不管是对车队管理者还是货主来说，降低卡车的油耗都势在必行。

货运市场的复杂性是车队提升燃油效率的第一个障碍。首先，五花八门的技术供应商为车队提供了多种多样的燃油效率提升技术选择，但实验室工况下测试并发布的数据信息难以准确匹配车队实际运输的工况。

其次，车队往往对技术的投资回报期要求很高，缺乏准确的投资回报数据，以及不同情景下技术投资成本的数据缺失等，也阻碍了物流企业投资卡车燃油效率技术和该技术的市场化进程。

---

[1] 本文原载 2017 年 4 月 17 日《财经》杂志，作者为宋佳茵、王喆，宋佳茵为落基山研究所高级咨询师，王喆为该所咨询师。

此外，各个州和城市的政策不统一，甚至相悖，基础设施现状发展不均，各个企业和部门分散的技术研发工作，以及不同客户的多样化需求也限制了技术的规模化生产和应用，这些都阻碍了货运市场卡车燃油效率提升技术的普及。

一、北美高效货运委员会诞生

解决重重障碍，单凭一个企业或一家机构的力量远远不够，北美高效货运委员会（North American Council for Freight Efficiency，NACFE）应运而生。这个由行业成立、行业参与、行业推动的机构，其设立的初衷简单而明确，就是通过增强燃油效率相关技术信息的可信度和透明度，并分享技术应用的成功案例来提升北美地区的卡车燃油效率。

NACFE通过对成员车队的深度访谈和调研，了解成员车队在大量实际运输过程中经过验证的燃油效率提升技术的效果，将这些情况汇总和分析，通过平台进行共享，帮助其他车队管理者更快更放心地选择最为有效的卡车燃油效率技术，在促进技术推广的同时刺激了技术供应商的不断创新。

自2011年起，NACFE每年都会发布年度货运车队油耗研究报告，汇总现有的卡车燃油效率提升技术，收集并分析各项技术在成员车队中的渗透率和实际应用效果。2013年，NACFE和碳作战室（Carbon War Room，CWR）开展战略合作，发起了"高效卡车"项目，在和行业利益相关方充分合作的基础上，针对每项具体的卡车燃油效率提升技术发布"信心报告"，分析每项技术的核心优势和效果，并通过长时间对车队实际路上运输情况的统计和观察，为车队提供投资回报周期的计算和建议。

截至2016年8月，NACFE共计发布了13份涵盖超过50项技术的

"信心报告"。车队可以从这两类报告中详细了解每项技术的市场渗透率、投资回报率、总使用成本等信息,从而帮助并推动车队管理人员做出购买和使用燃油效率提升技术的最优决策。

除此之外,NACFE 也在积极组织并参与行业相关会议活动,通过不断深入了解行业利益相关方日趋变化的需求和挑战,试图推动卡车燃油效率技术的市场渗透率逐步提升,引导并刺激新的行业创新和变革。

二、车队燃油效率奇迹般提升

面对不断上涨的油价,车队最迫切的需求就是在运营过程中提升燃油效率,降低单位运输里程的油耗,并最终实现对成本的控制。作为一个以信息汇集和共享为核心的平台,NACFE 在完成上述使命的同时,也在力求打造一种商业模式,让更多的车队找到最适合自己的可靠的燃油效率提升技术,并通过满足这种需求,进一步刺激技术的革新和进步,实现市场的良性循环。

在燃油节约方面,NACFE 的作用十分显著。其 2016 年发布的年度货运车队油耗研究报告表明,17 家成员车队的油耗为每加仑[①]7.06 英里(Miles Per Gallon,MPG),相比基准情景下(即没有 NACFE 干预的情况下),每加仑油多跑了 0.76 英里。17 家车队共有卡车 62123 辆,加总之后,2016 年共节约了 1.05 亿加仑柴油,相当于美国全国约 10 天的柴油消费量。按照美国 2015 年平均柴油价格水平每加仑 2.71 美元计算,2016 年共节省了约 2.8 亿美元。

除了油耗降低和成本节约,NACFE 还同时为整个北美货运市场构建出一个信息共享平台和燃油效率技术应用路线图,从中可以看出技术

---

① 1 加仑约等于 3.78 升。

进步的巨大潜力。

NACFE 信息共享平台的核心是 69 项燃油效率技术和 17 家车队，车队每年都会提供其新购置的燃油效率技术种类和数量、车辆当年平均行驶里程和燃油消耗量。经过 13 年的数据收集和统计，年度货运车队油耗研究报告可以清晰展示这些燃油效率技术渗透率的变化趋势及应用这些技术的节油效果（见图 4-12）。统计显示，这 69 项燃油效率技术在 17 家车队中的渗透率已经从 2003 年的 18% 提升到了 2016 年的 43%，相比非 NACFE 成员车队的渗透率，提升幅度非常明显。

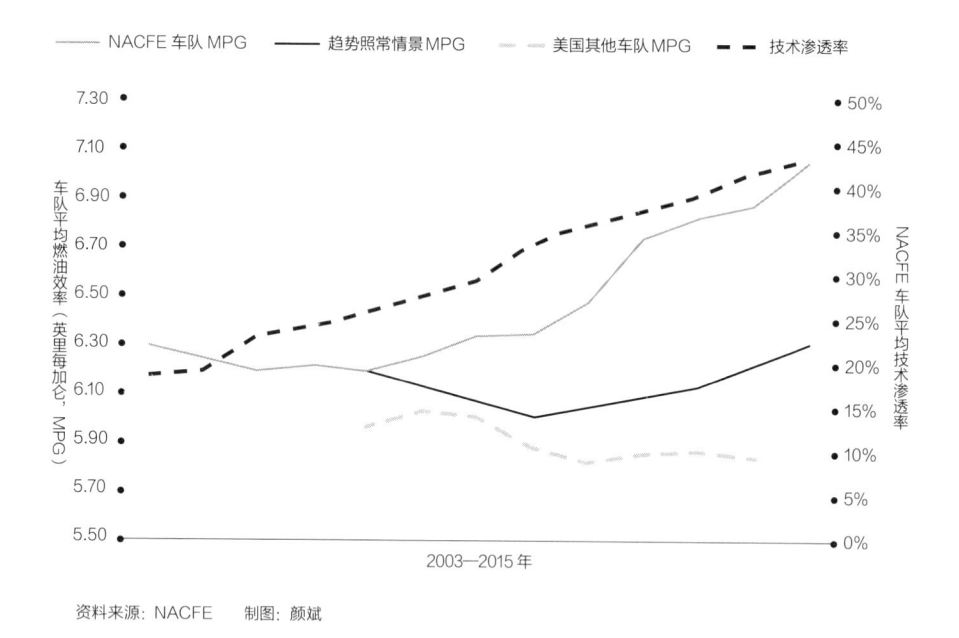

资料来源：NACFE　　制图：颜斌

图 4-12　车队平均燃油效率及技术渗透率

更为关键的是，该平台上分享的数据全部来自卡车实际路上运输的反馈，消除了车队管理者的顾虑，即不同工况下燃油效率技术产生的效果可能会差异过大。与此同时，信心报告会针对每项技术的节油效果进行成本效益分析，并进行未来应用和发展趋势的信心水平标注，进一步帮助车队在对标的基础上合理选择，大大增强了车队推广技术应用的信心。

车队甚至可以选择自主使用评估工具，并结合报告中发布的相关数据来分析不同类型的燃油效率提升技术，在最优化自主选择方面获得了足够的空间，同时也为燃油效率技术的购买和市场化提供了强大的保障。

对于技术供应商来说，这种行业参与和主导的运行模式是其实现技术进步和推广的重要推动力。

"没有办公室，我们一直在路上。"谈到 NACFE 的未来，执行总监 Mike Roeth（迈克·罗素）调侃道，"我们面对的是货运行业非常紧迫和重要的问题，卡车的翻新周期通常在 10—20 年，因此一旦错过最佳时机，其油耗就有可能长时间被锁定在较高水平。"

货运行业蕴藏着巨大的节能和效率提升潜力，为创建一个清洁、安全、快速、可靠、低成本、高效率的货运行业未来，仅靠燃油效率技术的应用远远不够。长途货运和城市物流亟待变革，以满足社会经济发展带来的货物运输需求，同时减少对石油的依赖，完成可持续发展的承诺。有效的整体货运和城市物流顶层设计是解决行业问题的关键。

货运和物流行业有其自身的发展特点，如何选择合适指标体系以识别问题、定位未来发展趋势，如何通过政策制定和项目优选来设计高效货运网络，这些问题尚待解决。货运行业的从业者从来没有也不会停下前进的脚步，Mike Roeth 坚信道路曲折，前途光明。

能源列国志

英国与美国加利福尼亚州的储能产业何以领先全球 [1]

将近100年来,电力系统的设计寿命是40—50年,并有一定的柔性需求。能源在不断变化,我们的系统也必须适应变化。随着可再生能源和分布式发电的兴起,系统的柔性越来越重要。如果没有更柔性的系统,接入更多可再生能源的绿色世界会碰到更多的断电事故,让我们的数字世界陷入停滞。

柔性要求在电力需求上升时(比如晚上)或者可再生能源波动时(比如阴天或无风日)系统能提供更多的备用。这种柔性可以通过长距离高压输电(联网)接入不同地区、时区的电源来实现,也可以通过本地的储能来实现。

在电网联网成本较高,或者受限于自然条件难以发展起大规模电网的孤岛,储能的需求会更加迫切。全球范围来看,英国与加州是如今在储能技术应用上走得比较靠前的两个地区。

---

[1] 本文原载2017年7月24日《财经》杂志,作者为Szilvia Doczi(希尔维亚·多奇),韩舒淋编译。Szilvia Doczi为Arup(奥维纳)咨询公司能源经济学家,曾在英国国家能源监管机构担任高级经理,韩舒淋为《财经》记者。

一、电池储能迎来临界点

储能的应用在全球已经非常普遍，不过主要还是集中于技术含量较低的抽水蓄能，第一个抽水蓄能电站是 1909 年在瑞士的沙夫豪森（Schaffhausen）建成的，如今 98% 的储能装机都是基于这种超过 100 年历史的技术。抽水蓄能的概念简单，开发总成本较高（通常需要数十亿美元），对环境影响较大。其他包括压缩空气储能技术、电解制燃气技术及电池技术在内的储能技术占据了剩下大约不到 3% 的投运储能容量。

据国际能源署的 2016 全球投资报告介绍，每 100 亿美元与电网相关的储能投资中，超过 80% 投给了抽水蓄能。不过，电网应用的电池储能投资也在迅速增长，2015 年投资额是 2010 年的 10 倍。

尽管各种技术都在不断发展，但从成本风险改善角度来看，电池技术是最有前景的。电池储能的想法早在 18 世纪末就已经诞生，最早的电池由 Alessandro Volta（亚历山德罗·沃尔塔）发明。电池储能的首次商业应用是在 19 世纪 80 年代，用来平衡纽约市区的隔夜电力负荷。不过，直到 20 世纪 70 年代消费电子产品的出现，电池才迎来广泛的商业应用。尽管电池技术已经在我们日常生活中普遍使用，但这些技术还未广泛应用于现代电力系统。

大规模电池储能系统的商业化难题仍然制约了它的应用。在包括中国在内的大多数国家，受困于电力市场结构、政策和法规等因素，电池投资者还很难从储能中赚到钱，一个可持续的商业模式需要其收入大于成本。

好在情况正在迅速变化，电池储能的投资即将变得越来越有利可图。简单来说，其商业模式由给社会创造价值的收入和成本综合构成。

一方面，储能可以通过降低输配成本，提高柔性，提供辅助服务，增加备用容量和转移需求时间（不限于高峰时段）为社会创造价值。然而，目前投资者只能从它创造的一部分价值中获得收入。储能要想有钱赚，需要商业模式和监管条件的创新，让投资者能够拿到更多的钱。

另一方面，储能成本一直在下降，从2010年前后的超过1000美元每千瓦时下降到2017年的400美元每千瓦时，还在一直下降。大规模储能的商业应用前景需要进一步降低储能成本、提高储能收入。我们正处在电池投资激增的临界点（见图4-13和图4-14）。

全球范围来看，英国电力市场中的容量市场与辅助服务市场机制，为储能在自由市场中如何发展带来了启示。而加州则是通过政府规划部门的扶持，由电力公司主导进行储能开发，是储能在受管制的市场中发展的范例。

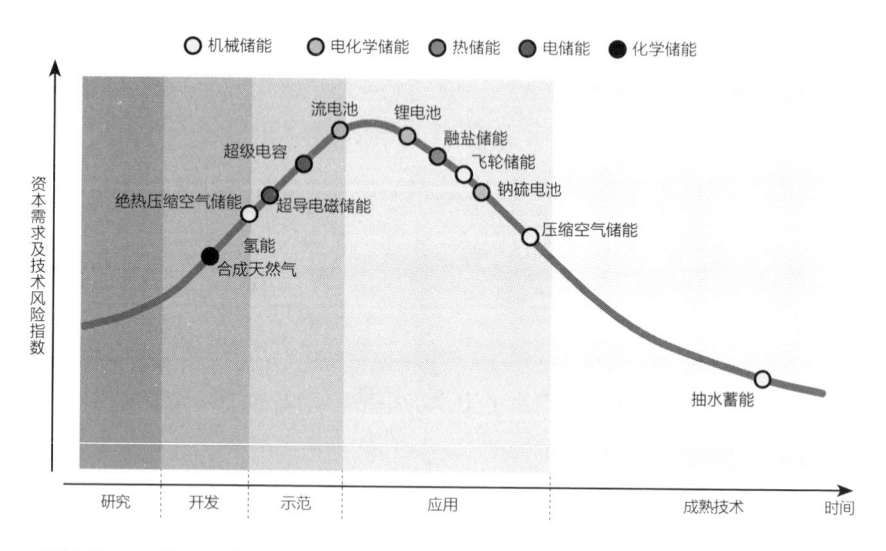

资料来源：Arup公司　制图：颜斌

图4-13　储能技术发展情况、成本与风险情况

图4-14 电池成本下降趋势

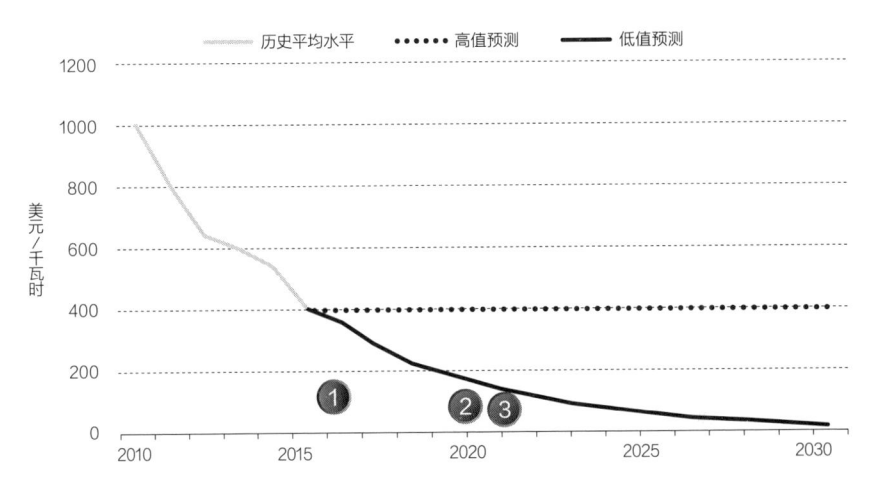

1. 通用汽车数据显示，2016年电池组件价格为145美元/千瓦时
2. 通用汽车2021年电池组件价格目标为120美元/千瓦时
3. 特斯拉2020年电池组件目标价格为100美元/千瓦时

注：组件成本低于电池成本
资料来源：英国国家电网、通用汽车、特斯拉

二、市场驱动的英国模式

英国储能的发展离不开它成熟的电力市场结构。

英国从20世纪80年代撒切尔夫人执政时期开始了一系列能源市场自由化改革，是全球最早一批进行电改的国家。1989年的《电力法》，奠定了英国能源市场自由化和私有化的基础。2000年颁布《公用事业法》，建立了电力批发交易平台，并首次引入对可再生能源的补贴制度。2005年，引入BETTA（英国输电和电力交易规则），进一步提高能源市场竞争。2013年起，英国电改进入第四阶段，提出电力市场改革（EMR），引入差价合同和容量市场机制。

经过数轮改革，英国原来垂直一体化的电力产业结构被拆分为彼此独立的发电商、网络系统运营商、输电商、配电商和零售商。除了系统运营商是国有的国家电网公司（National Grid）之外，随着电力系统的自由化和私有化，发电侧和供应侧都变成开放竞争环节，引入了更多的私有化资本投资，逐渐发展成为一个成熟的电力市场。

截至2016年，在英国的电力市场结构中，输配电网包括私有的3个输电网公司和8个配电网公司，在零售侧，6个主要的能源供应商主导了这个市场，此外还有大约44个活跃的零售商和100多个注册的零售商。

在英国，储能项目主要通过其容量市场机制和辅助服务市场机制来获利。

容量市场是2014年开始执行的，它是为确保英国未来能源供应的电力市场改革计划（EMR）的一部分。**容量市场机制的设立，是为了满足电力供应短缺时，能够有电力供应可以及时补充。为了补偿这些备用容量电力的投资，通过设立容量市场，以拍卖的形式对容量进行定价，由政府支付这部分费用。**

从2014年开始，英国每年会进行容量市场拍卖，为四年后的电力容量需求寻找备用机组。参与拍卖的发电商与需求侧供应商报出自己四年后能够提供的容量和价格，以能够达到国家电网所测算的容量需求为最终需求，根据拍卖计算统一的出清价格，作为容量市场价格。

2014年的首次容量市场拍卖，中标的绝大部分容量都是英国已有的燃气、生物质能和核电等老发电机组。2016年，首次有超过500兆瓦的新建电池储能在容量市场拍卖中获得合同，所有储能占2020/2021年签订合同的总容量市场52.4吉瓦的6%。这反映了随着成本下降、技术成熟，电池储能的商业可行性正在增大。2016年容量市场的拍卖出清价格为22英镑每千瓦每年，高于一年前的18英镑每千瓦每年，容量市场的出清价格越高，也意味着电池投资回报越好。

英国电力辅助服务市场是储能能够获取商业回报的另一种途径，先进频率响应招标（EFR）是其中的典型机制。

随着采用异步电机的新能源比例在电力系统中逐步比例增大，越来越多的采用同步电机的常规发电机组被替代，这使得电力系统的惯量降低。而系统惯量反映了电力系统随发电与负荷变化保持频率稳定的能力，系统惯量与同步机组的容量直接相关，新能源机组不提供系统惯量。统计数据显示，新能源比例升高后，面临同样幅度的供应、负荷波动，系统的频率波动会更大。

为了平抑这种波动，电网运营商需要采取措施维持频率稳定。在此背景下，2015年4月，英国国家电网公司启动了先进频率响应招标，总容量为201兆瓦，寻求响应时间在1秒或以内的频率响应服务，维持电网频率在50赫兹左右。

这一招标吸引了大量储能的投资商，一共提交了243个储能项目方案。最终，英国国家电网从中选中了8个中标者，价格为7英镑到12英镑/兆瓦/小时不等，平均为9.44英镑/兆瓦/小时，所有招标采购价为6595万英镑。这次成功的招标确保了为期四年的辅助服务合同。

三、政策驱动的加州模式

加州是美国清洁能源发展最为激进的州之一。2016年年底，加州境内风电、光伏、光热的装机容量已经占到加州总装机容量的20%，其中光伏约占11%。

随着可再生能源比例越来越高，尤其是光伏比例的大幅度提高，其波动性对电网系统的影响也越来越大。2012年，加州独立系统运营商CAISO发布报告，提出在用电处在高峰而光伏发电降低的傍晚时分，需要大量的柔性辅助服务来平衡系统。

这一动态响应的预测曲线就是加州有名的"鸭子曲线"（Duck Cruve），如图4-15所示。

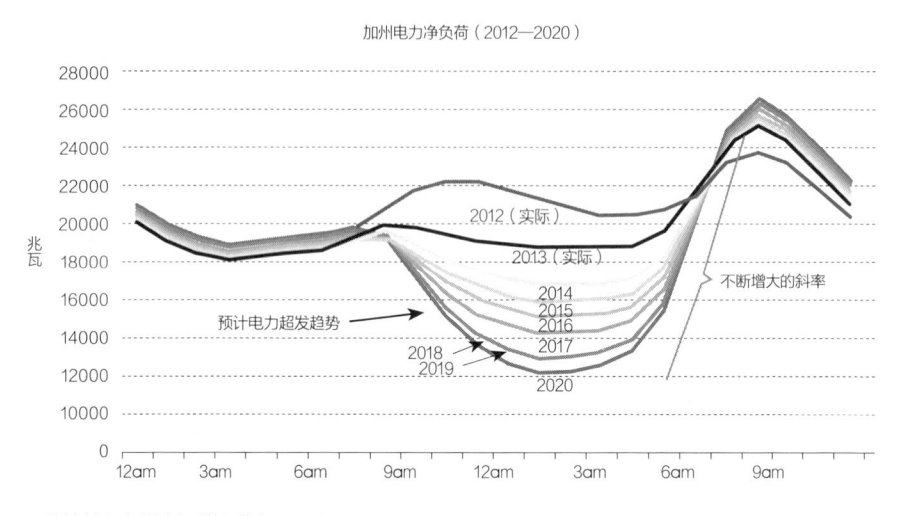

加州电力净负荷（2012—2020）

资料来源：加州独立系统运营商 CAISO

图4-15　加州电力净负荷鸭子曲线

图中的曲线表明了加州一天24小时中总能源需求减去可再生能源供应的净需求。在傍晚，随着太阳落山，光伏发电迅速减少，而用电需求却在晚间进入高峰，需要非光伏发电迅速补充。

图中多条不同的曲线代表着不同年份的预测值，位置越低的曲线代表越往后的年份，系统中接入了更多的光伏发电。**随着光伏装机越来越高，这个反差越来越大，导致"鸭肚子"越来越深（光伏发电峰值时，非可再生能源发电越来越低），"鸭脖子"越来越陡（傍晚光伏迅速下降，非可再生能源需要更迅速补充）。**

2016年，CAISO报告称，当前的鸭子曲线已经到了此前2012年预测的2020年才会达到的水平。包括中国在内的其他国家随着可再生能源，尤其是光伏装机比例的提高，也会面临类似挑战。

第四章 全球能源转型和碳减排的推动力

为了适应光伏装机大比例提高对电力系统带来的挑战，储能的应用也理所当然地提上了日程。

与英国成熟的电力市场机制显著不同的是，自从21世纪初加州电改出现了大停电之后，加州停止了市场自由化改革步伐，至今仍然是一个监管市场。这也决定了加州发展储能并没有英国成熟的市场机制做支撑，而是依靠政府部门的政策指引，由市场主体去执行。

加州的电力产业结构并未完全分拆，投资者所有的公用事业公司（IOU）是加州发电、配电和售电环节的主要玩家，它们都是垂直一体化的公司。加州有三大IOU：圣地亚哥电气公司（SDG&E）为圣地亚哥和南奥兰治县的360万居民服务，南加州爱迪生公司（SCE）为包括洛杉矶在内的加州中南部的15个县的1500万居民服务，总部位于旧金山的太平洋电气公司（PG&E）为包括旧金山市在内的加州中北部540万居民服务。此外，也有部分公众所有的公用事业公司（POU）开展业务。

在系统运营商层面，加州有独立的电力系统运营商CAISO，负责监督加州电力系统、输电网和电力市场的运营。而在监管层面则略微有些复杂，电力市场、输电网和大坝项目是接受联邦监管的，加州公用事业委员会（CPUC）监管在加州境内开展的投资者拥有的电力和天然气等公用事业项目。

由于这样的市场结构，加州的储能发展以政策引导为主，以三大IOU为主体来实施。

2010年，加州通过了AB 2514法案，这个法案是一个战略决策，它要求CPUC制订合适的储能采购目标。

2013年10月，根据AB 2514法案，CPUC设置了储能采购框架，为加州三大IOU（PG&E、SCE和SDG&E）设定了到2020年部署1325

兆瓦储能的目标。后来，根据 AB 2868 法案，又将 2020 年的装机容量目标提高了 500 兆瓦，到 2020 年储能装机容量将达到约 1.8 吉瓦。

CPUC 目标采购的商业模式是由三大 IOU 来主导的。这些储能项目由 IOU 进行竞争性采购，由中标的开发者或承包商供应。而项目的费用会使得 IOU 提高费率，会传导到消费者能源账单的费用中，由消费者买单。

在政策引导下，到 2016 年年底，1.8 吉瓦储能装机目标已经完成了一半。并在 2017 年建成了两个大型电池储能设施。2017 年 1 月，特斯拉为南加州爱迪生公司（SCE）的 Mira Roma 变电所建成了输出功率为 20 兆瓦，总容量为 80 兆瓦时的储能系统，成为当时全球最大的电池储能系统。随后在 2017 年 2 月，这一纪录就被打破，AES 公司为圣地亚哥电气公司（SDG&E）在加州 Escondido 市部署了输出功率为 30 兆瓦、总容量为 120 兆瓦时的储能系统。

由于有着政策引导，加州模式下，通过设定目标，可以实现系统的快速交付。但是对于储能开发者来说，如果在 IOU 的招标中无法中标，前期的研发投入就很有可能无法收回。此外，IOU 主导的招标，也存在审查不足的问题，无法有效激励公司追求电池成本效益和技术创新。与之相比，英国电力市场中的竞价和竞标，能够让储能开发商有更灵活的参与机制和退出机制。

综合来看，目前英国与加州在储能发展的竞赛中领跑，它们有更好的应用案例。两个地区不同的能源产业组织结构决定了二者的政策存在区别，因而也导致储能的商业模式不同。英国私有的、被分拆的电力市场给储能的发展提供了竞争机制。而加州由于市场功能欠缺，通过政策激励建成了目前世界上最大的储能设施。

英国储能投资主要是市场驱动，因此投资机会在电力市场中。加州的储能投资主要是政策驱动,因此投资机会与政策、监管决策者和控制资金的公用事业公司紧密相连。**二者的最佳组合应该是从政策资金支持的示范项目开始起步,随后过渡到在电力市场中实现稳定的收入。**而在多数地方,监管部门还没有想明白应该如何引导储能投资。

日本的绿证发展经验[1]

与大部分国家仅有一种绿证不同，日本的绿证制度较为复杂——有非化石能源证书（Non-Fossil Certificate，NFC）、绿色电力证书（GEC）和可再生能源电力（J-Credits）三种类型，签发和使用条件各不相同。

其中，作为日本签发量和交易量最大的绿证，NFC由政府在2018年推出，可在日本国内用于抵扣碳排放。经过5年发展，日本初步做到了在绿电环境价值不会被重复计算的前提下，持有NFC的电力消费者和不持有NFC的电力消费者能各取所需，充分利用绿电的环境价值。其发展历程对中国的绿证和碳市场核算都颇有参考价值。

一、日本NFC绿证的发展历程

NFC由日本自然资源和能源署（ANRE）推出和颁发，于2018年开始运行，初期仅针对享受上网电价补贴、以固定价格收购的可再生能源项目（FIT），主要有以下两个目的。

---

[1] 本文2023年3月20日首发于"财经十一人"公众号平台，作者为郑颖，清华四川能源互联网研究院研究员、世界资源研究所（WRI）气候与能源项目咨询专家。

1. 减少政府的 FIT 补贴负担

日本政府为了推动光伏、风电等可再生能源发展，推出了 FIT 制度，电价补贴由消费侧的可再生能源附加费和政府直接出资共同支付。随着可再生能源项目的发展，消费者和政府的负担也不断加大，NFC 的交易收入可用于减轻政府的补贴负担。

2. 帮助电力零售企业实现非化石能源消纳目标

NFC 刚推出时，仅允许电力零售商购买。根据《关于促进能源供给侧非化石能源利用及化石能源高效利用法》的要求，日本的电力零售商承担着绿电消纳的责任，需要达到非化石能源消纳的总目标（到 2030 年达到 44% 或更高比例）及分阶段的目标。若电力零售商难以达到目标，则可以通过购买 NFC 来达到。

2020 年后，为了支持没有上网电价补贴的非 FIT 项目，以及推动核电发展，ANRE 开放了非 FIT 的 NFC（可再生）与针对核电的 NFC（非可再生）。

在扩大 NFC 范围的同时，ANRE 又发布了一项新指南，要求电力零售商向消费者出售绿电时，必须提供相应的 NFC。如果无法提供 NFC，零售商就无法将电力作为绿电或零碳电力出售给消费者。

随着越来越多的非 FIT 项目进入，2021 年 8 月以后，原有的 NFC 交易市场被一分为二。FIT NFC 依旧在日本电力交易所（JEPX）的非化石能源交易市场交易，而非 FIT NFC 则在新建立的"为电力零售企业实现可再生能源消纳责任的市场"交易。市场分割后，电力零售商仅能购买非 FIT NFC 来完成可再生能源消纳责任，以支持无补贴的绿电项目的发展。

2021 年 11 月，为了满足越来越多的购买绿证和绿电的需求，NFC 的大门终于向电力消费者敞开。电力零售商不再作为唯一的买方参与 NFC 交易，电力消费者也可以从电力零售商处购买非 FIT NFC，或直接在

JEPX 参与 NFC 竞拍。这一方面满足了消费者抵消范围 2（企业外购能源产生的间接排放）碳排放的需求，另一方面增强了对绿电项目的激励。

二、日本 NFC 交易的特点

NFC 推出后，由于市场需求不大，交易一直低迷。2020 年新增非 FIT NFC 项目后，交易量呈现上涨趋势，但供大于求的状况并未彻底改善。

交易量方面，场内交易量偏小，2020 年 FIT NFCs 的交易量约为 1.46 TWh，非 FIT NFC（可再生）和非 FIT NFC（非可再生）的交易量约为 18.6TWh（亿千瓦时），NFC 场内交易总量远低于日本可再生能源发电总量（约 2000 TWh）。

场外交易以非 FIT NFC 的双边直接交易为主。因为场外的双边交易量可以不披露，所以无法得知详细的交易信息。但根据 ANRE 对电力零售商的调查，2021 年非 FIT NFC 双边交易量约占场外交易的三分之二。

价格方面，场内交易有最低成交价设置，但由于 NFC 供大于需，其价格一直在低位徘徊，除去少数项目，大部分都以最低价成交。

2021 年 5 月前，FIT NFC 的最低价为 1.3 日元 /kWh。为了减轻消费者的负担，激发市场购买 NFC 的动力，2021 年 11 月后，FIT NFC 的最低价调整至 0.3 日元 /kWh，与海外的绿证价格持平（2022 年 4 月北欧水电 GO 价格约为 0.0022 欧元 /kWh，约合 0.3 日元 /kWh）。随着价格下降，FIT NFC 的交易量在 2021 年翻了一倍以上。

对于非 FIT NFC 项目，虽然 2020 年运行初期并未设置底价，但 FIT NFC 的最低成交价降低后，为防止价格被带动降低，2021 年 8 月起，交易所设定了 0.6 日元 /kWh 的非 FIT NFC 最低成交价。此后，非 FIT NFC 的交易量显著下跌，但核电项目的 NFC 交易量未受影响。图 4–16

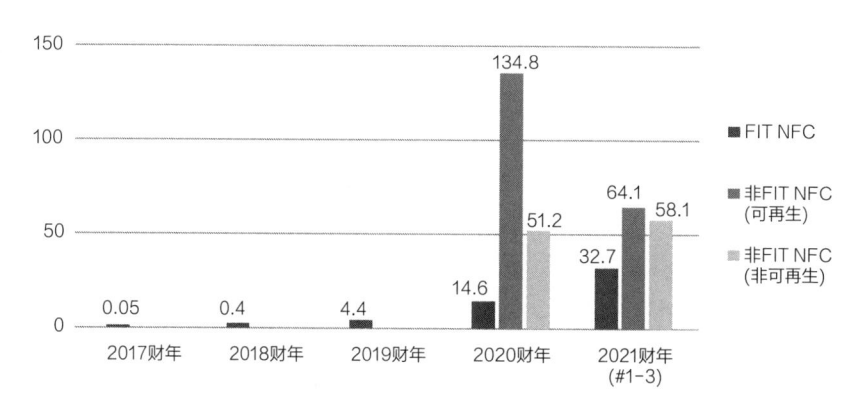

为日本三种 NFC 近年来的场内交易情况。

单位：100 GWh，资料来源：自然能源财团

图 4-16　日本 NFC 场内交易情况

2020 年和 2021 年，日本的核电项目 NFC 交易平稳，不仅交易量较大（2021 年核电项目 NFC 和可再生能源项目 NFC 交易量几乎持平），而且交易量没有受到价格波动影响。这与核电在日本能源发展战略中的定位息息相关。

2011 年 "3·11" 大地震引发福岛核事故后，日本国内，特别是普通民众间掀起了反核电浪潮。但日本国内资源匮乏，大部分资源（煤、气、油等）均依赖进口，并且可供开发的可再生能源也有限。因此，不论是从能源供应安全性、能源利用经济性还是从能源结构低碳化转型来看，重启核电发展计划只是时间问题。

2019 年，日本政府提出核电发展目标：到 2030 年核电占比达到 20%—22%。日本政府再次将能源保供和实现碳中和押注在了核电上。而核电项目 NFC 交易量较高，不仅反映了可开发 NFC 的核电项目数量较多，也体现了日本社会促进核电发展的共识。图 4-17 为日本 2019 年的发电结构和 2030 年的电力发展目标。

能源列国志

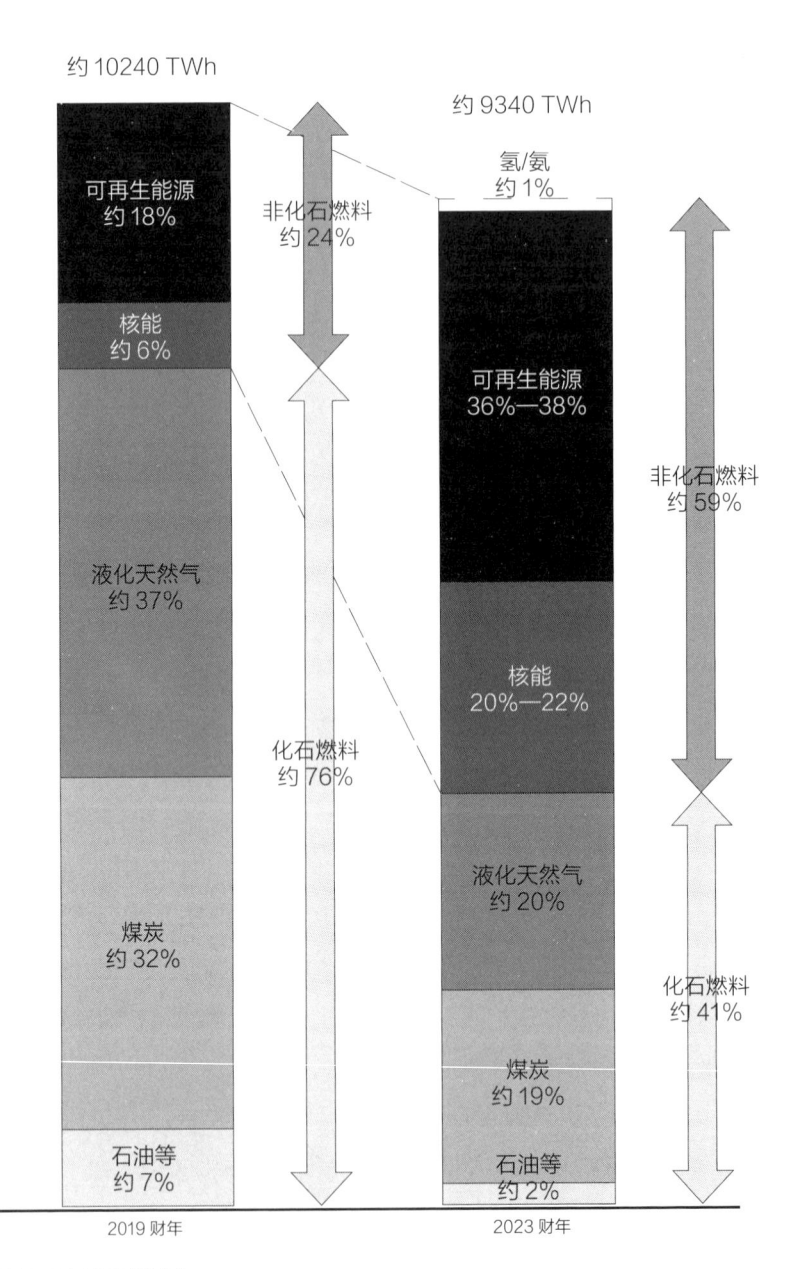

约 10240 TWh | 约 9340 TWh

2019 财年：
- 可再生能源 约 18%
- 核能 约 6%
- 液化天然气 约 37%
- 煤炭 约 32%
- 石油等 约 7%
- 非化石燃料 约 24%
- 化石燃料 约 76%

2023 财年：
- 氢/氨 约 1%
- 可再生能源 36%—38%
- 核能 20%—22%
- 液化天然气 约 20%
- 煤炭 约 19%
- 石油等 约 2%
- 非化石燃料 约 59%
- 化石燃料 约 41%

资料来源：日本电气事业联合会

图 4-17　日本 2019 年发电结构和 2030 年电力发展目标

三、日本如何将 NFC 用于碳排放抵扣

2021年，日本通过《全球变暖对策推进法》，要求受《节能法》管理的对象都必须履行温室气体的报告义务，所有年度能源消耗总量达到 1500 千升（约 2 万吨标煤）的特定事业者（工厂、学校、连锁经营者等），都需要报告温室气体排放情况。同年 11 月开始，NFC 被允许用于抵扣电力零售企业的温室气体排放。

这里有一个关键点，**日本并不直接将 NFC 证书所代表的非化石能源电力的排放计为 0，而是将其处理为代替化石能源发电而产生的减排量。**

在确定 NFC 可以被用于扣减电力间接碳排放之后，日本政府就碳排放抵消方式出过三种方案。

第一种方案，直接将 NFC 电量从总外购电量中扣除：

实际的外购电力排放 =（购电量 −NFC 电量）× 电力零售商调整排放因子

第二种方案，由于非化石能源自带的环境属性，包括替代化石能源后产生的减排量，因此需要将 NFC 代表的减排量从电力间接排放中扣除：

电力排放 = 购电量 × 电力零售商的调整排放因子 −NFC 电量 × 全国平均排放因子

第三种方案，将 NFC 代表的减排量从总排放中扣除：

实际总排放 = 总排放 −NFC 电量 × 全国平均排放因子

对于第一种方案，政府给出的咨询意见是，如果简单将 NFC 都处理为零，无法体现出不同能源的环境价值，因此不利于消纳 NFC 价格较高的可再生能源；第二种方案，更容易被接受；第三种方案，虽然 NFC 代表的削减量和第二种一致，但无法解释 NFC 证书为何能削减所

有碳排放，可能存在漂绿嫌疑。

ANRE 最终选择了第二种方案。

此时，还需要确定一个关键问题：如何选择电力排放因子（每度电里的排放量）。如果电力排放因子包含了可再生能源的环境价值，NFC 就不可再被用于扣减间接碳排放，因为一度电的环境价值不可以计算两次。而日本政府通过发布不同的电力排放因子，巧妙地避开了绿电环境价值的重复计算。

根据是否含有可再生能源的环境价值，日本发布了两种类型的电力排放因子：基础排放因子和调整排放因子。简单来说，基础排放因子是含有环境价值的排放因子（计算方法与中国的电力排放因子相同），调整排放因子则不含环境价值。日本的绿证之所以能用于扣减间接碳排放，就是因为调整排放因子的存在。

由于电力零售商承担可再生能源消纳和电力排放因子降低的责任，因此日本环境省每年会发布电力零售商的电力排放因子，并会发布全国平均电力排放因子。与中国不同的是，用于计算外购电力碳排放的电力排放因子并非全国平均值，而是各电力零售商自己的电力排放因子。

计算各电力零售商的调整排放因子时，先算出绿电对应的碳排放，再将其还原到计算公式中。由于电力零售商自身会持有一部分 NFC 抵扣排放，因此在折算绿电的碳排放时，减去电力零售商持有的 NFC 电量对应的碳排放即可。

对于持有 NFC，且愿意用于抵扣间接碳排放的电力消费者来说，在计算外购电力总排放时，使用不含环境价值的修正系数，就能避免环境价值重复计算的问题。同时，由于 NFC 不必来自特定的区域，为了计算 NFC 的减排量，日本发布了不带环境价值的全国平均电力排放因子。

最终确定的发布版中，NFC 抵扣间接碳排放的公式为：

外购电力实际碳排放＝外购总电力×电力零售商调整排放因子－NFC电量×全国平均电力排放因子×修正系数

举例来说，一家工厂购买了1000万 kWh 的 FIT NFC，根据日本环境省公布的最新数据，2022年日本发布的全国平均电力排放因子是 0.000435t/kWh，修正系数为1.02，那么这家工厂采购的 FIT NFC 可用于抵扣4437吨碳排放。

至此，通过发布不同的电力碳排放因子，日本将 NFC 用于抵扣外购电力间接碳排放的机制初步形成。

四、日本经验对中国的价值

NFC 的发展历程与中国的绿证非常相似：设立初衷是缓解可再生能源的补贴压力，同时帮助承担可再生能源消纳责任的主体完成消纳目标；碳中和目标提出后，绿证则可将可再生能源的环境价值在电力碳排放核算中变现。

目前，通过发布含有环境价值的基础排放因子和不含有环境价值的调整排放因子，日本初步做到了在绿电环境价值不会被重复计算的前提下，持有 NFC 的消费者和不持有 NFC 的消费者能各取所需，充分利用绿电的环境价值。

考虑到日本的电力排放因子核算体系、购电体系、降低电力碳排放责任主体等与中国略有不同，因此日本的经验可供参考，但并不完全适用。并且，日本的 NFC 仍然存在体系较为复杂、管理成本较高、操作不便等问题，最终实施效果还有待观察。

对中国来说，借鉴日本及其他国家的经验教训，尽早出台绿电绿证用于碳排放核算扣减的规则，不仅有利于绿电发展，也能为用户侧降低间接碳排放量和排放成本提供有效工具。

图书在版编目（CIP）数据

能源列国志：全球能源转型和碳减排 / 马克主编 . — 北京：东方出版社，2025.1
ISBN 978-7-5207-3905-4

Ⅰ.①能… Ⅱ.①马… Ⅲ.①能源发展—研究②二氧化碳—减量化—排气—研究
Ⅳ.① F407.2 ② X511

中国国家版本馆 CIP 数据核字（2024）第 066327 号

能源列国志：全球能源转型和碳减排
（NENGYUAN LIEGUOZHI: QUANQIU NENGYUAN ZHUANXING HE TAN JIANPAI）

主　　编：	马　克
责任编辑：	吴晓月　李子昂
出　　版：	东方出版社
发　　行：	人民东方出版传媒有限公司
地　　址：	北京市东城区朝阳门内大街 166 号
邮　　编：	100010
印　　刷：	北京联兴盛业印刷股份有限公司
版　　次：	2025 年 1 月第 1 版
印　　次：	2025 年 1 月第 1 次印刷
开　　本：	660 毫米 ×960 毫米　1/16
印　　张：	24
字　　数：	306 千字
书　　号：	ISBN 978-7-5207-3905-4
定　　价：	68.00 元
发行电话：	（010）85924663　85924644　85924641

版权所有，违者必究
如有印装质量问题，我社负责调换，请拨打电话：（010）85924602　85924603